高职高专汽车专业“十三五”规划教材

现代汽车维修企业管理实务

第 4 版

栾琪文　主编

学习资源与视频

机械工业出版社

《现代汽车维修企业管理实务　第4版》根据最新行业发展实际需要，系统介绍了汽车维修企业经营理念、经营战略、人力资源管理、服务流程管理、生产管理、安全管理、客户关系管理、维修质量管理、营销管理、配件管理、财务管理、6S管理、合同管理、计算机管理、客户投诉的处理、服务绩效的分析和改进等，内容涉及了汽车维修企业管理的方方面面。

本书内容全面，体系清晰，系统地反映了汽车维修企业管理领域的新进展和管理模式，案例生动形象，对维修企业有借鉴意义。本书可供汽车维修企业和汽车4S店售后服务站管理人员和高等职业院校师生使用。

本书配备教学课件，选用本书作为教材的教师可在机械工业出版社教育服务网（www.cmpedu.com）注册后免费下载，或添加客服人员微信获取（微信号码：13070116286）。

图书在版编目（CIP）数据

现代汽车维修企业管理实务/栾琪文主编．—4版．—北京：机械工业出版社，2017.12（2022.7重印）

高职高专汽车专业“十三五”规划教材

ISBN 978-7-111-58571-8

Ⅰ.①现…　Ⅱ.①栾…　Ⅲ.①汽车维修业-工业企业管理-高等职业教育-教材　Ⅳ.①F407.471.6

中国版本图书馆CIP数据核字（2017）第292791号

机械工业出版社（北京市百万庄大街22号　邮政编码100037）

策划编辑：齐福江　责任编辑：齐福江

责任校对：潘　蕊　封面设计：陈　沛

责任印制：常天培

北京雁林吉兆印刷有限公司印刷

2022年7月第4版第7次印刷

184mm×260mm·17.25印张·413千字

标准书号：ISBN 978-7-111-58571-8

定价：45.00元

电话服务　　　　　　网络服务

客服电话：010-88361066　机　工　官　网：www.cmpbook.com

010-88379833　机　工　官　博：weibo.com/cmp1952

010-68326294　金　书　网：www.golden-book.com

　机工教育服务网：www.cmpedu.com

前言

《现代汽车维修企业管理实务》自2005年问世以来，深受广大读者的欢迎和关注，并于2011年和2014年两次进行了改版，累计销售近8万册。近年来国家又颁布了一些新的法律、法规，原书的一些内容已经不适应新的法律、法规，在这种情况下，我们对《现代汽车维修企业管理实务　第3版》进行了再次修订。本书是机械工业出版社高职高专汽车专业“十三五”规划教材。

我国汽车产销量已雄踞世界第一，汽车保有量大幅度增加，汽车维修业也迅速发展，从事汽车维修企业管理的人员越来越多。本书正是为了满足高等职业院校汽车检测与维修专业、汽车服务与营销专业、汽车电子技术专业及其他相关专业培养社会急需的汽车维修企业管理人才而编写的。本书是机械工业出版社高职高专汽车专业“十三五”规划教材。

本书具有以下特点：

1）书中引用的国家规定、条例和标准是最新的。书中内容紧跟国家最新制定的规定、条例和标准，其中包括《缺陷汽车产品召回管理条例实施办法》（2016年1月1日起实施）、《机动车维修管理规定》（2016年1月1日起实施）、《汽车维修技术信息公开实施管理办法》（2016年1月1日起实施）、《汽车零部件的统一编码与标识》国家标准（2016年1月1日正式实施）、《道路运输车辆技术管理规定》（2016年3月1日起施行）。另外，国家标准《汽车维修业开业条件》2016年进行了修改，交通运输部2016年对《道路运输从业人员管理规定》进行了修改。本书的内容是参考这些新国标、新规定编写的。

2）紧跟了时代步伐。汽车维修企业处于一个变革时期，紧跟时代步伐，变革思想，开发新思路是本书的另一个特点。为进一步推进简政放权、放管结合、优化服务、便民利民的政策方针，简化手续、提高效率，转变政府职能，国务院先后发布实施了一系列文件，对一些政府行政审批项目、职业资格许可和认定等事项进行了调整。交通运输部等十部委联合印发的《关于促进维修业转型升级提升服务质量的指导意见》，及国家2016年实施的新法规、新国标，将打破市场垄断，促进汽车维修行业创业创新。

3）观点新。书中的一些理念、经营战略、服务流程、投诉处理方法、服务绩效改进等观点是全新的，对客户价值进行了新的思考，对客户满意与客户投诉进行了全面的分析，提出了维修企业营销管理的新方法和新思路，阐明了今天激烈的市场竞争不仅单一体现在技术、质量上，而是全方位地体现在企业的观念、形象、营销、服务、管理上。

4）注意理论与实践相结合。编写中注重理论与实践相结合，并穿插了精彩案例，避免了枯燥的说教。通过这些内容的学习可帮助学员提高对汽车维修企业的决策能力和管理水平，对树立良好的企业形象，提高企业服务质量，降低企业经营成本，提高企业核心竞争力有很大的帮助。

5）内容面广，综合性强。本书不仅涵盖了汽车维修企业经营管理理念和经营战略、维修质量、6S管理、配件管理、财务管理、计算机管理，而且还涵盖了从零开始的新厂规划、服务流程、客户关系管理、营销管理、服务绩效的分析和改进等，内容涉及维修企业管理的方方面面。

6）参编人员管理经验丰富，实用性强。本书由多年从事汽车维修企业、4S店特约服务站管理的厂长、经理、站长、服务经理和多年从事汽车维修企业管理教学的大学教授、讲师以及交通运输管理机关的高级专家、学者编写。内容来自实际，具有很强的操作性和指导性。

本书的主要读者对象为维修企业厂长、经理、维修企业管理人员、高职高专院校师生、汽车4S店特约服务站经理、员工。

本书由栾琪文任主编，《汽车维修与保养》杂志社李强任副主编，编写分工：沈世荣（第二章）、王涛（第十一章）、姚美红（第三、十三章）、甄甫红（第八章）、钟国涛、项展洲（第十五章），其余章节由栾琪文编写。

本书在编写过程中得到中国汽车维修行业协会、山东省交通厅、《汽车维修与保养》杂志社等部门领导的大力支持，得到上海驷惠软件科技开发有限公司项展洲董事长、山东朗胜汽车零件贸易有限公司尹元俊总经理、立尔科技钟国涛总经理的大力支持，在此表示衷心的感谢！

由于编者水平有限，书中难免有不当之处，敬请读者批评指正。

编　者

目录

第一章 现代汽车维修企业管理及经营策略

第一节 概 述

一、中国汽车维修业的挑战与机遇

（一）中国汽车维修业的广阔前景

1. 我国是全球第一大汽车生产和消费国

截至2016年年底，我国机动车保有量达2.9亿辆，其中汽车1.9亿辆；机动车驾驶人3.6亿人，其中汽车驾驶人超过3.1亿人。

随着我国经济社会持续快速发展，群众购车刚性需求旺盛，汽车保有量继续呈快速增长趋势，2015年新注册登记的汽车达2752万辆，汽车占机动车的比率迅速提高，群众机动化出行方式经历了从摩托车到汽车的转变，交通出行结构发生根本性变化。

汽车服务业迎来了一大批新的消费者，汽车消费者的“衣、食、住、行”形成一个巨大的消费市场。

2. 汽车售后服务业市场前景广阔

汽车维修业是伴随汽车工业发展起来的传统行业。随着汽车的逐步普及和道路运输业的发展，汽车保有量大幅度增加，汽车维修业将迅速发展，在市场经济发展中发挥越来越重要的作用，与人民群众的生产、生活关系将更加密切。发达国家在汽车行业每投资1元，会给下游创造2.63元的市场和大量的就业。但在我国，汽车的下游市场还不到1元，还有很大的增长空间。下游市场包括汽车保养连锁店、零配件连锁店等。我国汽车维修业还有很多潜力可挖，市场前景广阔。

中国汽车产业2015年总值预测为14620亿元，售后服务业的产值仍然是汽车产业总产值的1/3左右，市场规模增至5400亿元，表现出巨大的潜力和良好的成长性。从计划经济到市场经济，中国汽车业已经完成了从“造汽车”到“卖汽车”的过渡，并随着国外先进服务理念和服务手段的不断引进将实现从“卖汽车”向“卖服务”的逐渐跨越，传统的赢利模式已开始向售后服务业转移。

据美国《新闻周刊》和英国《经济学家》刊载，在一个完全成熟的国际化汽车市场，汽车的销售利润约占整个汽车业利润的 20%，零部件销售利润约占 20%，而有 60% 的利润是在服务领域中产生的。汽车发达国家的经验表明，汽车售后服务市场是汽车产业中最稳定的利润来源，在汽车产业链中的利润比例可占到 50%～70%，超过汽车销售利润与零部件供应利润之和。但目前国内汽车销售利润中制造商所占的比重依然过大，服务所占的比重偏小，售后服务业的潜力巨大，前景广阔。

3. 新能源汽车产销增长较快，维修市场是空白

截至 2015 年底，新能源汽车保有量达 58.32 万辆，与 2014 年相比增长 169.48%。其中，纯电动汽车保有量 33.2 万辆，占 56.93%，与 2014 年相比增长 317.06%。

从 2016 年 1 月 1 日起，国家第四阶段的燃油限值标准正式实施了。新的燃油限值对汽车企业提出了更高的要求，根据工业和信息化部最新发布的新修订的《乘用车燃料消耗量限值》和《乘用车燃料消耗量评价方法及指标》，这两项国家强制性标准要求，从 2016 年开始，直至 2020 年，所有企业生产的乘用车平均油耗必须降至 5.0L/100km。

新能源汽车产销增长驶入了快车道，但维修市场是空白，给汽车维修企业带来新的课题。

（二）汽车维修行业面临的挑战

汽车数量的迅猛增加，为汽车维修行业带来良好的发展机遇，但也有很多现实的问题摆在我们的面前。

目前全国 4S 店有 26000 家，注册的汽车修理厂有 44 万家，而没有注册的保守估计有 30 多万家。

与此同时，社会对维修服务提出了更高的要求，包括方便优质的服务，透明合理的维修价格，规范到位的维修作业，以及其他人性化的服务措施等。最近两年，受公车改革、保险费改等行业政策影响，资本市场和互联网的冲击，我国汽车维修企业整体业绩下滑 30%，随着汽车维修企业的增加，汽车维修市场的竞争十分激烈，异常残酷，出现了很多问题，主要表现如下。

1）大多汽车维修企业管理不到位，经营理念不强。

2）汽车维修品牌匮乏。由于门槛低，大批经营者盲目入市、惨淡经营；竞相压价，造成整个维修市场的混乱，没有形成汽车维修业的品牌。

3）互联网销售汽车配件对维修业造成了一定冲击。

4）行业从业人员的整体素质偏低，流动性大等，加大了企业经营成本。

目前汽车维修行业面临着巨大的挑战，不少维修企业客户入厂台次减少，维修产值下降，利润减少严重，汽车维修业进入了“寒冬”，不少专家预测未来两三年内汽车维修业要重新洗牌。

（三）汽车维修企业的机遇

有挑战就有机遇，2016 年随着一些新规的发布，对汽车维修市场产生了深远的影响，汽车维修市场将进入一个新的时代。

1. 托修方有权自主选择维修经营者进行维修

交通运输部修改了《机动车维修管理规定》（以下简称《规定》），该规定于 2016 年 1 月 1 日开始实施。其中明确规定了：托修方有权自主选择维修经营者进行维修。除汽车生产厂家履行缺陷汽车产品召回、汽车质量“三包”责任外，任何单位和个人不得强制或者变相强制指定维修经营者。这个规定终于让汽车厂家和经销商不能再绑住消费者了，消费者可以自行选择维修保养店。这无论是对4S店外的维修厂还是广大车主来说，无疑都是个好消息，厂家和4S店不得以不在官方授权店保养为由拒绝给车辆质保，即车主可自由选择修车点。

2. 车主可以选择原厂配件，也可选择同质配件

《机动车维修管理规定》将第三十一条第五款修改为："机动车维修经营者应当将原厂配件、同质配件和修复配件分别标识，明码标价，供用户选择。"（原第三十一条第五款为："机动车维修经营者应当将原厂配件、副厂配件和修复配件分别标识，明码标价，供用户选择。"）

同质配件是指"产品质量等同或者高于装车零部件标准要求，且具有良好装车性能的配件"。除了4S店，非4S店也需要提供"同质配件"，而且还要逐步对车辆维修记录进行统一存档管理，将一辆车的所有维修保养记录电子化并全行业可查。

新规实施后，意味着所谓的"原厂配件"不再是车主唯一的选择，车主可以自己购买一个质量、配置差不多的零配件进行更换。剥夺原厂配件的"专制权"，提倡同质配件的流通，对第三方汽车维修机构是一个发展机会，普通消费者也将获得更实惠的售后服务价格，一举多得。

3. 汽车维修信息将强制免费公开

由交通运输部等八部委联合公布的《汽车维修技术信息公开实施管理办法》（以下简称《办法》），自2016年1月1日起实施，其重要作用之一就被解读为要打破此前经销商在汽车维修技术及市场方面的垄断。根据《办法》的内容，将强制汽车生产者应采用网上信息公开方式，公开所销售汽车车型的维修技术信息，其中包括车辆定期维护、总成及零部件的拆装方法等。也就是说，机动车生产厂家在新车型投放市场后六个月内，有义务向社会公布其维修技术信息和工时定额，具体要求按照国家有关部门关于汽车维修技术信息公开的规定执行。

如果汽车生产者没有按照规定时限公开汽车维修技术信息，交通运输管理部门会责令其整改，整改不合格的将被通报，并提请国家质检部门和相关指定认证机构撤销相关车型3C认证证书。

新规实施后，维修信息公开将使得4S店以外的独立维修企业可以更加有效地获取汽车维修保养的相关技术信息。当然，4S店的售后部门也可以更好地掌握维修其他品牌车辆的技术能力。此外，信息公开也一定程度上缓解消费者对汽车维修存在陷阱的忧虑，有利于汽车后市场的健康发展。

4. 零部件统一编码国家标准将实施

何为原厂件？何为副厂件？何为仿冒品？一直以来，对配件品质定义、认知似乎并没有一个标准，最起码在国家的层面一直没有这个规定。千呼万唤，新规终于出台。国家标准化管理委员会于2015年9月11日批准发布了由中国物品编码中心、中国自动识别技术协会等单位起草的GB/T 32007—2015《汽车零部件的统一编码与标识》国家标准，标准于2016年1月1日正式实施。

标准规定了汽车零部件统一编码的编码原则、数据结构，符号表示方法及其位置的一般原则，适用于汽车零部件（配件）统一编码和标识的编制，以及汽车零部件（配件）的信息采集及数据交换。这对规范汽车维修市场，提高企业管理效率、降低运营成本，实现消费者配件查询、配件可追溯体系的建立提供了技术手段。

零部件统一编码有什么益处呢？制定《汽车零部件的统一编码与标识》国家标准的目的在于规范并统一各类汽车零部件的编码与标识，提高汽车零部件管理的信息化水平，实现可追踪性与可追溯性；有助于零部件和整车企业对产品的全生命周期管理及缺陷产品召回，有利于汽车服务市场的转型、升级，促进我国汽车零部件生产企业、整车企业、维修和流通领域的诚信与品牌建设。同时，标准的出台为汽车配件生产、流通、维修，后市场的电子商务、移动互联网、质量保障体系、云服务平台的建立提供有力支撑。

5. 车险费实施新政

车险改革后，车辆没挂牌出事故可获赔；出事故后对方不赔，保险公司可“代位求偿”；即使遇到了冰雹、台风也能获赔；出险频率高，下年保费提高幅度增大等。

根据新政，出险频率越高，下年的保费提升的幅度会越大；如果不出险，保费会大幅下降。

6. 机动车检测与维护（I/M）制度

交通运输部等十部委联合印发的《关于促进维修业转型升级提升服务质量的指导意见》中明确要建立机动车检测与维护（I/M）制度。目前机动车尾气排放是导致环境污染重要因素之一，因此机动车尾气治理刻不容缓。推行机动车检测与维护（I/M）制度，是减少机动车尾气中有害物质排放的有效措施。

7.《汽车维修业开业条件》和《道路运输从业人员管理规定》修改将进一步促进创业创新

为进一步推进简政放权、放管结合、优化服务、便民利民的政策方针，简化手续，提高效率，转变政府职能，国家对于2015年1月1日实施的中华人民共和国国家标准《汽车维修业开业条件》进行了修改。一个汽车维修行业的国家标准实施不到两年就进行修改，这是罕见的，标准对涉及机动车维修从业人员资格条件要求进行了修改，同时对汽车维修企业设备配备要求与维修企业实际需求和维修行业发展趋势存在一定脱节的部分进行了修改，这些修改将进一步促进汽车维修行业创业创新。

《道路运输从业人员管理规定》是2006年发布之后，经过十年后的第一次修正。此次修订是按照国务院深化改革、简政放权、放管结合、优化服务的总体要求，重点修改了四个方面内容，其中与维修企业紧密相关的有：根据《国务院关于取消一批职业资格许可和认定事项的决定》(国发〔2016〕5号)、《国务院关于第二批取消152项中央指定地方实施行政审批事项的决定》(国发〔2016〕9号)，删除了机动车维修技术从业人员、机动车驾驶员培训相关从业人员的从业资格考试认定的相关内容。

这是根据国务院相关文件精神，减少证件类要求，让广大劳动者更好地施展创业创新才能，而取消了“道路运输经理人资格认定和许可”和“机动车维修技术人员从业资格证件颁发”，同时进一步明确岗位兼职要求。

二、企业管理的任务和职能

1. 企业管理的任务

企业管理的任务有以下三个。

（1）为企业创造经济效益　赢利是企业存在的理由和目的，因此企业管理必须始终把经济效益放在首位，只有经济上的成就才能证明企业存在的价值。

（2）使企业富有活力　企业成为个人维持生计并取得社会地位、与人交往、实现自身价值的手段，与此同时，企业通过富有活力的人力资源管理来完成它的工作。因此，使员工富有活力和成就感，成为企业管理的一项任务和衡量企业业绩的重要标准。

（3）承担企业对社会的影响责任　企业的生存是为了向消费者提供商品和服务，所以企业不能由自身来评价其好坏，而应根据它对社会的影响来获得评价。因此，企业有责任承担改善社会和社区生活质量的任务。

2. 企业管理的职能

不同企业之间各项业务内容千差万别，但企业管理本身的差别并不大。企业管理者的工作可以归纳为计划、组织、领导、激励和控制五种职能。

（1）计划职能　计划职能是指企业对未来活动确定目标的途径与方法。计划主要解决两个问题：一是干什么；二是怎么干。计划为企业设计出一个行动蓝图，企业的一切工作都是围绕实现这一蓝图而展开的。计划的正确与否对企业活动的成败具有决定性作用。因此，计划是企业管理的首要职能。

计划的内容非常丰富，包括研究和预测未来的变化，确定目标和方针，制定和选择方案，做出决策，以及编制并落实计划。决策是计划的灵魂，是计划职能的核心内容。计划有长远计划、年度计划、季度计划、月度计划、周计划、日计划；有时，某项具体工作也要有计划。

（2）组织职能　组织职能是指根据企业目标的计划，对执行计划中各种要素及其相互关系进行配置、协调和组织，使计划任务得以落实。

组织既是一种结构，又是一种行为，可以分为静态组织和动态组织两个方面。静态组织是以提高组织效率为目标，主要研究组织机构的设置、职责、权利的规定以及规章制度的确立；动态组织是以人际和谐为目标，主要研究组织行为的变化，组织机构的变革和发展。

（3）领导职能　领导职能是指企业管理者运用指导、沟通和教育等手段，统一全体职工和各级组织的意志，调动全体职工和各级组织的积极性，推动企业活动过程按目标要求进行。领导职能的内容主要包括指导下属顺利地完成本职工作，与下属顺利地沟通信息，发挥下属的潜力，提高下属的素质和能力等。领导职能是各种职能中最富有挑战性和艺术性的职能。

（4）激励职能　激励职能是指企业通过激励和强化人们正确的动机，满足人们的合理需求，引导和改造人们的行为，使个人目标和企业目标趋向一致，从而使个人行为向有利于企业目标实现的方向发展。

激励职能的有效实施包括确定和研究激励的对象，坚持正确的激励原则，运用科学的激励方法，选择最佳的激励时机，以充分发挥激励职能的作用。

（5）控制职能　控制职能是指企业管理者根据目标和标准，对企业的各项活动进行监督和检查，以消除实际和标准的差异，并保证计划目标的实现。控制职能是一项规范性和政策性很强的职能。

控制过程包括制定控制标准，衡量实际结果，分析比较差异及采取措施纠正偏差。控制的目的在于保证企业的实际活动同预期的目标相一致，使企业的活动过程始终处于良性运动状态。

三、管理者的素质要求

管理者素质是指优秀的企业经营者应当具备的各种条件和素养，其中包括思想、知识、能力、身体与心理素质。

1. 思想素质

管理者应该对事业有强烈的责任心和敬业精神，具有良好的工作作风，尊重科学，知人善任，必须对企业股东、员工、客户和社会负责。

2. 知识素质

知识素质是管理者决策能力、创新能力和指挥领导能力的基础，现代企业发展需要管理者有很高的知识素质。这些知识素质包括以下五个方面。

（1）企业经营管理学　包括生产经营、营销管理、财务管理、人力资源管理、会计、资本运营管理及全面质量管理、目标管理、价值工程、系统工程、网络技术等现代管理方法。

（2）组织行为学　企业管理者应该掌握组织运行的一般规律和具体某一组织的特征，应具备一定的组织行为科学知识。

（3）专业基础知识　从事汽车维修管理的管理者要掌握汽车及汽车维修方面的基础知识。

（4）经济学　管理者应掌握相关的经济学知识，主要包括投资、金融、税收、统计、贸易等。

（5）法律知识　管理者要掌握的法律知识包括公司法、税收法、合同法、银行法、会计法、计量法、专利法、商标法、知识产权法、劳动法及环境保护法等。

3. 能力素质

（1）决策能力　决策能力是企业管理者观察能力、判断能力、分析能力及决断能力的综合体现。企业管理者要在风云变幻的市场经济大潮中，根据外部经营环境和内部经营实力的变化，适时、正确地做出各种战略性经营决策。

（2）组织能力　组织能力具体包括组织设计能力、组织分析能力和组织变革能力。组织设计能力是指企业管理者能根据企业实际情况，设计出良好的组织管理模式框架；组织分析能力是指企业管理者能对现行的企业组织管理结构进行正确的分析、评价和判断；组织变革能力是指企业管理者能对现行的企业组织结构进行革新的能力。企业管理者要在一定的内、外部环境和条件下，有效组织和配置企业现存的各生产要素，使之更好地服务于企业经营目标。

4. 身体和心理素质

企业管理者要有良好的身体和心理素质，面对各种困难和挫折，要意志坚强、应变自如、临危不乱。

四、经营理念

现代市场经济的建立与不断完善，给传统的经营思想与经营理念带来了根本性的冲击。例如，汽车维修市场已由卖方市场转化为买方市场，过去不按市场需求盲目生产经营的旧观念、老办法，已不能适应现代的经营管理环境。现代经营理念应在传统诚信经营的基础上，以客户满意为中心，以人为本，实现超值服务。

1. 诚信经营

古人云：人无信不立，国无信不威。同样，诚信也是企业的立身之本，企业不诚实守信，就不能在社会立足和发展。

富兰克林有句至理名言："信誉也是金钱。"信誉从诚信中来，诚信是企业的无形资产，有诚信才能树立企业形象，提升企业竞争力，为企业带来实实在在的长远利益。

有这样一个故事：从前有对夫妻苦心经营了一家米酒店，由于米酒甘醇味美，生意十分兴隆。一日丈夫外出，妻子往酒里加水多赚了5元钱。丈夫回来知道这件事后却号啕大哭：我们的诚实和信誉只卖了5元钱！从此，酒店生意一蹶不振，最后只好关门。5元钱卖了一个原本生意兴隆的米酒店！

在汽车维修企业里，类似这样"5元钱卖掉米酒店"的事例并不少见。一些维修企业受利益驱使，采用了配件以次充好，小故障大修理，胡乱要价等欺诈手段，坑骗消费者，从中谋取暴利，侵害消费者权益。从长远来看，这些维修企业的做法，既损害了企业自身利益，同时，也损害了整个汽车维修企业的声誉。今天，汽车维修市场的竞争日益激烈，消费者自我保护意识不断加强，若再采用欺诈手段，就等于自掘坟墓。

案例

案例1：有一家小型维修企业花15元买了一个假冒伪劣的三菱车机油滤芯，却告诉客户是正厂的，价格为80元，还假惺惺地讲不收工时费。结果车没跑两天，机油滤芯就堵塞了，造成发动机划瓦。后经维修管理部门鉴定，该厂不仅赔偿了2万多元，而且信誉扫地。

案例2：某品牌的一家汽车特约维修中心给客户更换机油时使用的是大桶机油，本来从汽车生产厂家进的机油是30元/L，而他们却从市场上采购等级低的机油混在大桶机油里，以谋取暴利。后来被客户发现，于是一传十，十传百，这家特约服务站从此失去了客户的信任。

2. 以客户满意为中心

根据调查显示，满意的客户会将满意的维修企业告诉他的5个朋友，而不满意的客户会将不满意的维修企业告诉20个朋友。更为可怕的是不满意的客户，只有6%将自己的不满意告诉了维修企业，而94%的客户选择了离开。没有了客户，企业就没有了效益，这是谁都明白的道理。企业要想有效益，一切工作都必须以客户满意为中心，目前汽车维修类企业服务的对象已从过去低层次、好欺骗的客户，转变为高素质、高层次、自我保护意识逐步提高的客户，服务这样的客户就需要优质服务。然而，现实不是这样简单，因为客户越来越挑剔，越来越多的人将获得更多的利益看作理所当然。因此，成功的服务不再仅仅是通过优质的维修服务，就可以等着人们四处奔走相告使客户源源不断，而是包括更多的内容，这其中包括现代的经营理念、管理思想、服务理念和服务流程等。

案例

案例1：日本本田公司历代领导者从来没有提出如“称霸世界市场”、“赶上丰田”、“超过日产”之类的口号，而是始终强调客户满意第一，在使客户满意方面力争第一。

案例2：美国有一家汽车修理厂，他们有一条服务理念非常有意思，即“先修理人，再修理车”。客户的车坏了，他的心情也会非常不好，因此应该先关心这个人的心情，然后再关心汽车的维修，不能只修理车，而不关心人的感受。

未来属于那些积极的和充满思想的服务人员。他们可以通过不断努力使新老客户对企业多种形式的服务感兴趣，并使满意的客户成为自己最好的广告宣传员。

另外，我们还必须清楚，提高客户满意度不仅有利于公司的兴旺发达，而且更有助于提高员工的满意度，因为员工也希望在一个和谐、愉快的环境里工作。因此，提高客户满意度获利的是客户、企业和员工。

3. 以人为本

要办好企业就要全心全意依靠全体员工，企业的老板和员工之间不应是一种剥削与被剥削的关系，员工在企业中应该有一种主人翁的意识，而企业的老板和员工之间应是一种沟通、合作的关系。老板投资金钱、投资有形资产，员工投资智慧、投资无形资产，老板和员工一起组成了企业的总资产，共同创造财富，从而实现双赢的目的。作为一个企业的领导要知道自己的员工需要什么。

美国心理学家赫兹伯格（Frederick Herzberg）提出激励员工的两个因素：

（1）保健因素　指的是基本的因素。做到保健因素只能让员工降低不满意度，不能提升员工满意度。这些因素包括正常发放工资，改善工作环境，按计划加薪等。

（2）激励因素　只有激励因素被满足时才能让员工满意。这些因素包括满足员工的工作成就感，让员工参与企业各项活动，及时表扬员工的进步，为员工制定生涯规划等。

企业领导要使每一个员工充分了解自己的角色和应尽的责任，使员工知道他应该做什么，应该如何做，要对谁负责，更要让他知道工作做好了对他有什么好处。

领导在日常工作中要注意公平，不可偏袒某个员工。如果有这种情况出现，员工的积极性将受到打击，这点在一些“家族式”管理企业中尤其要注意。

当员工在工作中出现错误时，要讲究批评的艺术，领导应和员工一起分析发生错误的原因及改正的方法，绝不能讽刺甚至打骂员工。

企业领导者对客户讲诚信，对员工同样要讲诚信。领导不要轻易对员工许诺，因为如果许了诺又不兑现，时间一长，员工就会对领导失去信心，也会对企业失去信心。

案例

某企业不重视人力资源管理，搞“家族式”管理，结果一夜之间企业的五六个骨干投奔到竞争对手处，使企业基本处于瘫痪状态。

4. 管理创新

管理是将企业的人、财、物等各个方面资源有机结合的系统工程，是组成企业各种要素中最关键的一环。投资1000万元建成的企业，不一定有投资100万元产生的效益好，其主要原因就在于好的企业管理能适应社会、企业发展的需要，不断创新，使企业产生凝聚力，吸收高精尖人才，加快资金周转，提高设备利用率，在竞争中占得优势。而传统、守旧的管理企业凝聚力差，吸引不住高精尖人才，资金周转慢，设备利用率低，在竞争中只能处于劣势。

案例

案例1：近几年随着汽车保有量的急剧增加，车辆碰撞事故量也明显增加，一些以钣喷为主的维修企业出现了车辆维修时间长、质量差的问题。这时在北京、广州的一些维修企业进行管理创新，将钣金、喷漆作业改成钣喷流水线，分工合作，明确责任，提高了效率，保证了质量。

1）用途：用于工件整车或局部的打磨、喷底漆、底漆烘干、喷面漆及面漆烘干的钣喷流水线作业。使工件表面形成致密的耐蚀膜层，并具有良好的外观质量，以提高产品的防腐性能和装饰性能。

2）流水线工艺形式：大钣金→小钣金→局部刮腻子→腻子干燥→清洁→喷底漆→底漆烘干（局部）→中涂→烘干→清洁→喷面漆→流平→面漆干燥。

3）打磨房内利用移动烤灯，对工件腻子进行局部烘干；底漆房和中涂房配有三维顶部移动烤灯烘干，烤房内利用电加热系统对工件进行整车进行烘干，烘烤时的最高温度为80℃。

4）车辆进出打磨、喷烤漆房的方式为：平板输送链，确保车辆在工位间左右移动。

案例2：某地有一家汽车维修企业，以前是当地汽车维修业的龙头老大，当很多维修企业开始注重管理的时候，他却不思进取，人家上了计算机管理系统，他却认为人工开单、结算也不费劲，况且上计算机要花费好多钱，当地政府进行政府车辆定点维修采购招标，要求投标企业实行计算机开单、结算，以便于监控，而这家企业由于不如别人的管理方式高效，因此与此次招标擦肩而过，失去了不少政府部门的客户，使企业一下子陷入低谷。

时代在发展，企业也要发展，企业要不断吸收最先进的经营管理思想，博采众长，兼收并蓄，只有这样，才能使企业真正从管理创新中获得发展的优势、竞争的优势。

5. 塑造品牌

在日益激烈的汽车维修市场竞争中，企业要想生存发展，光靠技术、质量、价格是不行的，更重要的是要靠品牌。同样的价格，同样的服务，有的企业生意兴隆，有的企业却门庭冷落，这就是品牌的差别。

品牌是一种无形资产，它会给企业带来持久的效益。当新客户要维修时，他若对企业不了解，就会认定品牌前来维修。当老客户认可品牌后，会帮助企业宣传，给企业介绍新的客户。因此，维修企业的品牌是很有价值的。

品牌的形成不是简单的自发过程，而是一个创造过程，包括构思、设计、塑造、传播和保护等内容。品牌的塑造不仅需要企业管理者具有高水平的现代经营意识和文化素质，还需要企业全体员工的忠诚和关心，更需要大家用心呵护，共同塑造。品牌的塑造需要持久的诚信服务、持久的质量、持久的优质服务、良好的企业形象及一整套企业文化来支持。

汽车4S店经营的是品牌汽车，但并不是每个4S店的维修服务都能把维修做成品牌。如何把企业做成维修企业的品牌是包括汽车4S店在内的每个维修企业应该认真思考的问题。

案例

美国通用电气公司从爱迪生创办电灯公司开始，历经了120多年，一直保持长盛不衰，企业视品牌为生命。1988年，美国通用电气公司生产的一种冰箱压缩机出现问题，这些问题有的出现在保修期内，有的已过保修期，而企业在12个月内就更换全部330万台压缩机，花费了6亿美元的成本。这批压缩机其实没有必要全部更换，但为了企业的品牌、名誉和客户，企业毫不犹豫地全部更换，并承担了高昂的成本。

6. 超越竞争

竞争是市场经济贯彻优胜劣汰法则的主要手段。成功的企业和优秀的管理者本身就是竞争的产物，也是市场优胜劣汰的结果。企业管理者要制定出一整套应对市场竞争的策略，主要包括生产策略、营销策略、资本经营策略、技术策略等。

但要注意，未来的时代是一个高度竞争与合作的时代，所以不要轻易树立自己的敌人。企业互相攻击、降低价格，受损害的是竞争双方。提高企业综合水平，提高客户满意度是企业获利的基础。一味竞争而不提高企业的综合水平，最终将被击败。击败他的不是竞争对手，而是自己。

案例

案例1：可口可乐和百事可乐是世界饮料市场上的两大巨头，他们经常把宣传广告挂在一起，一点也不忌讳，反而因此效果更好了，可以让消费者自己选择。

案例2：2013年春节前烟台威海地区降下了一场大雪，某修理厂接到客户救援电话说他的车发生多车相撞的交通事故需要拖车，修理厂马上派王经理和拖车驾驶人前往救援。路上一辆救援车辆陷在雪坑里，挥手要求帮忙。王经理要驾驶人停下车，驾驶人说下这么大的雪，又是竞争对手就别管他了。王经理说大家是同行，有困难更应帮助。王经理下车问清原因后，和需拖车的客户联系说要晚一会儿到，然后用拖车将陷在雪坑的车拖出，原来这是一家专业救援公司的拖车，也要到多车相撞的交通事故现场拖车，而且他们要拖的车要他们帮忙找修理厂。救援公司负责人说你们帮了我们，我们就介绍这台车到你们厂维修。这样，王经理帮助了别人，自己又多了一个客户，真是一举两得。后来，救援公司经理还专程赶到修理厂表示感谢，双方结成了合作伙伴，修理厂拖车不足时用救援公司的，救援公司给予优惠。救援公司将客户介绍给修理厂，双方共赢。

第二节 现代汽车维修企业的八大要素

管理——企业的命脉	人力资源——企业的心脏
市场——企业的目标	资金——企业的血液
技术——企业的大脑	设备——企业的肌肉
配件——企业的食粮	信息——企业的神经

一、管理

管理被称为企业的命脉，由此可见管理在企业中的重要性。管理的内容很多，现代汽车维修企业尤其应注意的是坚持管理制度化、管理程序规范化的原则，并注重细节，只有这样，企业才能做大做强。

1. 管理制度化

俗话说：没有规矩不成方圆。汽车维修企业应有一系列管理制度，从劳动纪律、员工守则、配件采购制度到财务管理制度等，这些称为企业的基础管理。

海尔企业管理理念，也称为海尔定律或斜坡球体论，认为企业如同爬坡的一个球，受到来自市场竞争和内部职工惰性而形成的压力，如果没有一个制动力它就会下滑，这个制动力就是基础管理。

有了规章制度，企业所有员工就均要按照规章制度办事。在有些企业里，管理者的文化素质偏低，他们也制定了一系列管理制度，但他们的管理不是依靠规章制度，而是局限于“家族式”管理，在制度面前讲人情，讲血缘关系，不能对员工一视同仁，从而影响了员工的积极性。

企业要想做大做强，靠“家族式”管理、靠人情、靠讲血缘关系是行不通的。企业的管理制度是约束每个人的，包括企业老板。因此，只有一切按制度办事，企业才能强盛。

案例

车主A的帕萨特轿车正在某维修厂维修，他想外出办事，便找业务经理借车，此时维修厂的车外出办事短时间不能回厂，车主A见车辆竣工区内停放着一辆已竣工的帕萨特车(车主为B)，便说我开此车一会儿就回来，业务经理说厂里有规定不能私自动客户的车。车主A又找到维修厂老板，老板感觉开一下客户的车是小事，便忘记了规章制度，答应了他的要求。车主A外出办事闯了红灯，也没向维修厂交代。车主B将车开回的第二天，收到一张违章罚款单，说他某时在某地闯了红灯，车主B一看就愣了，他算了一下时间，闯红灯时他的车正在某修理厂。车主B非常气愤，找到维修厂理论。维修厂老板一听也懵了，急忙找到交通管理部门将这事进行了妥善处理。但车主B的愤怒一时无法平息，维修厂从此也失去了一位老客户。

2. 管理程序规范化

管理要按照规范进行，管理规范化应贯穿于维修服务的全过程。企业的行为规范是指企业群体所确立的行为标准，行为规范以企业全体人员整体行为的一致性和制度化作为表现形式，它以个体的行为表现出整体的行为，即个体行为的规范化导致整体行为的一致化。例如，接听电话的方式，与客户见面的问候语，企业员工的仪容仪表，甚至业务接待递名片的姿势，生活接待倒茶水的动作等，都要有规范。

企业的服务流程管理是企业最重要的管理内容之一，一个清晰、简练、规范的服务流程，带给员工的是方便和快捷、效率和方向，带给企业的是形象和效益。

世界上一些著名的汽车生产商都十分注重服务流程的建设，例如，大众公司推出了“服务核心流程”，丰田公司推出了“关怀客户七步法”。

案例

丰田公司“关怀客户七步法”提高了客户满意度，为汽车销售提供了良好的保障。“关怀客户七步法”的内容是：第一步预约；第二步接待；第三步写下修理要求，估计费用、交车时间；第四步监督工作进度；第五步交车前的最后检查；第六步交车时的维修工作说明；第七步跟踪服务。

3. 细节决定成败

在市场竞争日益激烈的今天，你可能已发现，你的维修技术水平提高了，而你的竞争对手也提高了；你的服务水平提高了，而你的竞争对手也提高了；你的价格降低了，而你的竞争对手也降低了。这时，细节就显得尤其重要。现在很多企业都十分重视细节，道家学派创始人老子曾经说过：“天下难事，必作于易；天下大事，必作于细。”很多汽车维修厂的墙上都挂了这样一条标语：100－1＝0，说的是哪怕一个细节没处理好，都会影响整个维修工作，进而影响客户满意度。

案例

案例1：一家广州本田服务站在工作中作了很多细节上的工作，如在维修时要经常拆下蓄电池电缆，使整车断电，这时车载数字调频的收音机记忆消失，维修后需重新调试，客户原来设置好的频道改变了。因此，他们在工作中增加了一个细节：在拆卸蓄电池电缆前，都会将收音机各频道的位置记录下来，维修完毕后，再按原记录将收音机各台重新调试好。这个小的细节获得了客户的好评。

案例2：遇到雨雪天气，北京公交上海大众汽车特约服务站的工作人员在客户进站出站的时候都会打伞接送客户，并确保客户身上不沾到雨雪，这一个小细节让客户感受到了家庭的温暖。

二、人力资源

人力资源被称为企业的心脏。在目前的市场经济条件下，人力资源管理呈现出新的特点，也给管理带来了新的问题。

1. 企业劳动力素质发生了根本变化

维修汽车的高科技化要求企业劳动力素质也要随之提高，而目前我国大多数维修企业管理人才和技术人才短缺，使得企业之间相互出高价争夺人才。传统的维修管理和技术人才由于知识老化、技术落后，已不能适应现代汽车维修的需要。他们中会有一部分将被淘汰，而另一部分则将加快知识和技术更新，以跟上企业发展的需求。另外，将有一批经过专业培训、掌握先进维修诊断技术的大中专毕业生充实到维修队伍中，他们中的一部分人经过一段时间的实践，也将成为企业优秀的管理人才和技术人才，从而使企业劳动力素质发生根本变化。

2. 人际关系将发生新的变化

现代企业内部的人际关系是一种沟通关系，老板和员工之间应是沟通、合作的关系。员工只有通过企业才可以发挥自己的才能，实现自己的价值；而老板要通过自己的投资与员工的劳动获得企业利润，因此，员工和老板是一种新型的双赢关系。目前在很多地方的汽车维修厂，还出现了老板出让部分股份给员工的现象。

3. 人力资源管理需要人性化

人具有自然属性和社会属性，因此企业要建立符合人性化的管理，创造人性化的工作氛围，培植满足人发展的土壤。企业管理者要对企业员工开诚布公、互相理解、倾听意见、关心生活、加强沟通，使企业成为富有人情味的机构，这样才能让员工发挥他们最大的潜能。

案例

海尔企业文化的成功运行离不开管理制度与企业文化的紧密结合。海尔管理运行的过程：首先提出理念与价值观，然后推出典型人与事，最后在理念与价值观的指导下，制定出让模范人物和事件不断涌现的制度与机制。正是这种“制度与机制”与员工理念和价值观的互动，才使海尔获得了稳定发展。

三、市场

市场是企业的目标，汽车售后市场一向被经济学家称为汽车产业链上最大的利润“奶酪”，很多人都对它垂涎欲滴。因此，从事汽车产业的企业更需要在管理和服务上下功夫，努力达到一流水平，才能在市场竞争中立于不败之地。在市场经济下，汽车维修企业要树立以下新观念。

1. 市场观念

市场观念就是树立一切以市场为导向，为市场提供服务，向市场要效益的观念。目前的汽车维修市场经营范围广阔，竞争日益激烈。而现代汽车维修企业已不是传统意义上的汽车修理厂了，它又被赋予了新的内涵，它的业务范围也有了新的拓展，汽车售后市场所涉及的内容应是现代汽车维修企业经营的项目，这些经营项目就是这些企业的市场。

2. 竞争观念

竞争是市场经济贯彻优胜劣汰法则的主要手段。汽车维修市场经营范围广阔，利润可观，因此越来越多的人从事到这一行业中，使得汽车维修业进入了一个更新换代的时代，市场竞争日益激烈，企业要想生存，就必须按照市场规律运行，用市场规律来指导日常经营活动。

3. 风险观念

市场经济会存在一定风险，企业的经营过程事实上就是风险管理的过程。企业在日常生活经营过程中主要受到市场风险、社会风险、自然风险的干扰，这些风险因素都会对企业的经营活动造成很大的影响。因此企业管理的一项重要功能就是分析风险可能的干扰程度，并采取积极的避险措施，去追求风险收益。树立风险意识就是要求企业管理者具有危机意识，这样才能够认识风险，从而合理控制风险。

案例

汽车养护是汽车后市场的趋势和重点，以养代修为越来越多的有车族接受。可以说现在的汽车已经由“七分养、三分修”变成了“八分养、两分修”，中国汽车养护市场迎来了黄金发展期。不少企业以汽车养护为市场开发了很多新项目，自动变速器养护项目就是其中之一。这里介绍一下Aui自动变速器智能养护项目。

2015年7月，北京天元陆兵汽车科技有限公司公司正式推出Aui自动变速器智能养护项目。在国内数位专家的指导下，公司自主研发出自动变速器智能换油系统，该系统对传统自动变速器换油作业进行了革新，解决作业无标准、无规范的现状。

以自动变速器智能换油系统为核心，天元陆兵专家团队基于对各大自动变速器品牌的深入研究，通过与美国雅富顿、中石化、中石油等世界知名企业合作，研发出性能优越的变速器养护油品，为终端企业提升服务品质与利润空间奠定了基础。

该项目以变速器智能深度养护为载体，为汽车维修与保养企业提供全方位盈利方案，项目服务内容囊括盈利分析、项目定位、流程设计、标准制定、集成设备、人员培训、运营指导、线上集客等。

项目一上市，就赢得市场高度认可，目前已在全国建立20个项目推广基地，与500多家汽车服务终端企业建立合作关系，市场覆盖全国4个直辖市、20个省、3个自治区。

四、资金

资金是企业的血液，离开了资金的企业将无法生存。

业内专家认为，目前的汽车修理厂、汽车3S、4S特约维修站，仍不能满足汽车业的飞速发展，汽车快修业、汽车连锁店等多种经营形式将迅速进入人们的视线。企业的资金组成变得多元化，国营、集体、民营、股份制、中外合资、外资等多种形式将并存。

五、技术

技术是企业的大脑，一个优秀的企业应是一个技术领先的企业。企业的技术领先表现在以下两个方面。

1. 掌握先进的汽车维修技术

目前，汽车已成为装有数十台电脑和传感器，集电子计算机技术、光纤传导技术、新材料技术等先进技术为一体的高科技集成物，在现代汽车维修中有大量故障是要处理计算机控制方面的问题，需要掌握先进技术的人才来诊断和维修。这种人才要有文化、懂英文、通原理、会仪器、懂计算机，还要有一定的实践经验，国外把这种人才称为汽车维修工程师和汽车维修技师。

2. 具有先进的维修体制

现代汽车维修要求维修体制能够跟上高科技发展的需要，原来机修工、电工的划分方式已不能适应高科技维修发展的需要，现在需要的是机电一体化的维修作业组织。只掌握机修或只掌握电工，已不能满足现代新技术发展的需要。

六、设备

汽车技术的发展日新月异，汽车维修也从过去传统的机械维修、经验判断，转变为电控技术维修，以仪器检测诊断为主的高科技维修。因此，设备在现代汽车维修中开始发挥越来越重要的作用。汽修设备的选择、使用呈现出以下特点。

1. 重视使用先进的仪器

大多数企业已经认识到，现代维修是高科技的维修，应借助先进的检测仪，仅靠过去简单的耳听、手摸、眼看的传统方式，已不可能生存下去。企业要更加重视在仪器设备上的投资，过去的“一把锤子、一把钳子、几把扳手”就能开个修理厂的想法已经成为过去。

2. 不再贪大求全，耗费巨资

先进的检测仪、维修资料价值很高，这就需要企业用科学的方法来选型、购置、管理、使用。过去一些新建的修理厂在设备选购上，为了在设备规模上压倒本地同行，不惜花巨资购置大量设备，贪大求全。结果，很多设备束之高阁，造成资金积压、周转困难。现在很多企业认识到设备最关键的作用是为客户解决问题，否则设备投资再大，也是徒劳。

3. 高科技设备需要高技术人才

维修的高科技需要掌握先进技术的技师来诊断和维修，借助的工具是先进的检测仪、维修资料等。掌握先进技术的技师需要科学的使用，以发挥其最大作用，并利用他们为企业带起一批优秀的员工。

4. 计算机管理已必不可少

企业运用计算机进行管理，可以节约人力，提高效率，堵塞漏洞，提高企业形象，在客户面前展现一个依靠科技进行管理的良好形象。

七、配件

由于汽车质量的不断提高及汽车上使用的电子产品不断增多，传统的维修项目如水泵修理、刮水器电动机修理等将逐步减少或消失，取而代之的将是以换件为主的修理模式。客户对汽车维修质量要求的提高及现代高效率、快节奏的生活要求，配件管理也必须跟上汽车维修发展的步伐。

对汽车维修企业来说，零配件销售在汽车维修产值中占60%~70%，是企业获利的主要来源。零配件的备料速度、采购快慢、准确与否，直接关系到车辆维修的工期，直接影响客户满意度和企业的效益。

随着维修市场车型的不断增多，各种车型的配件数量不计其数，任何一个企业都不可能拥有所有的配件，即使是单一车型的配件也很难做到。这样在客户满意度、企业的效益和配件库存之间将产生矛盾，因此，科学的配件管理将是解决这一矛盾的关键。

八、信息

信息是企业的神经。市场信息瞬息万变，企业管理者必须牢固树立信息观念，重视信息的及时性、充分性和有效性，将信息管理放在企业经营管理的重要位置。只有紧盯市场信息，不放过任何一个可供利用的市场机会，才能在市场竞争中立于不败之地。

信息对企业管理者决策有极其重要的作用，海尔集团首席执行官张瑞敏曾说过：厂长要有三只眼：一只眼看外，一只眼看内，一只眼看政府。这就是说的信息的重要性，一只眼看外是看外部信息，一只眼看政府是看政府的政策法规信息。

随着现代电子信息技术在各个行业的广泛应用，汽车维修企业管理也有了很大提高，商务信息、互联网技术已成为汽车维修业管理者的强大助手，车辆的进出厂记录、维修过程、客户档案、材料管理、生产现场管理、财务管理、人事管理逐步实现微机化，不断提高管理水平。通过管理提高客户满意度，降低内部费用，激励员工工作积极性，最终实现企业利润最大化。

现在互联网的发展速度远远快于传统产业，各种概念令人眼花缭乱，O2O、B2B、C2C，还有 B2B2C。

O2O 即 Online To Offline（在线离线/线上到线下），是指将线下的商务机会与互联网结合，让互联网成为线下交易的平台。B2B 是企业与企业之间的电子商务运作方式。B2C 是企业与消费者之间的电子商务运作方式。B2G 是企业与政府之间的合作关系。C2C 是消费者与消费者之间的电子商务运作方式。B2B2C 来源于目前的 B2B、B2C 模式的演变和完善，把 B2C 和 C2C 结合起来，通过 B2B2C 模式的电子商务企业构建自己的物流供应链系统，提供统一的服务。

互联网向汽车产业的渗透可谓不遗余力，但过去几年互联网都只是在营销公关传播领域，未来几年将向产品、销售、售后、二手车、保险金融等领域渗透。

过去 10 年，维修企业车间里最大的变化是增加了更多高科技诊断设备，比如车载电脑诊断仪、四轮定位仪、专用示波器、专用电表、尾气检测仪等，4S 体系普遍已经具备电子配件目录、网络化维修资料、智能诊断系统，一些厂商已经具备了远程诊断系统。随着移动互联网的爆发，车主对线上服务咨询、询价、发现最优服务商的需求在增长，这使得很多风险投资开始向后市场的 O2O 投资。主机厂、汽车门户和垂直网站、中小创业者都已经在尝试建立自己的 O2O 网站，试图建立配件商、服务商、车主的 B2B2C 平台，由于服务的非标准化，这类平台会受限于区域，目前在全国性尚没有成功的范例，但还有不少企业在不断进行改进和探索。

案例

中国汽保设备供应链金融平台是针对汽车维修企业、汽保生产企业、汽保代理企业打造的一站式服务管理平台，为上下游企业提供高效的信息化系统，完善的供应链体系，利用全新的移动互联网解决方案对传统汽保行业进行互联网化改造，引领并推动整个行业的升级优化。

中国汽保设备供应链金融平台的解决方案涵盖汽保服务领域的核心业务，包括汽保设备工具销售、售后维修、售后索赔、电商交易、业务协同、二手设备、融资租赁、海外市场、分期付款、大数据分析等。

中国汽保设备供应链金融平台作为汽保行业的全新平台，实现了产业链全节点的赋能叠加：对于维修企业，设备工具的日常购买、检查、保养、维修形成了信息化，数字化管理，让企业内外部工作业务更加高效与便捷。对于汽保代理企业，能够有效降低下游流失率，提升品牌吸附力，与维修企业和生产厂家无缝链接。对于汽保生产企业，能够快速提升渠道及直营下货量，对各汽保代理企业所销售设备售后状态进行真实有效的管理与服务。

第三节
汽车维修企业的经营战略

美国哈佛大学波特教授的企业竞争理论揭示：在竞争格局下，可以通过实行成本领先战略、差异化战略、专一化战略等三大战略确立企业优势。

一、经营战略形式

目前，所处的社会是市场经济社会，依市场开拓方式划分的战略形式有市场渗透战略、市场开发战略、产品开发战略、多样化经营战略。

1. 市场渗透战略

市场渗透战略是指企业在利用现有市场的基础上，采取各种改进措施，逐渐扩大经营业务，以取得更大的市场份额，这种战略的核心是提高原有的市场占有率。其具体的实施方法如下。

1）通过扩大宣传等促销活动，增加产品的知名度，使客户对本企业有更多的了解。一方面，可以让老客户多享受企业的服务；另一方面，也可以不断增加新的客户。

2）通过降低生产成本，例如，采取降价的办法吸引新客户，刺激老客户更多地消费。这种战略一般适用于市场需求较稳定、产品处于成长或刚进入成熟阶段的企业。

较为典型的例子是可口可乐、百事可乐在饮料市场上的激烈竞争，长虹、康佳、TCL 在电视机市场上的竞争等。采用这种战略需要投入较多的人力、物力，容易导致市场的激烈竞争，有很大风险。在选择这种战略时，要对企业自身实力、产品的生命周期、市场需求前景等进行综合考虑。

汽车维修业在生产淡季通过打折、赠送小礼品等来吸引客户，如工时八折、换机油送机滤等方式。

2. 市场开发战略

市场开发战略是企业利用原有产品来争取新的市场和消费者群体，以达到发展的目的。这一战略的目的是在保持现有产品生产及销售的前提下，另辟蹊径，为现有产品寻找新用户、新市场。其具体的实施方法如下。

（1）寻找新市场　将原有的产品投放到更广阔的地区，如原来主要在城市销售，现在可以开辟农村市场。采取的措施有在当地开辟新的销售网点和渠道，企业产品由城市推向农村，由北方推向南方等。

（2）在当地寻找潜在客户　通过对客户群的研究分析，寻找可能购买本产品的消费者群体。

案例

B 市地处 A 市和 C 市之间，B 市距 A 市约 80km，距离 C 市约 100km，A 市和 C 市都有某品牌的特约维修站。B 市的车辆维修都要到 A、C 两个城市，而驾驶人大多喜欢到 A 市，因为来回可以少跑 40 多 km，能省不少油。针对这种情况，C 市的特约维修站的老板推出了新的服务举措，凡来站维修的车辆工时费一律八折，并免费赠送 5L 汽油票。由于这个品牌的车主大多为私家车，一时间很多 B 市的客户从 A 市转到 C 市的维修站维修车辆。

3. 产品开发战略

产品开发战略是以不断改进原有产品或开发新产品的方法扩大企业在原有市场销售量的战略。其主要方法如下。

（1）改善老产品　随着经济的发展，人们的需求层次不断提高，产品的需求日益多样化，使得产品更新速度加快。企业只有不断改进产品，以新的外包装、质量和性能来满足人们的需要，才能巩固并发展市场。

例如，在竞争激烈的电视机市场，从黑白电视机、彩色电视机，到平面直角、数码彩电，功能不断增加，技术不断提高，品种和规格不断增多。

（2）开发新产品　企业或通过自己的研制能力或引进外来技术，开发新产品，然后，利用老产品的销售网和渠道及老产品的品牌效应进入市场。

例如，海尔开始是以生产冰箱、空调、洗衣机而闻名的，后来，利用其品牌效应，又开发了电视机等。这一战略一般适用于具有一定的技术开发和创新能力，或原有产品已进入成熟期后期和衰退期，很难找到新的发展机会，开拓新的市场又有很大困难的企业。

很多维修企业也在开发新产品，如换机油前，对润滑系统清洗；换机油后，添加润滑系统保护剂。这些方式可增加企业收入。

4. 多样化经营战略

多样化经营是指企业同时提供两种以上的服务，以求达到最佳经济效益的一种经营战略。也就是说，采用多样化经营的企业涉及业务领域是多元的，市场也是多元的，这就要求企业具有较强的经济实力，包括资金、人员和管理能力。只有大规模的企业才有条件这样做，它在带来规模效益，分散经营风险的好处的同时，也蕴涵着巨大的危机，如果企业的实力跟不上，失败将是惨重的。多样化经营对企业规模、管理能力的要求很高，因此中小企业应该慎重。

汽车维修行业的经营项目很多，有汽车专项维修、汽车养护、汽车美容护理、汽车装饰、汽车改装等，与汽车维修相关的行业有汽车销售、汽车俱乐部、汽车租赁、二手车经营等，这些都是汽车维修企业可以涉猎的。尤其是汽车销售，目前很多汽车4S店都是从汽车维修起家的。

二、适合汽车维修企业的六种经营战略

综观世界范围内的维修企业，绝大多数是中小型企业，同大型企业相比，中小型企业需要的资本少，筹资能力弱，经营规模小，在人才、技术、管理上缺乏优势，较难抗击风险。但是，中小企业组织规模简单，决策较快，生产经营机动灵活，企业的经营成败更多地取决于经营者个人的能力。因此，中小企业宜采用以下六种战略。

1. “精、专”的经营战略

“精、专”经营战略是指企业的专业化经营，也就是单一产品经营战略。对于资金实力、生产能力较弱的中小企业来说，可将有限的资源投入到“精、专”业务上，集中精力于目标市场的经营，以便更好地在市场竞争中站稳脚跟。具体地讲，企业可以集中人力、物力、财力将某项优势业务做精、做好、做细。通过采用新技术、新工艺、新方法、新材料、新设备等方式，不断进行管理、技术创新，在同行业中始终处于管理、技术、服务领先水平。

“精、专”的经营战略就是“小而专”、“小而精”战略，不搞小而全，但求精与专，力争产品的精尖化、专业化。采用这种战略的关键首先是要选准产品和目标市场；其次是要致力于提高维修质量和技术创新。

案例

案例1：中国香港的很多汽车修理企业都有专业特点，也就是我们所说的有特色。香港有人数可观的四驱车爱好者，这样就相应地出现了专门维修和改装四轮驱动车的企业，这些企业生意都十分红火。

案例 2：老刁原来在一家国有企业维修厂干了 20 多年的镗缸磨轴，企业效益一直不好。后来企业改制，老刁也离开了原单位。对于以后的发展，老刁想了又想。老刁觉着自己干了这么多年的镗缸磨轴，在这地区市场上很有影响力。他筹集资金，买了设备，招了一些工人干了起来。他给企业起的名字是“老刁镗缸磨轴公司”，并设计了一个很美的图案：一只展翅欲飞的老雕，两只锋利的爪子紧紧抓住一根曲轴，很是形象生动。

企业开张后，凭着老刁在当地的影响力，不到两年，企业发展到固定资产 50 多万元，员工 10 多人，每年都有 70 万～80 万元的收入。老刁就是靠自己专而精的技术，最终取得了成功。

2. 寻找市场空隙战略

寻找市场空隙战略是采取机动灵活的经营方式，进入那些市场容量小，其他企业不愿意或不便于或尚未进入的行业或地区进行发展。此种经营方式尤其适合中小企业，在自身实力较弱、资源有限的情况下，开辟市场领域时，应在被大企业忽视的市场空隙和边缘地带寻觅商机，对客户确实需要的产品和项目，利用灵活的机制，去占领市场，赢得用户。进入空隙后，可根据具体情况，或是扩大生产，向集中化、专业化发展；或是在别的企业随后进入后迅速撤离，另寻新的空隙。

案例

D 县地处偏远山区，以盛产黄金闻名于世。1990 年前后很多人纷纷而来，投资开起了采金厂。有一位外地人，原来干过几年修理，他来这里是为了打工。在打工时，他看到好多采矿矿主开着很多高档汽车，而当地却无高档汽车维修厂，车主只能到 200～300km 外的市里修车。他经过反复思考，决定还干老本行。他找了一位合伙人，在县城租了一间房，搞起了汽车维修。县城地价很便宜，很大的厂房一年租金很少；另外，县城消费很低，各方面的成本较少。由于他经营有方，短短几年，靠给采矿主修车，企业发展起来了。于是他在当地买了块地，盖了大厂房，成了当地最大的维修厂。D 县虽然偏远，但随着采金业不断发展，当地经济也发展起来，富裕阶层的人越来越多，此后他更好地利用当地的资源，使得修理厂越做越大。

3. 经营特色战略

经营特色战略是企业充分发挥自身的优势，突出自己产品和服务的某一方面特色、个性和风格，以独具特色的经营来吸引客户的战略。

经营特色战略的关键是能够表现出独特的差异性，因此经营特色战略也可以称为差异性战略。只有充分发挥自身的优势，扬长避短，闯出一条独特的经营之路，才能保持强劲的发展势头，使自己立于不败之地。

这种经营战略适用规模小、竞争能力较弱的小企业，为了能在市场中占有一席之地，应根据企业的经营条件和所处的经营环境，表现出独特的差异性。采用这种战略的做法有很多种，其中最典型的是针对当地或特定客户群的特殊需要，提供特色产品或服务，以吸引客户。

经营特色一旦建立起来，就能博得客户的信任，赢得竞争优势，并能获得长期稳定的发展。

案例

H先生在一家公共汽车站附近开了一家汽车电器维修部，他的服务目标是公共汽车电器和一些零散车型的电器维修。由于从事公共汽车维修的企业有好几家，H先生的企业货源很少。他很着急，就托关系，拉一些车主到他那儿维修车辆。但这些公共汽车大部分都是承包的，车主既想修得好，又想修得快，所以，一段时间后他的货源又减少了。后来，他仔细地研究了公共汽车运输的特点，发现这些车主对时间要求特别急，车辆出现故障后，希望尽快修好。于是，他就购置了一些新起动机、发电机等较易损坏的电器。当车主车上的电器发生故障后，他就用新的电器更换上，将旧的放在他的维修部进行维修。能修复的，只收取车主维修费，换下的电器修复后作为新件继续与其他故障车辆更换使用；不能修复的，向车主说明，收取配件费用（当然，新件和修复件有区别）。他的这一经营策略，极大地方便了公共汽车车主，使得他的生意也逐渐兴隆起来。

4. 联合经营战略

联合经营战略是企业间实行多种形式合作的战略。该战略适用实力弱，技术水平差，难以形成大企业规模优势的中小企业。联合经营的企业可在平等互利基础上联合起来，取长补短，共同开发市场，求得生存与发展。联合经营分为松散型和紧密型两种。

（1）松散型联合　这是指企业之间仅限于生产协作或专业化分工的联合，在人员、资金、技术等方面基本不合作，采用这种联合方式，企业之间比较自由，竞争力不强，但都能从中获利。

案例

Z先生开了一家小型汽车修理厂，生意倒也可以。后来他看到干保险事故车很挣钱，就上了钣金喷漆业务，雇了两个钣金工和油漆工，钣金工的手艺还可以，但喷漆工的手艺很一般。干了几辆事故车，车主纷纷回来找，不是这辆车的底漆没处理好，就是那辆车喷完漆后与原来的颜色相差太大，再不就是没过几天就脱漆了，对修理厂的声誉造成很大影响。Z先生想找一位好的喷漆工，但一直没有合适的人选。他听说某喷漆店的喷漆水平很高，便找到店老板商量，钣金整形由他的修理厂做，而喷漆由喷漆店来做，并达成协议。就这样，两家开始合作经营，没想到这种松散型联合效果还特别好，两家企业都从中得到了利益。

（2）紧密型联合　所谓紧密型的联合是指除生产协作外，还进行资金、人力和销售方面的联合，如相互持股、相互融资、联合销售等，由于相互间关系密切，容易形成凝聚力，因此紧密型联合可以提高整体竞争力。

案例

K先生在县城开了一家修理厂，由于他经营有方，技术水平也不错，每天都客户盈门。

他想扩大生产规模，但苦于资金有限。这时，一位搞房地产的大老板找到他，想跟他合伙，大老板出资金，K先生出技术和管理，双方各占50%股份，K先生同意了大老板的想法。他们在县城建起了一座当地最大规模的汽车修理厂。K先生靠他灵活的经营头脑、精湛的维修技术和大老板雄厚的资金后盾，不到一年的时间，就占据了当地维修市场20%的份额，一年收入1000多万元。K先生和房地产大老板靠这种联合方式，各自得到很大利益。

5. 连锁经营战略

连锁经营是指经营同类商品或服务的若干个企业，在总部管理下，按照统一的经营模式进行共同的经营活动，以求得规模优势和共享规模效益的经营形式与组织形态。

连锁经营是近代世界经济和商业竞争的产物，它随着社会服务业的发展而发展。连锁经营在国外已成为汽车维修业成功的经营模式，它从根本上取代传统汽车维修企业以零散性为主的经营格局，具有成本低、速度快、反应及时、适应性强、方便快捷，以及生产技术、信息资源、专用设备共享的特点，是一种全新的经营理念和经营模式。

以中高档车辆为服务对象，以小型、方便、快捷、实惠、社区化服务为特色的汽车快修连锁店也是汽车维修发展的一种新兴模式，外在体现为所有连锁店标志统一，内外装潢统一，快修连锁店标志醒目且美观；连锁店内部装修简洁，布置颜色统一、服务人员身着统一的工作服，并佩戴明晰的服务标示牌，服务人员各种操作统一规范；连锁店服务项目简介及项目价格统一且对外公示。内在则体现为快修连锁店具有“价廉物美”的优势，一般投资在20万~50万元，占地少、人员精简、配件和维修技术可以由总部统一供应与指导，昂贵的检测诊断设备可以共享；各连锁店在总部的统一管理下自主经营，技术人员和维修资料有保障，配件来源相对稳定。这些内外优势都增强了快修连锁店的可信度和社会认知度，从而成为目前广大车主修车的首选。

快修连锁店有强势的品牌作依托，因此整体形象好，通常有统一的服务规范、收费标准和服务质量的承诺，而且连锁企业网点多，能靠近车主活动区域设置。与4S店相比，在这些店接受服务可以省去不必要的工时费。而在汽车美容方面，快修快保店的收费通常比4S店便宜50%以上。汽车快修连锁店都有统一的管理体系，设备、零配件由总部统一提供质量和配件渠道有保障。当前快修连锁店是美国人为驾车维护的首选，客户一般都能很方便地在公路沿途和附近找到快修连锁店，许多人把它形象地比作汽车售后服务行业中的“麦当劳”、“肯德基”。

近几年，汽车快修连锁如雨后春笋般出现，但加盟连锁也出现了一些问题，加盟汽车维修的快修连锁不是一个投资就可赚钱的简单问题，这与餐饮业的投资截然不同。例如，加盟肯德基，可能在大城市里边需要几百万的加盟费，但是你作为投资人把资金投进去了，几乎什么都不用管了，因为它专业的团队、标准化的运营，包括整个的营销推广都是完全一体的。所以它会给加盟商提供一个非常好的帮助。但汽车维修快修连锁最需要解决的问题就是品牌，在客户心里没有一个快修连锁的品牌，也就是说目前在国内，统治级的品牌还没有出现。如果你经营了多年的汽修企业，你的客户很多，那在当地影响力会更高，就是一个品牌，你加盟了连锁只是提升了企业的形象。你如果是新加入这个行业的，想靠连锁这个品牌给你带来客户，短期还可以，长期是做不到的。另外就是运营成本高，加盟连锁提高了运营成本，因为运营费用、加盟费用、规范化的管理费用等较高，另外还有员工的高工资、培训等。加盟之后，就需要更高的营业额来支撑，如果营业额不够，就无法支撑加盟连锁。

案例

案例1：Grease Monkey汽车快修国际公司（以下简称“油猴国际”）建立于1978年，是美国第一大独立汽车服务运营商。到2009年12月31日，美国地区“油猴国际”旗下的连锁中心已有350家，在墨西哥地区有40多家，“油猴国际”每年为大约400万辆汽车服务。在美国，“油猴国际”同连锁店周围的商家有着良好的合作关系。特别是坐落于大型购物中心和超级市场的油猴快修店，在借助大型购物中心和超级市场带来的人流的同时，给顾客提供方便快捷的汽车保养快修服务，反过来又为商家提供了良好的配套，吸引更多的顾客，同商家形成了良性互动。

2007年“油猴国际”进入中国时雄心勃勃计划在5年内在青岛地区建立30多家汽车快修中心，山东地区建立120家汽车快修连锁中心，在中国大陆北方地区开设300家汽车快修连锁中心。

但几年过去了，“油猴国际”开设的汽车快修连锁店数量远远低于预期，而开设的连锁店中有些出现了亏损，油猴在中国出现了水土不服的现象。

案例2：德国汽车技术与服务供应商博世2016年6月20日宣布快捷汽车服务的加盟连锁业务在华正式启动。博世快捷汽车服务将统一采用象征品质与专业的博世品牌商标，并将重点布局社区周边或车流量较大区域，更加贴近终端车主。博世方面介绍，其快捷汽车服务门店工位数为2~9个，业务范围将涵盖快修、制动、轮胎及车身美容等，为消费者提供便利且标准化的高质量汽车售后服务。

博世汽车售后市场大中华区总裁安德世表示：“市场需求始终是博世汽车售后发展业务的主要推动力。由于场地、租金等因素，如今的综合性大型维修站一般都离社区较远，而博世车联快捷汽车服务则布局不同区域，更便利地服务车主。基于博世在汽车技术领域的深刻积累和汽车服务领域的专业经验，我们有信心在不久的将来，它能够在中国汽车后市场中成为车主值得信赖的快修品牌连锁网络。”

此次推出的博世车联快捷汽车服务可供应涵盖市场上主流车型的12大类共30个品种的配件产品。除了配件供应上的支持，快捷汽车服务的加盟商还将获得博世为中国独立售后市场量身定做的加盟商店面运营管理系统，以支持维修站日常的运营管理工作，帮助维修站执行博世标准化服务。

6. 特许经营战略

特许经营战略是指大企业向小企业提供其产品、服务或品牌在特定范围内的经营权。

特许经营战略已成为大型企业与小企业之间合作的一种主要形式。在特许权经营中，大企业按照合同对小企业进行监督和指导，有时给予必要的资金援助；小企业也应按合同规定经营，不任意改变经营项目。特许权经营的最大优点是将灵活性与规模经营统一起来，将小企业的优势与大企业的专业能力和资源结合起来。小企业可以和大企业共享品牌、信息、客户资源，共同获利并扩张同一品牌的知名度。通过特许权经营，小企业的经营者得到培训，熟悉了市场，获得了业务知识和技术诀窍，从而使经营战略风险降低。

我们所熟悉的汽车特约维修服务站就属于特许经营。特约维修服务站特许经营是国际先进的经营模式，是汽车生产厂商低成本扩张的有效途径之一，经营模式包含服务品牌的特许、经营模式的特许、修理技术的特许和原厂配件的特许。

汽车特约维修服务站货源稳定，收入可观，但目前汽车生产商绝大多数不单独设汽车特约维修服务站了，而是必须建立4S店。

4S店，即包括整车销售（sale）、零配件供应（spare part）、售后服务（service）、信息反馈（survey）。4S是四个英文单词的首字母缩写，是一种汽车服务方式。这种4S专卖店，有汽车厂家的支持和监督，其优势在于整体形象好、服务周到、专业。但4S店前期投资大，其投资动辄上千万元，由此导致维修成本高、市场容量有限等缺陷，延长了投资回收期。

案例

中国4S店服务方式的演化基本上走的与国外发达国家是同一条路子，1999年上海通用、广州本田等率先引进4S店模式，是代理商按照汽车主机厂的标准和要求全资承建，代理商需向汽车主机厂交纳保证金，以全额车款提车。知名汽车主机厂对于4S代理有着非常苛刻的要求，紧俏汽车的厂家征集经销商的消息还是一呼百应，国产宝马当初在全国挑选24家经销商，更是曾让3000多个商家挤破了头，2000~2004年4S店在中国的发展达到了顶峰，有人称这几年4S店处于暴利时代。

与国内如火如荼兴建4S店的现象正好相反的是，美国、欧洲的专营店网络正因为各种原因不断缩水，这种专营方式正受到消费者的质疑：庞大的经销网络消耗了巨额运营成本，而最终却需要消费者买单。欧洲的专营网络则是害了自己，销售网点过于密集，利润空间逐年减少，经销商无利可图，只能合并或者破产。

在我国，4S店作为一种已运行近二十年的模式，显然已走过顶峰，开始走下坡路。走下坡的关键原因是市场供过于求。在市场供不应求的时候，4S店这种垄断整车与配件货源的方式自然是“赚钱机器”，现在产能已经开始过剩，垄断又被打破，日子难过在情理之中。经过走下坡路之后，4S店模式最后肯定会被颠覆。被谁颠覆？是汽车电商？还是连锁经营店？大家纷纷猜测，有人说是汽车主机厂。当初4S店这种模式是传统汽车主机厂发明的，是为其服务的。在那个靠电话座机和模拟手机与用户交流的时代，传统汽车主机厂需要经销商打品牌、集客流、卖汽车、修汽车，4S店这种集多功能于一体的模式应运而生。现在进入了移动互联时代，传统汽车主机厂开始向未来汽车主机厂转型，朝着电动化、智能化方向发展，将来卖车靠定制，修车靠换件，4S店模式自然就会土崩瓦解。传统汽车主机厂向未来汽车主机厂转型是一个相对比较长的过程，不可能一蹴而就。因此4S店也不会马上消亡，它将与新的业态并行共存，但此消彼长是一个趋势。

虽然4S模式将来的发展我们猜不透，但它们先进的经营和管理方法值得每一个汽车维修企业学习。这些先进的方法，如服务理念、服务礼仪、接待技巧、服务意识等，是不会过时的。

思　考　题

1. 企业管理的任务和职能是什么？
2. 管理者应具备哪些知识素质？
3. 现代维修企业的经营理念是什么？
4. 现代汽车维修企业的八大要素是什么？
5. 现代汽车维修企业的经营战略形式有哪些？
6. 适合汽车维修企业的六种经营战略模式是什么？分别适用于哪些企业？

第二章 汽车维修企业的建立

格乌司原理：与狼竞争，作为弱者的羊从来没有从地球上消失，因为羊找对了自己的生态位置。

第一节 汽车维修企业分类

一、按行业管理分

GB/T 16739《汽车维修业开业条件》将汽车维修企业分为两部分：汽车整车维修企业、汽车综合小修及专项维修业户。

（一）汽车整车维修企业

汽车整车维修企业有能力对所维修车型的整车、各个总成及主要零部件进行各级维护、修理及更换，使汽车的技术状况和运行性能完全（或接近完全）恢复到原车的技术要求，并符合相应的国家标准和行业标准规定的汽车维修企业。按规模大小分为一类汽车整车维修企业和二类汽车整车维修企业。

汽车整车维修企业开业条件如下。

1. 人员条件

1）应具有维修企业负责人、维修技术负责人、维修质量检验员、维修业务员、维修价格结算员、机修人员、电器维修人员、钣金（车身修复）人员和涂漆（车身涂装）人员。

2）维修质量检验员数量应与其经营规模相适应，至少应配备2名维修质量检验员。

3）机修人员、电器维修人员、钣金人员和涂漆人员，一类企业至少应各配备2人；二类企业应至少各配备1人。

4）其他岗位从业人员，一类企业应至少各配备1人，不能兼职。二类企业允许一人二岗，可兼任一职。

5）从事燃气汽车维修的企业，至少应配备1名熟悉燃料供给系统专业技术的专职作业、检验人员。

2. 组织管理条件

（1）基本要求

1）应建立健全组织管理机构，设置经营、技术、业务、质量、配件、检验、档案、设备、生产和安全环保等管理部门并落实责任人。

2）应建立完善的质量管理体系。

3）应有现行有效地与汽车维修有关的法律、法规、规章和标准等文件资料。

（2）经营管理

1）应具有规范的业务工作流程，公开业务受理程序、服务承诺和用户抱怨受理程序等，并明示经营许可证、标志牌、配件价格、工时定额和价格标准等。

2）应建立并执行价格备案及公示、汽车维修合同、汽车维修费用结算清单、汽车维修记录、统计信息报送和安全生产管理等制度。

3）维修过程、配件管理、费用结算和维修档案等应实现电子化管理。

（3）质量管理

1）应建立并执行汽车维修质量承诺、进出厂登记、检验、竣工出厂合格证管理、汽车维修档案管理、标准和计量管理、设备管理、配件管理、文件资料有效控制和人员培训等制度。

2）汽车维修档案应包括维修合同，进厂、过程、竣工检验记录，竣工出厂合格证存根，维修结算清单，材料清单等。

3）配件管理制度应规定配件采购、检查验收、库房管理、信息追溯、配件登记及台账、索赔等要求。

4）应具有所维修车型的维修技术资料及工艺文件，确保完整有效并及时更新。

3. 安全生产条件

1）应建立并实施与其维修作业内容相适应的安全管理制度和安全保护措施。

2）应制订各类机电设备的安全操作规程，并明示在相应的工位或设备处。

3）使用与存储有毒、易燃、易爆物品和粉尘、腐蚀剂、污染物、压力容器等，均应具备相应的安全防护措施和设施。安全防护设施应有明显的警示、禁令标志。

4）生产厂房和停车场应符合安全生产、消防等各项要求，安全、消防设施的设置地点应明示管理要求和操作规程。

5）应具有安全生产事故的应急预案。

4. 环境保护条件

1）应具有废油、废液、废气、废水（以下简称“四废”）、废蓄电池、废轮胎、含石棉废料及有害垃圾等物质集中收集、有效处理和保持环境整洁的环境保护管理制度，并有效执行。有害物质存储区域应界定清楚，必要时应有隔离、控制措施。

2）作业环境以及按生产工艺配置的处理“四废”及采光、通风、吸尘、净化、消声等设施，均应符合环境保护的有关规定。

3）涂漆车间应设有专用的废水排放及处理设施，采用干打磨工艺的，应有粉尘收集装置和除尘设备，并应设有通风设备。

4）调试车间或调试工位应设置汽车尾气收集净化装置。

5. 设施条件

（1）接待室（含客户休息室）

1）应设有接待室。一类企业的接待室面积不应小于 $80m^2$，二类企业的接待室面积不应小于 $20m^2$。

2）接待室应整洁明亮，明示各类证、照、主修车型、作业项目、工时定额及单价等，并应有供客户休息的设施。

（2）停车场

1）应有与承修车型、经营规模相适应的合法停车场地，并保证车辆行驶通畅。一类企业的停车场面积不小于 $200m^2$，二类企业的停车场面积不小于 $150m^2$。不得占用公共用地。

2）租赁的停车场地应具有合法的书面合同书，租赁期限不得少于 1 年。

3）停车场地面应平整坚实，区域界定标志明显。

（3）生产厂房及场地

1）生产厂房面积应能满足设备的工位布置、生产工艺和正常作业，并与其经营业务相适应。一类企业的生产厂房面积不小于 $800m^2$，二类企业的生产厂房面积不小于 $200m^2$。

2）生产厂房内应设有总成维修间。一类企业总成维修间面积不小于 $30m^2$，二类企业总成维修间面积不小于 $20m^2$，并设置总成维修所需的工作台、拆装工具、计量器具等。

3）生产厂房内应设有预检工位，预检工位应有相应的故障诊断、检测设备。

4）租赁的生产厂房应具有合法的书面合同书，租赁期限不得少于 1 年。

5）生产厂房地面应平整坚实。

6）从事燃气汽车维修的企业，应有专用维修厂房，厂房应为永久性建筑，不得使用易燃建筑材料，面积应与生产规模相适应。厂房内通风良好，不得堆放可能危及安全的物品。厂房周围 5m 内不得有任何可能危及安全的设施。

7）从事燃气汽车维修的企业，还应设有密封性检查、卸压操作的专用场地，可以设在室外。应远离火源，应明示防明火、防静电的标志。

（二）汽车综合小修及专项维修业户

汽车综合小修业户是从事汽车故障诊断和通过修理或更换个别零件，消除车辆在运行过程或维护过程中发生或发现的故障或隐患，恢复汽车工作能力的维修业户（三类）。

汽车专项维修业户是从事汽车发动机维修、车身维修、电气系统维修、自动变速器维修、轮胎动平衡及修补、四轮定位检测调整、汽车润滑与养护、喷油泵和喷油器维修、曲轴修磨、气缸镗磨、散热器维修、空调维修、汽车美容装潢、汽车玻璃安装及修复等专项维修作业的业户（三类）。

1. 通用条件

1）从事综合小修或专项维修关键岗位的从业人员数量应满足生产的需要，其中，维修企业负责人、维修技术负责人、维修业务员和维修价格结算员允许兼职。

2）应具有相关的法规、标准、规章等文件以及相关的维修技术资料和工艺文件等，并确保完整有效、及时更新。

3）应具有规范的业务工作流程，公开业务受理程序、服务承诺、用户抱怨受理程序等，并明示各类证、照、作业项目及计费工时定额等。

4）停车场面积应不小于 $30m^2$。停车场地界定标志明显，不得占用道路和公共场所进行作业和停车，地面应平整坚实。

5）生产厂房的面积、结构及设施应满足综合小修或专项维修作业设备的工位布置、生产工艺和正常作业要求。

6）租赁的生产厂房、停车场地应具有合法的书面合同书，并应符合安全生产、消防等各项要求。租赁期限不得少于 1 年。

7）设备配置应与其生产作业规模及生产工艺相适应，其技术状况应完好，符合相应的产品技术条件等国家标准或行业标准的要求，并能满足加工、检测精度的要求和使用要求。检测设备及计量器具应按规定检定合格。

8）应设配备安全生产管理人员，熟知国家安全生产法律法规，并具有汽车维修安全生产作业知识和安全生产管理能力。应有所需工种和所配机电设备的安全操作规程，并将安全操作规程明示在相应的工位或设备处。

9）使用与存储有毒、易燃、易爆物品和粉尘、腐蚀剂、污染物、压力容器等均应具备相应的安全防护措施和设施。作业环境以及按生产工艺配置的处理“四废”及采光、通风、吸尘、净化、消声等设施，均应符合环境保护的有关规定。

2. 经营范围、人员、设施、设备条件

（1）汽车综合小修

1）人员条件

① 应有维修企业负责人、维修技术负责人、维修质量检验员、维修业务员、维修价格结算员、机修人员和电器维修人员。

② 维修质量检验员应不少于 1 名。

③ 主修人员应不少于 2 名。

2）组织管理条件

① 应具有健全的经营管理体系，设置技术负责、业务受理、质量检验、文件资料管理、材料管理、仪器设备管理、价格结算、安全生产等岗位并落实责任人。

② 应具有汽车维修质量承诺、进出厂登记、检验记录及技术档案管理、标准和计量管理、设备管理、人员技术培训等制度并严格执行。

③ 维修过程、配件管理、费用结算、维修档案等应实现电子化管理。

3）设施条件

① 应设有接待室，其面积应不小于 $10m^2$，整洁明亮，并有供客户休息的设施。

② 生产厂房面积应不小于 $100m^2$。

4）主要设备。主要设备应包括：压床；空气压缩机；汽车故障诊断仪；温、湿度计；万用表；气缸压力表；真空表；燃油压力表；尾气分析仪或不透光烟度计；轮胎漏气试验设备；轮胎气压表；千斤顶；轮胎轮辋拆装、除锈设备或专用工具；车轮动平衡机；汽车空调冷媒回收净化加注设备；空调专用检测设备；空调专用检漏设备；不解体油路清洗设备；举升设备或地沟；废油收集设备；齿轮油加注设备；液压油加注设备；制动液更换加注器；脂类加注器；汽车前照灯检测设备（可用手动灯光仪或投影板检测）；制动减速度检验等制动性能检验设备。

（2）发动机维修

1）人员条件

① 应有维修企业负责人、维修技术负责人、维修质量检验员、维修业务员、维修价格结算员、机修人员和电器维修人员。

② 维修质量检验员应不少于2名。

③ 发动机主修人员应不少于2名。

2）组织管理条件。企业的组织管理条件为汽车综合小修组织管理条件。

3）设施条件

① 应设有接待室，其面积应不小于20m^2，整洁明亮，并有供客户休息的设施。

② 生产厂房面积应不小于100m^2。

4）主要设备。主要设备应包括：压床；空气压缩机；发动机解体清洗设备；发动机等总成吊装设备；发动机翻转设备；发动机诊断仪；废油收集设备；万用表；气缸压力表；真空表；量缸表；正时仪；汽油喷油器清洗及流量测量仪；燃油压力表；喷油泵试验设备（允许外协）；喷油器试验设备（允许外协）；连杆校正器；无损探伤设备；立式精镗床；立式珩磨机；曲轴磨床；曲轴校正设备；凸轮轴磨床；曲轴、飞轮与离合器总成动平衡机。

（3）车身维修

1）人员条件

① 应有维修企业负责人、维修技术负责人、维修质量检验员、维修业务员、维修价格结算员、机修人员、钣金人员和涂漆人员。

② 维修质量检验员应不少于1名。

③ 车身主修及维修涂漆人员均应不少于2名。

2）组织管理条件。企业的组织管理条件为汽车综合小修组织管理条件。

3）设施条件

① 应设有接待室，其面积应不小于20m^2。整洁明亮，并有供客户休息的设施。

② 生产厂房面积应不小于120m^2。

4）主要设备。主要设备应包括：电焊及气体保护焊设备；切割设备；压床；空气压缩机；汽车外部清洗设备；打磨抛光设备；除尘除垢设备；型材切割机；车身整形设备；车身校正设备；车架校正设备；车身尺寸测量设备；喷烤漆房及设备；调漆设备；砂轮机和角磨机；举升设备；除锈设备；吸尘、采光、通风设备；洗枪设备或溶剂收集设备。

（4）电气系统维修

1）人员条件

① 应有维修企业负责人、维修技术负责人、维修质量检验员、维修业务员、维修价格结算员和电器维修人员。

② 维修质量检验员应不少于1名。

③ 电子电器主修人员应不少于2名。

2）组织管理条件。企业的组织管理条件为汽车综合小修组织管理条件。

3）设施条件

① 应设有接待室，其面积应不小于20m^2，整洁明亮，并有供客户休息的设施。

② 生产厂房面积应不小于120m^2。

4）主要设备。主要设备应包括：空气压缩机；汽车故障诊断仪；数字式万用表；汽车前照灯检测设备；电路检测设备；蓄电池检测、充电设备。

（5）自动变速器维修

1）人员条件

① 设置岗位及从业人员条件应符合汽车综合小修的要求。

② 维修质量检验员应不少于 1 名。

③ 自动变速器专业主修人员应不少于 2 名。

2）组织管理条件。企业的组织管理条件为汽车综合小修组织管理条件。

3）设施条件

① 应设有接待室，其面积应不小于 $20m^2$，整洁明亮，并有供客户休息的设施。

② 生产厂房面积应不小于 $200m^2$。

4）主要设备。主要设备应包括：自动变速器翻转设备；自动变速器拆解设备；变矩器维修设备；变矩器切割设备；变矩器焊接设备；变矩器检测（漏）设备；零件清洗设备；电控变速器测试仪；油路总成测试机；液压油压力表；自动变速器总成测试机；自动变速器专用测量器具；空气压缩机；万用表；废油收集设备。

（6）轮胎动平衡及修补

1）人员条件。至少有 1 名经过专业培训的轮胎维修人员。

2）设施条件。生产厂房面积应不小于 $15m^2$。

3）主要设备。主要设备应包括：空气压缩机；轮胎漏气试验设备；轮胎气压表；千斤顶；轮胎螺母拆装机或专用拆装工具；轮胎轮辋拆装、除锈设备或专用工具；轮胎修补设备；车轮动平衡机。

（7）四轮定位检测调整

1）人员条件。至少有 1 名经过专业培训的汽车维修人员。

2）设施条件。生产厂房面积应不小于 $40m^2$。

3）主要设备。主要设备应包括：举升设备；四轮定位仪；空气压缩机；轮胎气压表。

（8）汽车润滑与养护

1）人员条件。至少有 1 名经过专业培训的汽车维修人员。

2）设施条件。生产厂房面积应不小于 $40m^2$。

3）主要设备。主要设备应包括：不解体油路清洗设备；废油收集设备；齿轮油加注设备；液压油加注设备；制动液更换加注器；脂类加注器；举升设备或地沟；空气压缩机。

（9）喷油泵、喷油器维修

1）人员条件。至少有 1 名经过专业培训的柴油机高压油泵维修人员。

2）设施条件。生产厂房面积应不小于 $30m^2$。

3）主要设备。主要设备应包括：喷油泵、喷油器清洗和试验设备；喷油泵、喷油器密封性试验设备；弹簧试验仪；千分尺；塞尺。

4）附加设备。从事电控喷油泵、喷油器维修还需配备：电控喷油泵、喷油器检测台；电控喷油泵、喷油器专用拆装工具；电控柴油机故障诊断机；超声波清洗机；专用工作台。

（10）曲轴修磨

1）人员条件。至少有 1 名经过专业培训的曲轴修磨人员。

2）设施条件。生产厂房面积应不小于 $60m^2$。

3）主要设备。主要设备应包括：曲轴磨床；曲轴校正设备；曲轴动平衡设备；平板；V形块；百分表及磁力表座；外径千分尺；无损探伤设备；吊装设备。

（11）气缸镗磨

1）人员条件。至少有1名经过专业培训的气缸镗磨人员。

2）设施条件。生产厂房面积应不小于$60m^2$。

3）主要设备。主要设备应包括：立式精镗床；立式珩磨机；压力机；吊装起重设备；气缸体水压试验设备；量缸表；外径千分尺；塞尺；激光淬火设备（从事激光淬火必备）；平板。

（12）散热器维修

1）人员条件。至少有1名经过专业培训的维修人员。

2）设施条件。生产厂房面积应不小于$30m^2$。

3）主要设备。主要设备应包括：清洗及管道疏通设备；气焊设备；钎焊设备；空气压缩机；喷漆设备；散热器密封试验设备。

（13）空调维修

1）人员条件。至少有1名经过专业培训的汽车空调维修人员。

2）设施条件。生产厂房面积应不小于$40m^2$。

3）主要设备。主要设备应包括：汽车空调冷媒回收净化加注设备；空调电器检测设备；空调专用检测设备；万用表；冷媒鉴别设备；空调检漏设备；数字式温度计；汽车故障诊断仪。

（14）汽车美容装潢

1）人员条件。至少有1名经过专业培训的维修人员和2名车身清洁人员。

2）设施条件。生产厂房面积应不小于$40m^2$。

3）主要设备。主要设备应包括：汽车外部清洗设备；吸尘设备；除尘、除垢设备；打蜡设备；抛光设备；贴膜专业工具。

（15）汽车玻璃安装及修复

1）人员条件。至少有1名经过专业培训的维修人员。

2）设施条件。生产厂房面积应不小于$30m^2$。

3）主要设备。主要设备应包括：工作台；玻璃切割工具；注胶工具；玻璃固定工具；直尺、弯尺；玻璃拆装工具；吸尘器。

案例

小两口租了个场地，投资5万元开了个汽车清洗美容店，一年的租金2万元，在办理营业交通行业许可证时，节水和环保部门以不符合节水和环保要求为由，不同意在小两口租的场地开汽车清洗美容店。后来，小两口看了《汽车维修企业开业条件》得知，车身清洁维护项目里有明确的规定：节水条件需经过当地节水部门的批准，符合节水和环保部门要求。可怜小两口已经交了租金，投的5万元资金也泡了汤。汽车维修企业有很多行业管理规定，这些都需要了解和遵守。

二、按经营形式分

汽车维修企业按经营形式可分为3S或4S特约维修站、连锁（加盟）经营店和传统的汽车维修厂。这里所说的传统的汽车维修厂是指除了3S或4S特约维修站、连锁（加盟）经营店外的汽车维修企业的统称，因大家对此已很了解，就不再多讲，在此只介绍3S或4S特约维修站以及连锁（加盟）经营店。

（一）3S或4S特约维修站

1. 特约维修站（中心）的定义

特约维修站（中心）是严格依据汽车生产厂家的标准，统一视觉形象规范、统一订购原厂配件、统一接受培训，以及统一使用专用工具进行维修服务，并经过汽车生产厂家授权的维修服务商。

2. 特约维修站应具备的基本条件

（1）基本管理标准

1）独立的组织机构，如总经理为独立法人代表，维修场地和设备独立，财务独立核算等。

2）必须配备有专职人员负责业务接待、配件管理、索赔管理和信息传递协调。

3）按照厂家的要求，对店内员工进行各类业务培训。

4）服务中心内外部形象设施的建设要符合厂家建站要求。

（2）接待管理标准

1）员工要着装统一并挂牌上岗，接待用语要统一规范和礼貌，任何行为不得有损厂家的形象。

2）收费合理，要公布保养价格表、常规修理价格表和配件的价格目录，随时让客户知道故障件情况和收费清单明细。

3）耐心解释，说服有力；维修质量要有保证并交付准时；随时指导用户正确保养和使用产品，并向用户宣传厂家的售后服务政策。

4）实行24h值班制度，随时处理突发事件。

5）服务后建立客户维修档案，要有专人进行跟踪电话回访，随时掌握车辆使用情况和客户的新需求，提高故障一次性排除率。

（3）维修管理标准

1）车间内设有专门的工具室，统一管理维修工具，并且做到定人、定位、定工具，有齐全的领用和交还手续。

2）场地保持清洁，不应存在与修理无关的工具和零件，不允许客户进入修理车间。

3）旧件要摆放整齐，不受水和油的腐蚀。维修结束后，要清洁修理部位的油污和水渍。

4）必须拥有具有举升机的专用工位。

5）维修场地必须整洁干净，能容纳一定的维修车辆。

（4）设备管理标准

1）对于一些维修用的检测工具（千分尺、游标卡尺、扭力扳手等），要有专门的设备管理员定期到计量局进行校验，保证维修质量。

2）升降机、四轮定位仪等维修设备，要按照使用说明书的要求进行保养和操作，如有异常，应由设备管理负责人协调维修，严禁自行处理。

（5）信息管理标准　信息管理现在已经成为汽车生产厂家的一项重要内容，反馈信息的质量会直接影响售后服务质量，也会影响销售公司整车销售。因此要求：

1）信息反馈必须及时、准确。

2）特约服务站设专人负责信息管理。

3）临时出现的紧急质量信息，随时进行反馈。

（6）基本设施

1）必须具备客户休息室（或休息区）；客户休息所需要具备的家具和电视、报纸等娱乐设施。

2）周边场地应具备专用的停车泊位、维修车辆停放区、完工车辆停放区。

3）服务中心车辆出入口应能同时允许两辆车进出，要有明显的方向标识；维修车间进、出口应有明显标识，最好进口和出口分开。

（7）人员的培训　服务经理、配件经理、索赔员、维修的机工和电工等必须经过培训并考试合格才能上岗。

（8）业务大厅　开展服务的服务中心必须具备相应的业务接待大厅，并有相应的标识。业务接待区要有业务接待、索赔、服务跟踪岗位。

（9）配件、仓库及货架管理

1）配备专用的配件运输设施。

2）配备一定数量的货架、货筐等。

3）配备必要的通风、照明及防火设备器材。

4）仓库各工作区域应有明显的标牌，如配件销售出货口、车间领料口、发料室、备货区、危险品仓库等，应有足够的进货和发货通道以及配件周转区域。

5）货架的摆放要整齐划一，仓库的每一过道要有明显的标识，货架应标有位置码，货位要有零件号、零件名称。

6）备件储备定额达到要求。

（10）着装　服务中心的维修人员必须统一穿着指定的标准维修服装。

（11）服务热线的设立　必须具有公开的对外24h热线服务和24h紧急救援功能。

（12）服务中心档案的建立　必须拥有完整的客户档案，包括客户和维修车辆的相关信息。

（13）服务站周边环境　服务站应该位于交通方便的主干道且临街。

（二）连锁（加盟）经营店

连锁（加盟）经营是连锁（加盟）经营店与总部之间的一种经济协作关系，总部有义务对连锁（加盟）经营店在设备投资、经营管理、人员培训、技术服务方面提供全方位的支援。连锁（加盟）经营店在一个共同的经营模式下进行运作，有义务向总部交一定的费用。连锁（加盟）经营的最大特征是规范化，总部制订统一的经营服务规范、统一的标识设计与展示。实行汽车维修连锁（加盟）经营有如下优点。

（1）连锁（加盟）经营可以享受总部的企业品牌效应　企业品牌是一种无形资产，客户会受品牌影响前来消费，使连锁（加盟）经营店获得好的经济效益。

（2）连锁（加盟）经营能以较小的投资取得较大的经济效益　连锁（加盟）经营店可以享受总部长期的经营经验的支持，减少筹备阶段的投入，缩短筹建时间，并可以利用总部的技术，这样可以较少的投资、较少的人员、较小的规模、较快的速度获得较大的经济效益。

（3）连锁（加盟）经营可以引进先进的科学管理模式　总部大多是一些名牌汽车维修

企业，他们有长期运作的成功管理经验、科学的管理方法、星级的服务方式等成形的管理模式，可以直接拿来应用。

（4）连锁（加盟）经营可以引进先进的维修技术 总部先进的维修技术和丰富的维修经验，可以源源不断地提供给连锁（加盟）经营店，使其技术水平不断提升。

（5）连锁（加盟）经营可从总部引进先进的设备和优质配件 总部为了加强市场竞争力，必须要提供先进的设备和优质的配件。

三、按经营项目分

现代汽车维修企业已不是传统意义上的汽车修理厂了，它被赋予了新的内涵，它的业务范围也有了新的拓展。现代汽车维修企业的经营项目十分广阔，主要分为以下几类。

1. 专业维修

（1）发动机部分 发动机大修，更换正时带，更换空调带，清洗喷油器，清洁节气门体，更换水泵，更换节温器，更换燃油泵，更换缸垫，更换传感器，更换散热器，曲轴修磨，气缸镗磨等。

（2）电器部分 修复蓄电池，加注制冷剂，更换暖风机，更换仪表总成，检修电器控制系统，修理空调器、暖风机等。

（3）底盘部分 自动变速器维修，手动变速器维修，ABS 维修，空气悬架维修，牵引控制系统维修，更换减振器，更换前后制动片，更换悬架胶套，更换车轮轴承，更换转向器，更换拉杆球头，更换转向助力泵，更换前悬架三角臂等。

（4）钣金喷漆 全车及局部钣金整形、喷漆等。

（5）汽车玻璃 更换、局部修复各部位汽车玻璃件等。

案例

中国香港的出租车多为丰田或日产车，排量一般为 2.8L 或 3.0L，其中相当一部分为自动变速器车型，这样就出现了以维修自动变速器为主的企业，维修车间装备了自动变速器综合性能试验台，将自动变速器安装上，前端接通动力，后端接通模拟负载，同时接通电路和油路，通过测试油压和读取数据流来诊断故障。这种汽车专项维修企业维修质量好、维修速度快，深受出租车驾驶人的欢迎。

2. 汽车养护

（1）常规保养 更换机油、防冻液，更换“三滤”（俗称机滤、汽滤、空滤），蓄电池维护等。

（2）季节保养 空调检测及维护。

（3）高级保养 电脑检测及解码，发动机不解体清洗，发动机维护，尾气排放检测保养，润滑系统免拆清洗，冷却系统免拆清洗等。

3. 汽车美容、护理

（1）车表护理 无水洗车，全自动电脑洗车，漆面污渍处理，新车开蜡，氧化层去除，漆面封釉，漆面划痕处理，抛光，打蜡，翻新，金属件增亮，轮胎增亮防滑，玻璃抛光等。

（2）内饰护理　顶棚清洗，车门衬板清洗，仪表板清洗护理，桃木清洗，丝绒清洗，地毯除臭，塑料内饰清洗护理，真皮座椅清洗，全车皮革养护，内饰消毒等。

（3）空调系统　光触媒除异味。

4. 汽车装饰

（1）新车装饰　全车贴膜，铺地胶，底盘装甲，安装挡泥板，加装扶手箱，加装桃木内饰，加装轮眉、防撞胶条等。

（2）高级装饰　真皮座椅加装等。

5. 汽车改装

（1）外观改装　改装包围，更换转向盘，个性贴纸，轮胎、轮毂、仪表改装。

（2）性能提升　改装天窗，改装氙气灯，改装电动门窗。

（3）环保节能　在进气、点火、供油等系统上加装环保节能装置。

（4）影音系统　车载电视、CD、VCD、DVD、扬声器、功放、低音炮、显示器等。

（5）先进电子装置　倒车雷达、中央门锁、车载电话、自动天线、车载冰箱、胎压检测器、后视系统。

（6）防盗装置　防盗器、档位锁、转向盘锁等。

（7）导航系统　加装卫星导航系统。

（8）个性化改装　个性化悬架升级、尾排及音效改装。

（9）动力和性能匹配　动力ECU调校、制动力性能调校、涡轮增压匹配等。

6. 轮胎服务

更换轮胎，轮胎动平衡，四轮定位，快速补胎，专业补胎，轮胎充氮气。

7. 汽车俱乐部

1）新车上牌、代办车辆证照、年检等。

2）保险、理赔代理。

3）协助处理本地或异地交通事故、交通违章。

4）维修代用车、汽车租赁等。

5）为到外地旅游的客户争取购物、住宿、娱乐、航空机票、接送、预定等方面的折让优惠。

6）组织活动，如外驾车出游、试驾、大规模团购等。

7）汽车救援，如拖车服务、快速抢修、提供24h救援等。

8. 二手车经营

1）二手车翻新处理。

2）二手车手续办理。

第二节　汽车维修企业筹建

一、企业规模的确定

近几年，我国在汽车维修业的管理方面已经迈出了一大步，行业管理开始走上了宏观调控与微观控制相结合、软件发展与硬件发展相结合、市场调节与法制管理相结合的道路。建立汽车维修企业，首先要考虑企业规模，不能因为有资金就盲目投资，也不能因为资金有限就胡乱支个摊，干到什么样算什么样。企业规模的确定可按以下程序进行。

1. 确定经营方向

企业的经营方向是根据客户的需要确定的，能否确定好经营方向是汽车维修企业成败的关键。企业可根据自身的优势和维修市场定位初步确定经营方向，是开一个综合性修理厂，还是开一个汽车维护厂；是开一个电器维修店，还是开一个汽车美容店；或者是以维修捷达车为主，还是以维修奥迪车为主等。

2. 确定保有车数

从公安车管部门档案或通过市场调查，获取所要维修车的社会保有量。

3. 预测维修量

根据现有维修厂、维修市场状况及发展趋势，预测自己开办的维修厂的年维修量。

4. 确定车位数和建厂面积

按照单车位效率计算出所需车位数，单车位效率可以根据现有的行业平均值来确定。一般以修理为主的单车位效率为120～150辆/年，以保养维护为主的为300～500辆/年（仅供参考）。根据车位数再确定建厂面积。

5. 确定采用人员数

按照维修人员维修效率计算出所需人数。技术维修效率可以同行业平均值确定，也可根据采用人才的能力来确定。一般以修理为主的技术维修效率为120～150辆/（年·人），以保养维护为主的为300～500辆/（年·人）（仅供参考）。根据维修人员维修效率确定所需员工人数。

6. 确定维修厂规模

根据建厂面积、采用人员数、市场发展前景确定维修厂的规模。规模要确保与5年后维修需要量相适应。

案例

在美国，年营业额在5万～10万美元的小厂，年赢利率为27.3%；而年营业额在45万～55万美元的大厂，年赢利率仅为9.3%。

东莞市某汽车维修中心有34名维修工，年营业额534万元，其赢利率达到25.4%，而该市有个国营汽车修理厂，无论厂房还是工人均是汽车维修中心的3倍，1997年的经济效益马马虎虎，可到了2001年上半年却停产了。

因此，企业规模大小与赢利率没有关系，办企业绝不可“贪大图洋”。

二、投资与回收估算

汽车维修企业的投资主要是厂房车间和仪器设备，另外还有一些不可预见的费用。厂房车间可新建、改建或租赁，仪器设备则要根据维修业务需要进行购置。

1. 新建/改建厂房投资回收估算

（1）总投资　汽车维修企业的总投资包括厂房车间、仪器设备、流动资金及一些不可预见费用。

（2）年利润　年利润 = 年营业额 × 利润率

利润率可按 20% ~30% 计算。

（3）年折旧　年折旧 =（本期投资 + 仪器设备投资）× 年折旧率

年折旧率一般按 10% 计算。

（4）投资回收期　投资回收期 =（总投资 – 流动资金）/（年利润 + 年折旧）

注：此种计算方法未记银行利息。

2. 租赁厂房投资回收估算

（1）总投资　汽车维修企业的总投资包括仪器设备、流动资金及一些不可预见费用。

（2）年利润　年利润 = 年营业额 × 利润率 – 租金

利润率可按 20% ~30% 计算。

（3）年折旧　年折旧 = 仪器设备投资 × 年折旧率

年折旧率一般按 10% 计算。

（4）投资回收期　投资回收期 =（总投资 – 流动资金）/（年利润 + 年折旧）

注：此种计算方法未记银行利息。

案例

设备投资估算

➤轮胎维修店　建一个轮胎维修店除了千斤顶、轮胎扳手和轮胎气压表等必备工具，还需要一台性能优良的空气压缩机，价格为 700 ~1200 元。维修大型车辆的轮胎维修店，应配备一支气动扳手，大约 2000 元。维修小型车辆的轮胎维修店，要配备轮胎拆装机和动平衡机，二者国产和进口的价格相差很大，目前国产设备就可胜任轮胎维修工作，轮胎拆装机和动平衡机的价格大都在 4000 ~7000 元。以上是建一个轮胎维修店所需的最基本设备，所需要的费用是 1 万 ~2 万元。

➤四轮定位 + 轮胎维修店　在轮胎维修店基础上还可以开展四轮定位业务。一台电脑式四轮定位仪的价格在 5 万 ~10 万元，可根据经济实力选择。进行四轮定位四柱举升机是必备设备，而且必须具备二次举升功能，以便于定位时的操作，它的价格大约 2 万元。这样，一个功能齐全的四轮定位 + 轮胎维修店便初具规模了，所需要的费用是 7 万 ~15 万元。

➤空调维修店　维修汽车空调必须有压力表、真空泵这两种设备，费用在 500 ~2500 元。为空调泄漏检测方便，可以考虑添置荧光测漏设备，为环保和节省成本，可添加制冷剂循环处理设备，这些需要 1.2 万 ~4.0 万元。

➤装潢店　装饰所用的工具较少，安装防盗器等要有一套常用工具和一块万用表。如果铺地胶、贴膜、加工座套或进行个性化改装等，需要塑料焊枪、电吹风、缝纫机、电钻和吸尘器等工具，这些投资一般在 1000 元左右。

➤保养换油中心　保养换油中心主要为客户提供日常的车辆养护服务。包括更换润滑油、加注添加剂以及汽车各大液压系统的清洗和维护等一些简单的工作。所需的设备中举升机是最常用且必不可少的设备。根据店面的规模大小，最少要有一台。另外，还需要常用工具等，所有这些大约需要 2 万元。现在很多品牌的商家都会以赠送设备作为一种营销策略，这样换油中心可以要求代理商赠送一定的设备以降低投资。

三、3S 或 4S 特约维修站审批流程

各个汽车生产厂家 3S 或 4S 特约维修站审批流程有所不同，归纳起来主要审批流程如下。

1）候选单位填写申请表。申请表一般包括以下内容。

① 申请单位现状。包括申请单位名称、地址、电话、法人、注册资本、申请单位合法经营范围及业务范围、经营面积、员工状况等。

② 经营历史及业绩。包括前三年的维修车型、台次、客户档案数、营业额等。

③ 财务状况。包括总资产、固定资产、流动资产、总负债、所有者权益等。

④ 经营管理状况。包括组织机构图、近三年业务发展计划、工资激励政策等。

⑤ 为特约维修站提供的条件。包括土地性质、厂房面积、筹资情况等。

2）汽车生产厂家根据候选单位的申请表评分。

3）汽车生产厂家根据候选单位得分初评，并对候选单位实地访谈。

4）访谈评分。

5）汽车生产厂家网络发展委员会审核认定。

6）汽车生产厂家与候选单位签订意向协议。

7）候选单位按照汽车生产厂家的要求，进行基础建设、人员培训、形象建设等，完毕后，申请汽车生产厂家验收。

8）汽车生产厂家验收合格，双方签订正式协议。

四、连锁（加盟）店审批流程

1）有意加盟者向联盟总部提出书面申请。

2）联盟总部将申请列入加盟计划后，派员前往申请者所在地考察。

3）考察合格后联盟总部与申请加盟者协商，签订加盟合同。

4）签订加盟合同后，即开始全面履行合同，申请加盟者成为联盟的正式加盟成员。

五、开业筹备工作

企业的开业筹备工作在厂房建设（或租赁）前或过程中就应该开始了，随着厂房建设或租赁工作的进行，开业筹备工作也应有条不紊地进行。当厂房建设（或租赁）结束时，大部分开业筹备工作就应该同时结束了。具体筹备工作如下。

1. 基础管理工作

1）各种规章制度的制订。

2）建立健全组织机构，明确每个部门的职责范围及从属关系。

3）技术资料、业务管理资料等准备完毕。

2. 仪器及配件

1）仪器设备、工具订购完毕，并建立台账。

2）仪器设备安装到位并调试完毕，将实用效果、仪器设备的性能状况写成书面鉴定报告。

3）配件库的货架准备好。

4）理顺配件订购渠道，一些常用件应有一定的储备。

3. 员工

1）招聘员工名单确定，同时明确每个人所负责的工作。

2）对员工进行安全、业务培训。

4. 基础设施

1）维修车间、接待室、配件仓库、停车场地等基础设施准备完毕。

2）各种办公设施准备完毕。

5. 形象标识

1）按统一标准制作维修厂的厂牌、路标、车位指示等标识。

2）制作工作服，工作服可分为管理人员、维修人员、后勤人员等。

3）各种规章制度上墙。

六、开业庆典

企业开业时要进行开业庆典，原因有二：第一，开业这一天对企业来说是一个值得纪念的日子；第二，利用开业庆典进行宣传，可以扩大企业的影响力，好的开业庆典还能产生轰动效应。开业庆典可根据企业情况，可繁可简。

开业庆典一般可按如下程序进行。

1. 请贵宾

贵宾包括维修企业的上级领导、有一定规模的企业车管领导、客户代表、新闻媒体、热心支持企业的亲朋好友等。邀请的贵宾要提前发放请帖，一些重点客户需要企业老板亲自发放或电话邀请，并由工作人员将请帖送去。

2. 广告宣传

1）可请广播电台、报纸等新闻媒体进行宣传，也可自己印制宣传材料。

2）在维修企业门口悬挂横幅、气球、彩带等。

3）庆典时安排录像、照相，并将有关资料保存。

3. 安排开业车辆免费检测维修

4. 庆典会场布置

5. 仪式程序

开业庆典仪式可按如下程序进行。

1）宣布大会开始。

2）宣读贺电、贺信及前来祝贺贵宾的名单。

3）维修企业领导讲话，来宾代表讲话。

4）剪彩、挂牌仪式、鸣炮。

5）组织参观维修厂，向贵宾介绍企业的经营业务、企业优势、优惠政策等。

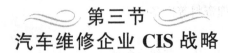

第三节 汽车维修企业CIS战略

一、汽车维修企业CIS战略

维修企业CIS（Corporate Identity Systems）战略，即企业形象系统，也叫企业识别系统。

企业形象系统（CIS）由三个层面组成：企业理念系统（Mind Identity System，MIS）、企业行为系统（Behavior Identity System，BIS）、企业视觉系统（Visual Identity System，VIS）。

企业通过形象策划塑造出企业形象，将企业文化形成一个统一概念，并通过个性化、鲜明的视觉形象（图形、图案）表达出来，再传导给社会、公众和企业员工，使之在公众心目中留下良好的印象。

（一）企业理念系统（MIS）

企业理念系统是 CIS 的基本精神所在，是整个形象系统的最高决策层，它主要包括基本要素和应用要求两个方面。

1. 基本要素

（1）经营理念　不同的企业有不同的经营理念，如美国国际商用机器公司（IBM）的经营理念是：尊重人、信任人；客户至上，一切为客户；追求卓越的工作。沈阳华晨金杯汽车有限公司的经营理念是不断创新，最大限度地满足客户需求。

案例

丰田汽车公司把所有理念的精髓归纳出一个理论，也就是丰田的服务理念：挑战、改善、现地现物、尊重和团队精神。挑战是为实现梦想用勇气与创造力去挑战。改善是经常追求革新并不断地致力于改善。现地现物是到现场、抓住事物的本质，找到真正的原因。尊重是尊重他人、致力诚信、相互理解。团队是大家团结协作、共同提高，为实现共同的目标而努力。

（2）发展战略　每个企业都要为了长远经营和兴盛发达而制订发展战略。

（3）企业精神　企业精神是指企业职工在长期生产经营的过程中，以及正确的价值观念体系的支配和滋养下，逐步形成和优化出来的群体意识。

（4）价值追求　在企业里，全体成员应形成明确的、共同的价值追求。沈阳华晨金杯汽车有限公司的企业核心价值观是诚信、沟通、进取、共赢。

（5）行为准则　企业应制订行为原则，更好地规范和约束企业行为。

（6）发展目标

2. 应用要素

（1）信念、信条

（2）警语

（3）口号

（4）标语

（5）守则

（6）企业歌

（二）企业行为系统（BIS）

企业行为系统是指企业在其经营理念的指导下形成的一系列经营活动，由于企业行为系统是在不同于其他企业的经营理念指导下形成的，所以在经营活动的重点和具体方法上明显有别于其他企业。企业行为系统分为内部行为活动和外部行为活动。

1. 内部行为活动

（1）教育培训　企业必须注重对员工服务态度、工作精神、迎接技巧、电话用语等方面的培训。

(2) 礼仪

(3) 服饰

(4) 身体语言

(5) 福利待遇

(6) 工作场所

(7) 环保观念

(8) 研究发展

2. 外部行为活动

(1) 营销观念

(2) 公共关系

(3) 银企关系

(4) 公益活动

(5) 促销活动

(三) 企业视觉系统(VIS)

企业视觉系统是在企业经营理念的基础上，根据经营活动的要求，设计出识别符号，以刻画企业的个性，突出企业的精神，凸现企业的特征，目的是使企业员工、消费者和社会各界对企业产生一致的认同感。企业视觉系统的具体内容包括基本要素和关系要素两个方面。

1. 基本要素

(1) 企业名称　包括企业全称、简称。

(2) 企业品牌标志。

(3) 企业和品牌标准字体。

(4) 企业标准色。

(5) 企业造型、印象图案。

(6) 宣传标语、口号。

2. 关系要素

(1) 办公用品　信封、印刷品专用信封、信纸、专用便笺、函、便条、介绍信、名片、名片簿、名片盒、公司专用笔记本。

(2) 事务用品类　公司简介、企业证照、文件类、各类规章文件、公司专用请柬。

(3) 交通运输工具类　包括各类货运车辆，大、中、小型客车，班车，小轿车，专用宣传广告车和特种车辆。

(4) 指示、标识类　公司招牌、旗帜、各部门及科室铭牌、大门及各种入口指示、楼层指示牌、路牌、禁令标志、建筑物外观、室外照明、铭牌霓虹灯。

(5) 广告展示陈列类　广告礼品、展览会展位设计、陈列、业务洽谈室风格、报纸、杂志、电视等传媒广告编排，广告片头片尾设计、图案，单页广告宣传资料、广告海报、邮寄广告、广告手提袋、广告横幅等。

(6) 商品及包装类　各种包装纸、袋，办公、营业场所、车间内部装潢等。

(7) 服饰类　工作服、工作鞋、帽、领带、胸针、皮带、广告衫、T恤等。

(8) 计算机网页　微信公众号等。

(9) 音乐

（10）礼品　贺卡、打火机、挂历等。

（11）其他　公司出版物、接待客户用家具、桌椅、茶具、餐具、烟灰缸。

案例

某维修厂属于二类维修企业，位于连接两座城市的必经之路上，企业的规模、设备和技术水平在当地都屈指可数。一天，一辆宝马与一辆奥迪 A6 在门前道路附近发生碰撞，该修理厂业务主管找到两位车主，希望两辆车能在本厂维修。两位车主看了一下他们的厂房形象，对他们能否维修这样的高档轿车表示怀疑，最后将车拖到外地维修厂进行维修。这件事对该厂老板触动很大，他将厂房形象进行了重新设计、装修，并将一辆旧奔驰 S560 轿车停放在维修车间的屋顶上，过往的人们远远就能看到，这对宣传企业起到了极好的作用，从此企业的生意就越来越好了。

二、厂区规划及设施环境要求

（一）厂区规划

1. 厂区设施

厂区设施应包括业务接待厅、客户休息区、办公区、维修车间、配件库、辅助设施区、客户停车区、待修区、竣工区等。

2. 厂区规划的原则

1）设施布置要方便客户、方便工作。

2）人和车的路线要分开。

3）客户活动区和工作人员的活动区要分开。

4）应使客户容易进入厂区。

5）维修车间要考虑通风、照明。

6）配件库的进出口应设在不妨碍车辆移动的地方。

7）各区间应标识清楚。

案例

某品牌特约维修中心的预检工位和业务接待长廊设计很有创意，10 余个预检工位足以满足客户的需求，而且半室内的预检环境可确保客户进站修车不必忍受风、雪、雨、沙尘等天气的影响。业务接待长廊与预检工位仅一层玻璃之隔，客户在办理维修手续时，他的车辆仅在身后 3m 的地方，易于客户观察，给客户提供极大的便利。

（二）设施环境要求

1. 厂牌标识

1）厂牌标识应远近均可看到。

2）尺寸标准、规格统一、颜色搭配合理。

3）昼夜醒目。

4）与周围环境协调。

5）门头字体应清晰、明亮。

6）基础牢固。

2. 业务接待厅

业务接待厅是客户进入的第一站。其布局是否合理、整体是否协调会对客户产生很大的影响，因此对业务接待厅有如下要求。

1）业务接待厅门口应张贴营业时间和24h救援电话号码。

2）悬挂常用维修配件和工时价格。

3）张贴车辆维修流程图和组织机构图。

4）地面及墙面、玻璃干净、整洁。

5）光线明亮，所有灯光设施完好有效。

6）空气保持清新，空调及通风设施必须完好有效。

7）业务接待大厅需要进行绿化布置，这样可使客户感觉亲切、友好、舒适，没有压力。

8）设置一定数量的消防器材，并标出位置。

3. 客户休息区

1）电视等音像设备要保持完好有效。

2）配件展示架应放在显著位置，展示的零件必须充足、整齐、干净。

3）客户休息区应保持明亮、干净、空气清新，无噪声，如有条件还应装有空调，这样能够让客户很好地放松。

4）休息区域应宽敞舒适，与接车区相连接，或有一个畅通的视角能看到接车区。

5）应在休息区和车间之间设玻璃墙，使客户能从休息区看到车间的情况。

6）客户的洗手间应该靠近休息区域和展厅，且容易找到。

7）客户休息区域的所有物品应放在指定位置，与整体统一协调，不随意挪用。

8）张贴企业WiFi号码和密码。

9）张贴微信公众号二维码，方便客户扫描。

4. 配件库

1）配件仓库进口处应留有可以让送配件车辆进出的通道，还要有一定面积的卸货处理区。

2）配件仓库应有足够的仓储面积和高度，以保证进货、发货通道畅通。

3）配件仓库的地面强度应能承受一定的重压。

4）库房内应单独设立危险品放置区，并要有明显标识，且与其他配件相隔离。

5）配件仓库应有足够的通风、防盗设施，并保证光线明亮。

5. 车间

1）工作灯应使用36V安全电压。

2）钣金车间、喷漆车间与维修车间应分开，以防噪声和其他污染。

3）安全操作规程应上墙。

4）灯光设施齐全。

6. 停车区

停放场地要合理布局以减少交通混乱，提高场地利用率，以便给客户带来方便、有序的感觉。

1）车辆停放区域的标志应清晰规范，应清楚划分客户停车区、接待停车区域（接车区域、待修区域、竣工交车区域）。

2）停车区应保持干净、整洁，车辆摆放有序。

3）各停车位都应在地面上用油漆画出。

7. 厂区道路

1）道路旁要有标识，方便车辆出入。

2）转弯处应设置反光镜。

3）道路宽敞处应设置限速标识。

8. 其他设施

1）空气泵房。

2）废料存放区。

3）洗车区。

案例

案例1：某维修厂刚开业时维修车间如图2-1所示，有一个办公室、一个员工休息室、一

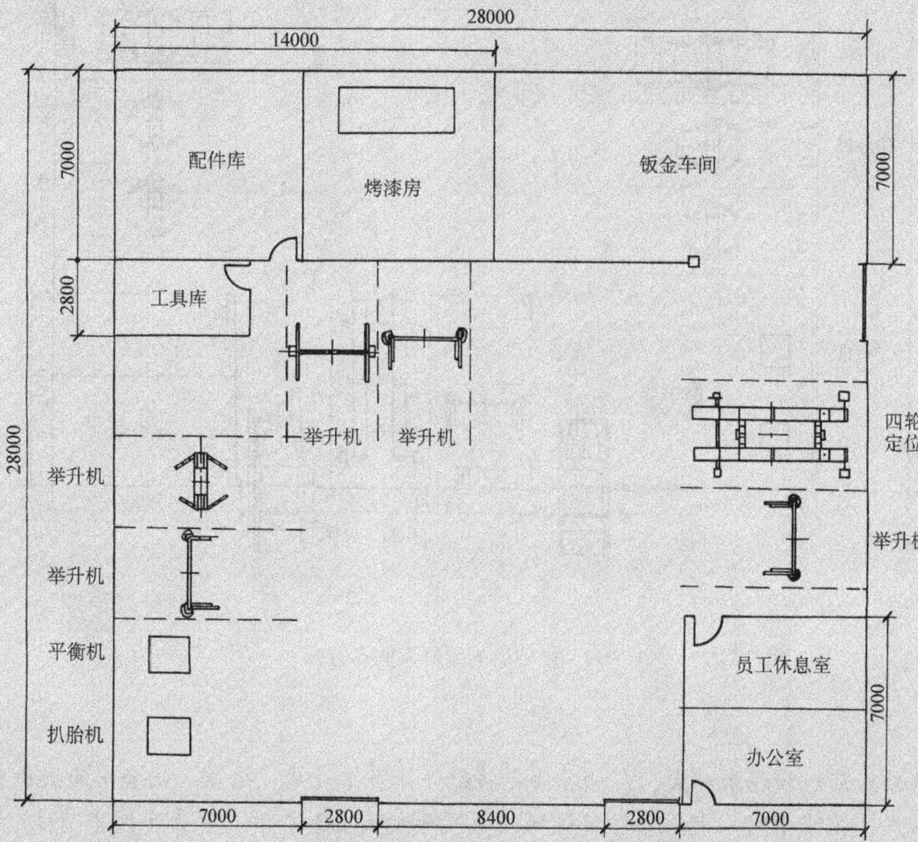

图2-1 开业时维修车间布置图

个配件库、一个机修车间、一个钣金车间和一个油漆车间，有4台两柱举升机、一台四轮定位仪、一台平衡机和一台扒胎机，由于货源不足，另有几个工位，作为待修或维修工位，而没有安装举升机。

随着生产规模不断扩大，维修厂将车间进行了改造，增加了3台两柱举升机，规划后的维修车间布置图如图2-2所示。

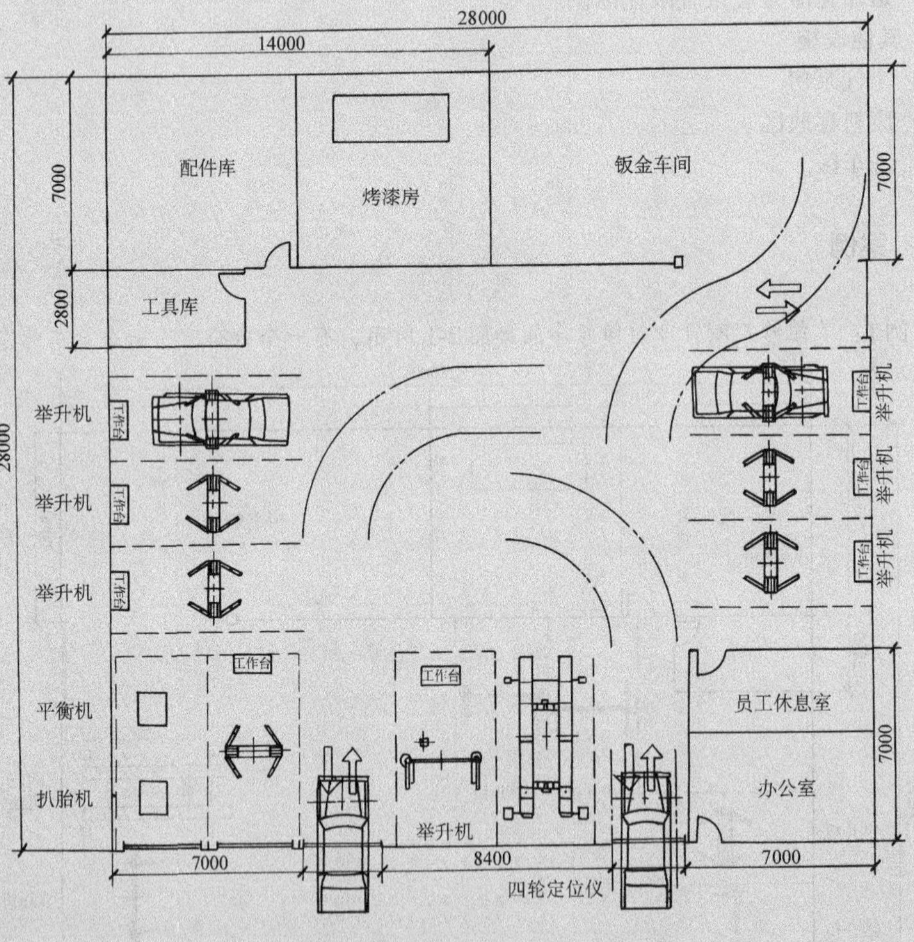

图2-2 规划后的维修车间布置图

后来维修厂规模越来越大，厂领导决定将配件库、工具库、喷漆、钣金车间搬出放在新建的厂房内，维修车间又重新进行了规划，新厂房如图2-3所示。现在车间内有15台两柱举升机，是建厂时的3倍，极大地提高了生产效率。

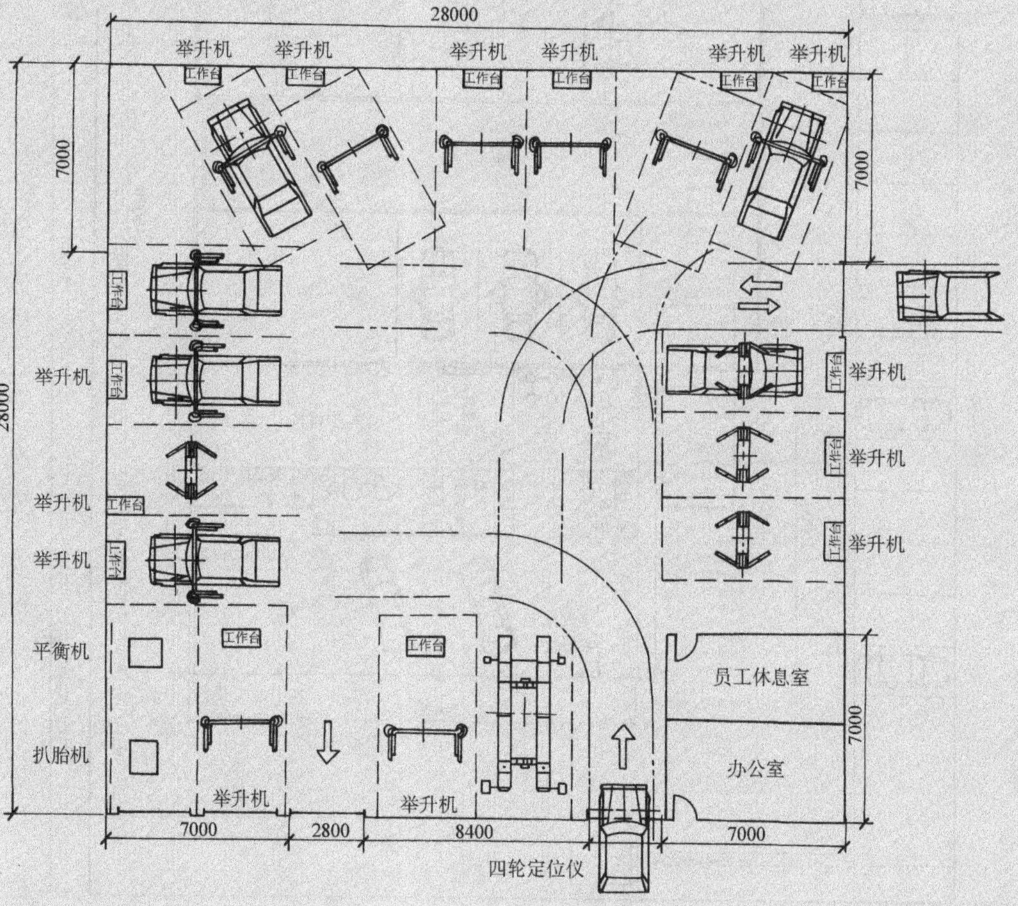

图 2-3　新厂房维修车间布置图

案例 2：某维修厂带有销售功能，其厂房及厂区布置如图 2-4 所示。

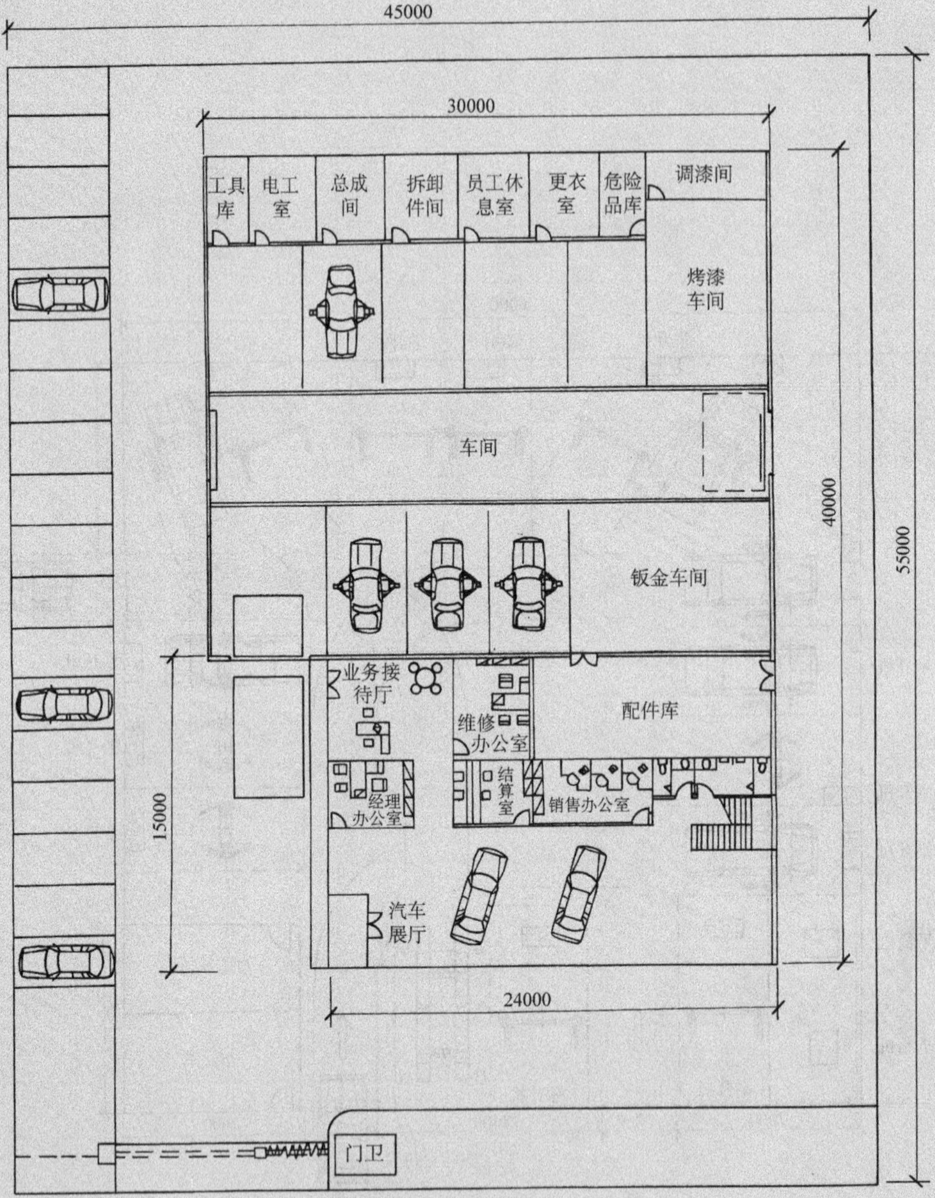

图 2-4　厂房及厂区布置图

思　考　题

1. 汽车维修企业有哪些分类？
2. 什么是汽车整车维修企业和汽车专项维修业户？
3. 什么是 4S、3S 特约维修站？
4. 实行汽车维修连锁（加盟）经营有哪些优点？
5. 汽车维修企业 CIS 战略包括那些系统？
6. 企业理念系统包括哪些内容？

第三章 组织机构及人力资源管理

第一节 组织机构

企业的组织机构就像人体的骨骼系统，是企业实现战略目标和构造核心竞争力的载体，也是企业员工发挥各自优势获得自身发展的平台。

一、组织机构设置原则和方法

一个好的组织机构可以让企业员工步调一致，同心协力，向着一个目标迈进。一个不合理的组织机构则会使企业组织效率降低，内耗增加，并影响企业的成功和发展目标的实现。

1. 组织机构设置的原则

1）目标明确。

2）功能模块清晰。

3）分工明确。

2. 组织机构设置的方法

（1）工作划分　首先，应根据分工协作和效率优先的原则，将汽车维修企业划分为业务接待、维修、质量检验、配件采购管理、会计结算和生活接待等。

（2）建立部门　把相近的工作归在一起，在此基础上建立相应部门。根据生产规模的大小一些部门可以合并，也可以分开。汽车维修企业常见的部门有业务接待部、配件部、维修车间、技术部、办公室和财务部等。

（3）确定管理层次　确定一个上级直接指挥的下级部门的数目。

（4）确定职权关系　确定各级管理者的职务、责任和权利。

二、汽车维修企业常见组织机构

1. 一般汽车维修企业常见组织机构

（1）整车维修一类汽车维修企业　整车维修一类企业有两个特点：一是规模较大，有的企业员工甚至达到上百人或几百人；二是专业化程度高。整车维修一类企业的组织机构如图 3-1 所示。

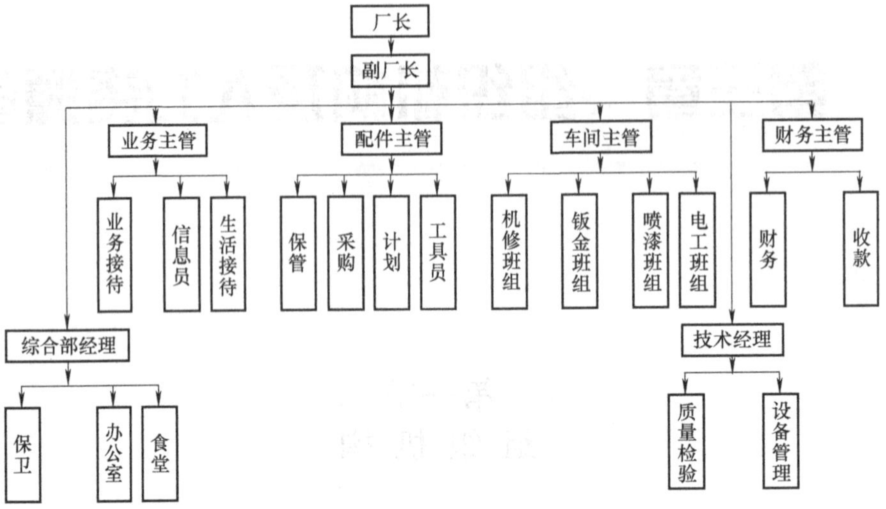

图 3-1　整车维修一类企业组织机构图

（2）整车维修二类汽车维修企业　其组织机构如图 3-2 所示。

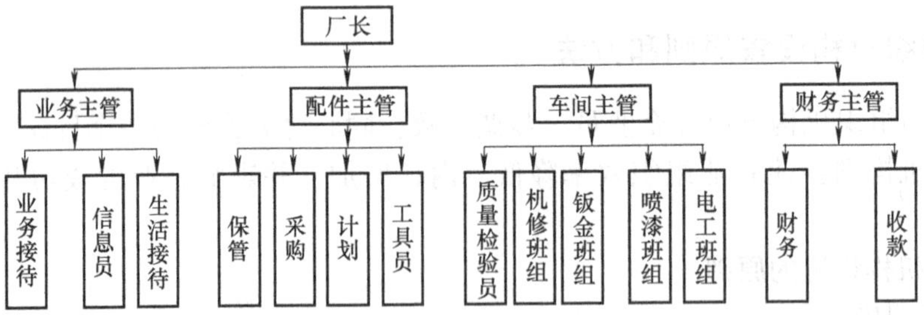

图 3-2　整车维修二类企业组织机构图

（3）汽车专项维修业户　主要从事专项修理或维护的企业，一些岗位可以兼职。其组织机构如图 3-3 所示。

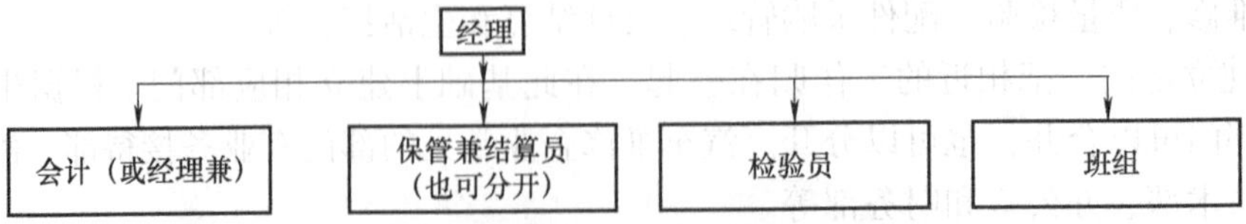

图 3-3　汽车专项维修业户组织机构图

2. 3S 或 4S 店特约服务站常见组织机构

3S 或 4S 店特约服务站常见组织机构如图 3-4 所示。

3. 连锁（加盟）店组织机构

可参考二类维修企业的组织机构进行设置。

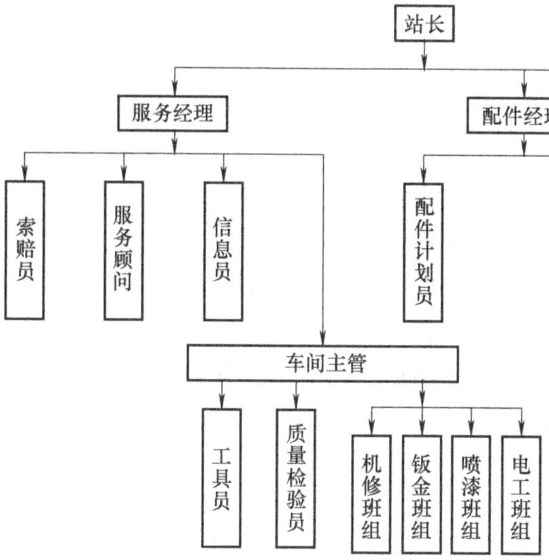

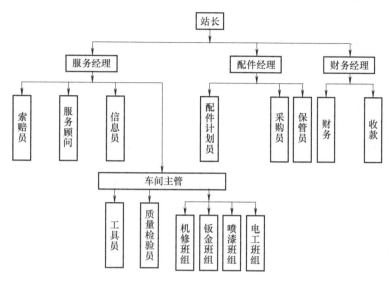

图3-4　3S或4S店特约服务站常见组织机构图

三、维修企业从业人员管理规定

交通运输部《道路运输从业人员管理规定》中规定，鼓励机动车维修企业优先聘用取得国家职业资格的从业人员从事机动车维修工作。机动车维修技术人员应当符合下列条件。

1. 技术负责人员

1）具有机动车维修或者相关专业大专以上学历，或者具有机动车维修或相关专业中级以上专业技术职称。

2）熟悉机动车维修业务，掌握机动车维修及相关政策法规和技术规范。

2. 质量检验人员

1）具有高中以上学历。

2）熟悉机动车维修检测作业规范，掌握机动车维修故障诊断和质量检验的相关技术，熟悉机动车维修服务收费标准及相关政策法规和技术规范。

3. 从事机修、电器、钣金、涂漆、车辆技术评估（含检测）作业的技术人员

1）具有初中以上学历。

2）熟悉所从事工种的维修技术和操作规范，并了解机动车维修及相关政策法规。

四、岗位职责

1. 修理厂岗位职责

（1）厂长岗位职责

1）负责编制或审核企业的长、中、短期发展计划，企业的生产规模和效益指标。

2）负责编制企业的组织机构等工作。

3）负责组织制定企业的各项规章制度。

4）负责企业各部门主管人员的任免、各部门员工聘用、奖励和辞退的审批。

5）负责编制或审核企业的经营策略，审核年度、季度、月度维修业务方案。
6）负责审核财务工作和资金的筹集。
7）负责制定或审批员工工资、福利和分配方案。
8）负责与汽车维修行业管理部门的沟通，传达和落实有关的法律、法规。
（2）车间主管岗位职责
1）负责维修派工，保质保量按时完成企业下达的各项维修任务。
2）认真贯彻自检、互检和专检的质量检验制度。
3）抓好车间的劳动纪律和精神文明建设，培养员工的爱岗敬业精神。
4）抓好安全生产，经常开展安全生产教育。
5）加强员工培训和考核，不断提高全体员工的服务质量和技术水平。
6）抓好车间的6S管理工作（详见第十一章）。
7）做好车间的设备、工具管理。
（3）业务接待员岗位职责
1）热情接待客户，了解客户需求及期望，为客户提供满意的服务。
2）接车，根据客户维修要求，开出派工单。
3）估计维修费用，负责向客户说明收费项目及其依据。
4）掌握维修进度，增加或减少维修项目时应及时联系客户。
5）确保按时完成维修项目。
6）建立客户档案。
7）做好客户咨询工作。
8）听取客户提出的建议、意见和投诉，并及时向上级汇报。
（4）总检验员和质量检验员岗位职责
1）总检验员负责维修车辆质量把关的责任，并领导其他质量检验员完成质检工作。
2）负责维修项目的质量检验，以及修理过程的随机抽检。
3）负责汽车维修竣工出厂检验和签发二级维护合格证。
4）负责维修车辆技术档案的建立。
5）负责原材料、外购件和外协件的验收。
6）负责车辆维修过程中出现的疑难故障排除。
7）负责指导维修人员贯彻执行有关的汽车维修标准，以提高员工的技术素质。
8）负责处理维修质量投诉和事故车辆的维修质量分析。
（5）采购人员岗位职责
1）建立供应商资料与价格记录。
2）采购计划编排，物料订购及交货期控制。
3）掌握公司主要物料的市场价格起伏状况，了解市场走势，加以分析并控制成本。
4）对供应厂商的价格、品质、交期、交量等作出评估。
5）对采购物资进行ABC分类。
6）进料品质、数量异常的处理。
7）呆料和废料的预防与处理。
8）询价、比价、议价及订购作业。

9）付款整理、审查。

（6）维修人员岗位职责

1）认真做好本职工作，维护企业信誉，礼貌待客。

2）遵守劳动纪律和车间管理制度，服从工作安排和生产调度。

3）严格按作业项目、技术规范和工艺要求进行维修，保质保量地完成维修工作。

4）注意安全生产，准确使用工具和设备。

5）文明施工，爱护车辆。

6）坚持自检，确保维修质量，检验如果不合格，决不转入下一工序。

7）发扬团队精神，协商解决问题。

8）加强技术学习，不断提高技术水平。

2. 特约服务站岗位职责

（1）服务站站长岗位职责

1）根据双方协议，结合任期责任目标，对服务站工作全面负责，将汽车维修服务工作列入服务站工作重要日程，并组织制定、审批服务站的年、季度工作计划，并促进实施。

2）贯彻落实汽车生产厂家的服务质量方针，协调、平衡、监督、检查服务站技术管理、生产管理等各项工作，正确执行汽车生产厂家维修服务的有关规定。

3）负责汽车重大问题和特殊问题的协调及宣传工作，参与或组织重点用户的走访工作。

4）定期召开站务工作会议，检查、布置各项工作，纠正错误、奖励先进。

5）参加汽车生产厂家的各种会议，对会议通过的决议、服务方针组织落实。

6）检查站内汽车配件库存及配件计划，保证落实与实施。

7）组织制订培训计划，按计划对职工进行思想和技术培训，提高职工队伍素质，扩大企业知名度。

8）严格遵守财经制度，监督、检查售后服务费用的收支。

9）明确员工责任，根据汽车生产厂家的相关规定，对工作人员做好监督指导工作。

10）对有关本站服务人员变更或服务站其他相关信息的变更情况，应安排人员及时通知汽车生产厂家。

（2）服务经理岗位职责

1）在站长的领导下，根据汽车生产厂家的工作要求，主持汽车维修服务。

2）接受站长的委托参加汽车生产厂家召开的各种会议并将会议精神向站长汇报，组织全体员工贯彻实施。

3）组织有关人员编制服务站年、季度工作计划，报站长审批，并认真完成。

4）组织人员对当地该厂汽车保有量进行调查，建立用户档案，主动走访用户，了解该厂汽车质量和市场需求情况，定期报汽车生产厂家。

5）积极组织人员落实汽车生产厂家委托的服务工作，审查服务中技术鉴定的准确性和服务质量；审批服务报表的及时性、完整性和正确性。

6）每周组织召开服务人员工作会议，研究工作，学习业务，开展各种岗位练兵活动，提高各类人员的业务水平。

7）组织有关人员进行技术培训和对用户的技术咨询工作。

8）汽车产品出现重大质量问题及时上报汽车生产厂家和服务站站长，提出处理意见，并积极协助汽车生产厂家驻现场代表和站长处理。

9）安排信息员对保养维修用户3天后的回访工作，并做好记录，对用户提出的问题及时进行处理。

（3）索赔员岗位职责

1）熟悉并严格执行汽车生产厂家的三包索赔规定及有关结算流程的规定。

2）根据鉴定员的鉴定结果和维修结果，逐项填写三包索赔结算单，并对维修车辆的工时费、材料费进行核算，形成三包索赔维修结算申报表。

3）核对整理当月发生保养的免费保养单据，并形成“汽车免费保养结算汇总表”。

4）严格执行旧件管理程序，对每月更换的旧件进行整理，形成“汽车保养索赔旧件明细表”，并在规定时间返回旧件。

5）负责服务站各种费用的结算工作，配合汽车生产厂家审核员对有异议的维修项目进行核对、解释。

（4）计算机管理系统信息员岗位职责

1）对服务站所有的文件资料进行分类、编号、登记，做好收发整理，相关信息及时向汽车生产厂家反馈。

2）负责有关技术档案资料的保管和借阅。

3）按“三包索赔结算单”填写“质量信息反馈表”进行汇总并上报汽车生产厂家。

4）按汽车生产厂家的要求，做好月统计和月报工作，并归档、保存待查。

5）协助站内人员做好站务管理和接待来人来访工作。

6）配合汽车生产厂家实行计算机联网管理以及日常维护。

7）定期查看汽车生产厂家网页，查看各类信息、更新技术资料，并及时通知相关人员予以贯彻。

（5）配件经理岗位职责

1）熟悉和掌握汽车生产厂家各种车辆的配件性能、名称、供应厂商，采购由汽车生产厂家或配件中转库提供的原厂配件。

2）根据当地该厂汽车市场保有量及厂家规定的购件额度要求，保证配件库存量在合理范围内，保证厂家汽车配件供应满足维修服务的需要。

3）根据配件使用和销售情况编制配件采购计划，严格执行计划、订货和采购。

4）制定库房管理制度，配件摆放合理，设立旧件摆放区，标志明确。

5）熟练使用计算机，能够通过汽车生产厂家电子信息管理系统及时订购配件。

（6）财务经理岗位职责

1）编制、平衡服务站年、季度费用计划，并将其落到实处。

2）熟悉三包维修费用结算手续，按厂家规定结算费用。

3）熟悉三包工时定额、配件价格，协助做好三包维修费用的申报。

4）负责费用的完成情况分析和反馈工作。

5）负责定期与汽车生产厂家财务处对账，保持账面准确无误。

第二节
人力资源管理

人是生产力中最活跃的要素，是构筑企业核心竞争力的基石。

一、人力资源管理的重要性和原则

人是企业最宝贵、最有价值的资源，企业领导者应充分认识到这一点，从一言一行到企业的各项政策、规章制度，都要有利于调动员工的积极性和主动性，使他们自觉地提高维修服务质量，节约维修成本，主动维护企业形象，为企业赢得更多的客户，最终实现企业赢利的目标。

日本的人力资源管理就很值得学习。日本的人力资源管理模式是在第二次世界大战以后日本经济复苏和高速发展时期形成的。日本企业中独到的人力资源管理制度，为日本的经济腾飞做出了突出的贡献。他们坚持以下几个原则，很值得借鉴。

1. 重素质、重员工培训

企业聘用员工时，不看重个人的具体技能，而是强调员工的基本素质。他们认为高素质的员工可以通过企业自己的培训胜任从事的工作，这样他们在培训新员工上就要花更多的工夫。员工在培训中，不仅要学习技术方面的“硬技能”，而且还要学习企业内部的管理制度，上下左右关系和行为准则等很多“软知识”和“软技能”。这些软知识和软技能的一个特点是，只有员工继续在本企业工作，这些知识和技能才能发挥作用，并帮助员工提高劳动生产率。

2. 注重内部选拔

日本企业里有新的工作时，会尽量培训已有的员工，通过内部调节来满足需要。员工要从基层进入企业，然后在按部就班地提拔过程中熟悉情况，并和上下左右建立起工作和个人关系，为以后从事管理工作打好基础。

3. 提倡终身就业

从企业这方面来看，在对员工进行大量的培训以后，一般也不愿意员工离开企业，因此，即使是经济不景气，企业也不会轻易解雇员工。这样员工在企业终身就业，其自身利益就和企业完全拴在一起了。另外，员工对企业经营情况的及时了解和对企业的依赖，使其更加愿意也更加容易与企业合作，这样就形成了企业中合作性的劳资关系。

日本企业独特的人力资源管理模式及其在日本战后经济复苏和高度发展时期的巨大作用，引起了人们对这种管理模式的极大兴趣。其独特的人力资源管理模式的出现，固然有其特殊的历史文化渊源，如强调合作和团队精神。但战败后的经济惨状，迫使日本企业寻求一种灵活的、大规模的生产方式。分工不能太细，规章制度也不能太多，这样才能随时根据生产的需要，把劳动力在不同的部门和工种之间来回调动。灵活的大规模生产的特点，决定了在这种生产制度下，普通员工的素质和责任心对企业的成功是至关重要的。因此，如何保证员工的利益，使员工忠于企业，尽最大的努力保证生产的顺利进行和产品的高质量等，都需要企业为员工提供如内部选拔、终身就业保障等一系列的人力资源管理模式。

二、人力资源规划

人力资源规划是通过科学的预测和分析本企业在外界环境变化中的人力资源供给和需求的状况，制订必要的措施和政策，以确保自身在需要的时间和需要的岗位上获得各种需要的人才，从而实现企业的经营目标。

1. 人力资源规划原则

人力资源规划需要与企业发展规模、经营规模相匹配。

2. 人力资源规划内容

1）人力资源管理总体目标和配套政策的总体规划。

2）中长期不同职务、部门或工作类型人员的配备计划。

3）需要补充人员的岗位、数量，人员要求确定及招聘计划。

4）人员晋升政策，轮换人员岗位、时间计划。

5）培训开发计划、职业规划计划。

3. 人力资源规划步骤

1）搜集有关的信息资料。

2）人力资源需求、供给预测。

3）确定人员的总需求。

4）确定人力资源目标。

5）制订具体规划。

6）对人力资源规划进行审核、评估。

7）进一步改进工作。

4. 人力资源不平衡的解决方法

（1）当供大于求时

1）永久性裁减或辞退劳动态度、纪律差，技术水平低的员工。

2）撤销、合并一些不赢利的机构。

3）制定相应政策鼓励提前退休或内退。

4）减少人员的工作时间，随之降低工资水平。

（2）当供小于求时

1）不同岗位之间调配。

2）进行岗位设计修订，提高劳动生产率。

3）制订非临时计划，如返聘已退休人员或聘用临时人员。

4）制订全日制临时工计划。

5）企业外招聘。

三、员工招聘

1. 员工招聘考虑的因素

汽车维修企业生意兴隆或业务发展时，要面临招聘新员工的问题。招聘新员工要考虑到增加的生意能否满足新增员工的工资和福利。因为对大多数汽车维修企业来说，劳动力报酬是企业最大的固定支出。企业忙的时候，需要足够多的修理工为客户服务，而在维修淡季，开工资给无事可做的修理工对企业老板来说也不是一件轻松的事情。因此，员工招聘要考虑以下几个因素。

（1）确实需要　无论从长期还是短期来考虑，招聘的员工对企业的生意都会有很大帮助，不是可有可无的。坚持少而精，宁缺毋滥是员工招聘的基本原则。

（2）职位空缺　若有人因辞职或到其他重要岗位上，就需要人员补充上来。第一步应考虑空缺的工作分摊给其他员工是否可行，第二步才应考虑员工招聘。

（3）人才储备　一些关键岗位应有人才储备，否则关键岗位的人员离去对企业的打击将是致命的，这也称为未雨绸缪。

（4）长期发展计划　如果维修企业有长期的发展计划，就应该提前进行人才规划，不能临时抱佛脚。

（5）季节性因素　汽车维修企业业务受季节性因素影响，一般来说每年春节后的两个月机修是淡季，而钣金喷漆生意不少；夏季空调维修是旺季。在淡季时可能有人要离职，这时企业可以缓一缓，到旺季来临时再招人。

案例

对于季节性的生意兴隆，可以借鉴沃尔玛的做法。美国人平日都很忙，购物人数有限，而一到节假日，人们便纷纷涌入购物中心，几乎所有的沃尔玛商店都人手不够，沃尔玛商店是如何解决这一问题的呢？每到忙的时候，他们从营运总监、财务总监到各部门主管、办公室秘书，都会换下笔挺的西装，换上工作服，担任收银员、搬运工、迎宾员等，与商场工人一起，投入到繁忙紧张的工作中。

2. 员工招聘途径

员工招聘途径可选择外部招聘和内部选拔相结合的方法。内部选拔就是将企业内部优秀的人才选拔到空缺岗位上，但此种方法受人员来源等条件限制，企业更多的是采用外部招聘。

（1）传统招聘　传统招聘常采用以下方法。

1）熟人介绍。一般由企业现有员工或与企业有业务来往的人员（如驾驶人或车队负责人的亲戚或朋友）介绍。

2）挖人才。到同类企业中利用某些优惠条件吸引人才。有时从其他企业挖到的人才还会带过来原单位下属人员。

传统的招聘方法简单实用，但也有一些不足之处，对企业的长期发展可能会存在如下一些隐患。

1）容易形成帮派。人与人之间都是有感情的，这本无可非议，但如果形成比较密切的“私人关系”，再加上某些利益关系，久而久之就会形成一些帮派，给企业的工作带来一些阻力，若他们内外勾结就会伤害企业的根本利益。

2）制约机制丧失。一些相互制约的职位，如质量检验员和维修工，采购员和仓库保管，由于关系密切或来自同一个企业，可能导致制约机制的丧失。

3）人员不稳定。采用挖人才的方式招聘员工也可能被其他企业用更优惠的条件挖走，这样就会影响企业的正常经营。

（2）公开招聘　公开招聘时可采用如下几种形式。

1）采用报纸、电台、广播、网站刊登广告。这种方式宣传力度大，人员来源广，选择余地大，利于找到优秀人才。

2）直接到学校招聘。这样招聘的员工易于管理，有上进心，思想素质较高，厂规厂纪、工作职责、工作流程等可以从零开始培训，避免从社会招聘人员所具有的一些不良习惯或作风。学校从自身利益出发，也很愿意与企业合作，尽量向企业提供关于学生的准确信息。

3）委托中介机构。这样做可以节省企业的人力物力。

4）张贴海报。这种方式比较适合企业内部招聘。

5）人才市场招聘。

3. 员工招聘原则

1）要本着“直接选，越级聘”的原则，即选聘一岗位人员，选择权归这个岗位的直接上级，而聘用权则归其上级的上级。这样做的目的，主要是为建立用人方面相互制约机制。

2）做到合理化、科学化，给所有竞聘人员提供公平竞争的机会。

4. 招聘程序

1）企业用人部门根据业务发展需求情况，提出需招聘岗位名称、人员基本要求。

2）人力资源部根据各部门的申请，写出招聘计划报企业最高管理者批准。

3）发布招聘信息。注明岗位名称，人员要求。

4）人力资源部审查求职表，将一些明显不符合条件的人员筛选掉。选择标准可参考以下三个方面。

① 来企业的目的。如果想得到更高的工资、负更大的责任、获得更好的培训等都是正常的原因，而如果是原工作太累之类的原因，说明他工作不安心，这样的人可以去掉。

② 工作经历。如果他以前一直从事这项工作，可能在这方面积累了丰富的经验，如果工作岗位变来变去，可能专业技能就不会太强。

③ 工资要求。将他过去的工资信息和他的要求相比较，如果差距太大就没有必要再试了。

5）笔试。主要测试应聘者的基本技能，此种方法不如实践操作测试，但也基本可反映应聘者的基本水平。

6）面试。面试是一个费时费力的工作。面试时，面试官要根据求职表、笔试的情况选出基本符合条件的人员，与其进行面对面的交谈，客观地了解应聘者的知识水平、工作经验、求职动机、个人素养等情况。面试是双向的，企业在寻找合适的员工，员工也想了解企业，因此，面试时企业应给应聘者一个轻松的环境。

7）录用人员体检。

8）试用。新聘用人员一般需进行 3 个月的试用期，并签订试用合同。试用期满后由厂方确定试用者的去留。如继续考查，可延长试用期。

9）录用、签订劳动合同。试用期结束后，员工所在部门出具试用期表现鉴定意见，试用合格的就可签订正式劳动合同。

5. 劳动合同签订

新劳动合同法对劳动合同做了严格的规定，企业应严格执行劳动合同法的规定。劳动合同签订的主要内容如下。

1）建立劳动关系，应当订立书面劳动合同。已建立劳动关系，但未同时订立书面劳动合同的，应当自用工之日起一个月内订立书面劳动合同。用人单位与劳动者在用工前订立劳动合同的，劳动关系应自用工之日起建立。

2）劳动合同期限三个月以上不满一年的，试用期不得超过一个月；劳动合同期限一年以上不满三年的，试用期不得超过两个月；三年以上固定期限和无固定期限的劳动合同，试用期不得超过六个月。

同一用人单位与同一劳动者只能约定一次试用期。以完成一定工作任务为期限的劳动合同或者劳动合同期限不满三个月的，不得约定试用期。试用期包含在劳动合同期限内，劳动合同中仅约定试用期的，试用期不成立，该期限应为劳动合同期限。

劳动者在试用期的工资不得低于本单位相同岗位最低档工资或者劳动合同约定工资的百分之八十，并不得低于用人单位所在地的最低工资标准。

3）用人单位为劳动者提供专项培训费用，对其进行专业技术培训的，可以与该劳动者订立协议，约定服务期。

劳动者违反服务期约定的，应当按照约定向用人单位支付违约金。违约金的数额不得超过用人单位提供的培训费用。用人单位要求劳动者支付的违约金不得超过服务期尚未履行部分所应分摊的培训费用。

用人单位与劳动者约定服务期的，不影响按照正常的工资调整机制提高劳动者在服务期期间的劳动报酬。

4）用人单位应当按照劳动合同约定和国家规定，向劳动者及时足额支付劳动报酬。用人单位安排加班的，应当按照国家有关规定向劳动者支付加班费。

5）劳动合同的解除和终止。用人单位与劳动者协商一致，可以解除劳动合同。劳动者提前30日以书面形式通知用人单位，可以解除劳动合同。劳动者在试用期内提前3日通知用人单位，可以解除劳动合同。

四、员工培训

员工培训工作是企业持续发展的重要保证，更是实施管理的重要补充。企业对员工进行培训是一种投资行为，而不能认为是一种成本支出，员工培训既提高了员工素质，又可增强企业的竞争力。

1. 培训内容

培训主要分为岗前培训、日常培训、定向培训。

（1）岗前培训　主要包括职业道德、厂规厂纪培训，另外还应有工作流程、工作职责。

（2）日常培训　根据不同岗位、工种、级别，分别进行培训。企业管理人员应培训政策法规、企业管理、市场动态及维修基础知识。维修人员的培训可分为初级工、中级工、高级工。初级工培训汽车构造、汽车维修的基本知识、通用工具的使用、安全操作规程。中级工在初级工培训的基础上，学习汽车的结构原理、汽车故障排除、常修车辆的技术参数、零配件的使用标准、专用工具专用仪器的使用。高级工在中级工培训的基础上，培训汽车零部件质量鉴定、维修质量检验、维修所用原材料的质量鉴定、金属磨损原理，以及机械制图、电路图阅读等。

（3）定向培训　维修企业根据工作的需要，选择有培养前途的员工到专业学校或同行业的优秀企业进行培训，也可安排他们参加行业管理部门组织的培训。

2. 培训形式

培训采用理论和实践相结合的方式，以调动参训人员的兴趣。

3. 考试

考试是检验培训效果的一种有效方式，考试可分为笔试和实践操作两种。对考试优秀者，要进行一定的物质和精神奖励以调动全体人员学习热情。

（1）笔试　维修人员考核基础理论、维修常识、故障排除方法等；业务接待员考核汽车构造、维修基本常识、服务规范等。

（2）实践操作　维修人员考核仪器、工具的使用、故障排除等，考试时可在车上设计几个故障，考核维修人员排除故障的能力及排除故障的思路是否正确。业务接待员考核接待规范、突发事件的处理能力等，考试时可由一人扮成挑剔的客户，提出一些挑剔问题，考核业务接待员的语言、行为技巧等。

案例

丰田汽车公司创造了一整套行之有效的人力资源开发体系，这种体系是一个金字塔形的结构，由四部分组成。

1）与汽车维修职业学院合作，为丰田汽车售后服务培养后备人才。

2）对经销店的员工进行一般维修、业务接待、钣金喷漆的培训，提高员工基本技能。

3）对经销店的服务经理进行经营管理培训，使经销店有好的效益。

4）举办技能比赛，提高员工学技术的兴趣。

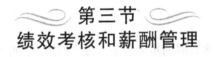

第三节 绩效考核和薪酬管理

一、激励机制

企业用适当的诱因去满足员工的需要，可以激励起员工的工作积极性，提高其工作效率。激励机制包括物质激励和精神激励。

1. 物质激励

物质激励包括以下四方面的内容。

（1）员工工资　直接反映当前员工的工作绩效。

（2）奖励制度　奖励员工在某一项目或某一时间内的特殊贡献。

（3）福利　包括养老保险、法定假日及带薪休假等。

（4）长期激励　体现员工长期的价值，如配乘用车、分配住房等。

2. 精神激励

精神激励包括以下四方面的内容。

（1）荣誉激励　表彰员工在某一方面的特殊贡献，或表扬突出事迹。荣誉激励应及时，以便收到好的效果。

（2）感情激励　关心员工工作和生活，为员工设计职业生涯。

（3）参与激励　让员工参与企业管理，为企业献计献策。

（4）教育激励　提供职工受教育的机会。

二、绩效考核

1. 绩效考核的目的

1）通过绩效考核实施目标管理，保证公司整体目标的实现。

2）公正合理地评价员工的工作业绩，考核结果与绩效工资挂钩以激励员工。

2. 绩效考核的作用

工作绩效考核的主要作用是引导员工的行为趋向于组织的经营目标，调整员工不规范的行为，以确保既定目标的实现；打破过去某些企业中“干好干坏一个样”、“干的不如站的，站的不如捣蛋的”、“能干的不如能说的”等混乱的工作绩效考核。此外，工作绩效考核的作用还包括以下几点。

1）让员工清楚上级对他的期望和对他的真实评价。

2）为员工工资和奖金发放提供依据。

3）为员工职务升迁提供依据。

4）为领导者与员工沟通提供一个机会，领导者可及时获得员工的工作信息，为工作改进提供依据。

3. 绩效考核指标

（1）基本指标　工作绩效考核指标很多，基本指标主要应考虑以下几个方面。

1）工作态度。包括工作责任感、主动性、工作热情。

2）工作质量。

3）出勤率。

4）技术技能。

5）团队合作精神。

（2）服务指标　维修企业绩效考核主要服务指标如下。

1）入厂维修台数。

2）销售额（工时费+零件）。

3）服务保持率（从服务站买车的客户有多少回本站维修和保养）。

4）零件的总销售额、内销销售额和外销销售额。

5）零件在库总额或零件在库月数。

6）保险车辆续保率。

7）毛利率。

维修企业可以将以上指标或部分目标作为考核指标，对于服务顾问可以考核每名服务顾问创造的销售额、毛利率、保险车辆续保率等。对于修理工可以以班组为单位考核平均每月的修理车辆数、毛利率。

三、薪酬管理

科学合理的薪酬管理是一种动力，将极大地提高员工的工作效率，为服务站创造更大的效益。不良的薪酬管理，将挫伤员工积极性，对服务站产生不信任感，影响服务站发展。薪酬管理的基本原则是多劳多得，按劳分配。

1. 维修工人计酬方式

目前，国内汽车维修企业采用的计酬方式主要有按工时计酬、按产值计酬、工资加奖金计酬和保底工资加产值提成计酬四种方式。

（1）按工时计酬

月工资＝月工时费收入×提成比例

这种分配方式上不封顶，下不保底，员工无最低工资保障。这种分配方式适用机修工、电工、钣金工，统计时不管材料费为多少，只统计工时费。

（2）按产值计酬

月工资＝月产值×提成比例

这种分配方式适合喷漆工。喷漆工因其工种的特殊性，原材料易耗和在工作中的人为因素较大，所以采用全包干的分配方式，即喷漆用的原材料及人工费均由喷漆工承包，然后再与修理厂分成。

此种计酬方式的缺点是喷漆工为减少成本增加收入有时简化工序，偷工减料，如本来应该喷三遍漆，结果只喷了两遍漆。因此采用此种计酬方式应加强质量检验，加强过程控制，对因简化工序、偷工减料而造成的返工由承修者承担全部返修费用，并进行经济处罚。

（3）工资加奖金计酬

月工资＝工资＋补贴＋奖金

式中　工资——根据国家规定，分成几个档次，档次要考虑技术级别、工龄等；

　　　补贴——包括工种劳保补贴、误餐补贴等；

　　　奖金——按服务站规定提取奖金。

此种计酬方式一般为国营服务站采用。

（4）保底工资加产值提成计酬

月工资＝保底工资＋产值（或利润）提成

此种计酬方式员工有最低工资保障。

以上几种分配方式的提成比例由厂方根据提供的生产条件、设备水平及当地维修市场的行情而定。

案例

某汽车维修企业工资发放从2001年开始实行按工时计酬，激励作用很大。统计工时有统一的工时定额标准，员工都愿意抢活干。但运行一段时间后发现员工愿意干保养、大修之类的活，而对疑难故障或检查异响之类的故障却不愿干。为什么呢？疑难故障或检查异响要费很长时间诊断查找，找到故障后可能只紧紧螺丝或换个零件，工时很低，所以大家谁也不愿意干，就是逼着干也是简单应付。疑难故障排除能力是检验企业技术水平高低最重要的指标，都不愿意干势必影响服务站声誉。于是，企业规定疑难故障或检查异响工时标准，按实际工作量计算，疑难故障排除根据具体情况奖励一定数量的工时。这样极大地调动了员工学习技术的热情。

2. 管理人员计酬方式

管理人员计酬方式分为按工人平均工资计酬、月度绩效考核和年薪制三种。

（1）按工人平均工资计酬　一般管理人员按工人平均工资发放，部门负责人按工人平均工资乘以系数计酬，不同级别的管理人员可选定不同的系数。在此基础上，为提高管理人员的责任心，年底按效益情况再发放一定数额的奖金。

（2）年薪制　采用此种计酬方式的人员为企业的高层管理人员、有专门技术或较高业务水平的管理人员。

案例

案例1：某4S店实行年薪制，年薪组成结构为

年薪＝岗职工资＋绩效考核工资＋福利补贴

公司根据不同岗位和工作职务确定其岗职工资，岗职工资为按月发放的固定收入，福利补贴是公司节假日等给予管理人员的福利慰问金（或礼品），此两项不纳入管理人员绩效考核之内；年薪分阶段发放，即按月发放部分和年终发放部分。具体为

月收入＝月度岗位工资＋月度绩效考核工资

年终收入＝年度绩效考核工资

1）公司对服务经理和服务顾问是否完成的考核以年度和季度为单位：月度未完成任务者，但完成季度总体任务，则视为完成所属季度的任务；季度未完成任务者，但完成全年总体任务，则视为完成年度任务。

2）服务经理和服务顾问设置不同的年薪档级，年薪按12个月平均分解，分解后的年薪由两部分组成：50%部分为月度绩效考核工资（月均年薪），50%部分为年度绩效考核工资；具体考核办法如下。

① 完成当月任务者，全额享受70%部分；未完成当月任务者，按完成比率计算当月所得绩效考核工资。

② 未完成当月任务但完成季度任务者，全额享受本季度70%部分；季度任务完成后的超额部分自动计入下一季度的完成额。

③ 完成年度任务者，则全额享受年薪的30%部分；未完成年度任务者，则按完成比率计算年度绩效考核工资。

3）计算公式

月度绩效考核工资＝月度任务完成率×年薪÷12个月×50%

月收入＝月度岗位工资＋月度绩效考核工资

年度绩效考核工资＝年度任务完成率×年薪×50%

年终收入＝年度绩效考核工资

案例2：下面以某汽车4S店售后服务的绩效考核为例，说明服务指标具体的考核方法。售后服务设立了维修总目标，见表3-1。

表 3-1 维修总目标

目标分解																				
人员信息			入厂台次						工时收入				零件材料收入				总收入			
序号	职位名称	姓名	一般修理	钣喷维修	保修修理	PDS	免费检查	总台次	一般工时	钣喷工时	保修工时	总工时	一般零件	钣喷零件	保修零件	总零件	一般收入	钣喷收入	保修收入	总收入
1	前台主管																			
2	索赔员																			
3	服务顾问																			
4	服务顾问																			
5	服务顾问																			
合计																				

精品和续保总目标见表 3-2。

表 3-2 精品和续保总目标

人员信息			精品薪酬	续保薪酬	
序号	职位名称	姓名	精品值	续保数	续保值
1	前台主管				
2	保修专员				
3	服务顾问				
4	服务顾问				
5	服务顾问				
合计					

考核分为服务顾问、机修工、钣金工和喷漆工，服务顾问绩效考核见表 3-3，提成比例为台次提成为每台 1 元、产值提成的系数为 0.01，精品值提成为 0.06，续保值提成为 0.05。

表 3-3 服务顾问绩效考核

人员信息			本职业务薪酬			精品薪酬		续保薪酬			总薪酬
序号	职位名称	姓名	基本工资	台次提成	产值提成	精品值	提成	续保数	续保值	提成	
1	前台主管										
2	保修专员										
3	服务顾问										
4	服务顾问										
5	服务顾问										

机修工绩效考核见表3-4，工时提成比例为0.1，零件提成比例为0.01。

表3-4　机修工绩效考核

班组	姓名	基本工资	完成台数	工时产值	零件产值	总产值	工时提成	零件提成	总提成	总工资
一班	班长									
	组员									
二班	班长									
	组员									
三班	班长									
	组员									
四班	班长									
	组员									
五班	班长									
	组员									

钣金工绩效考核见表3-5。

表3-5　钣金工绩效考核

班组	技师	基本工资	完成台数	实收工时费	绩效工资	总工资
一班						
二班						
合计						

喷漆工绩效考核见表3-6。

表3-6　喷漆工绩效考核

班组	技师	基本工资	完成台数	完成平方数量	实收工时费	材料成本	毛利	成本/m^2	绩效工资	合计
合计										

案例3：服务经理绩效考核

某4S店服务经理绩效考核如下。

1. 绩效考核项目内容

考核内容主要包括两部分：一部分是经营目标绩效考核；另一部分是客户满意度（CSI）绩效考核。

2. 经营目标绩效考核

根据上一年度实际值，结合本年度实际情况确定年度绩效考核目标，并将年度目标分解，考核月度经营目标。

经营目标绩效考核主要考核毛利目标的达成率，包括毛利目标达成绩效与毛利目标超额绩效两部分。

经营目标绩效＝毛利目标达成绩效＋毛利目标超额绩效＝毛利目标×达成奖提成系数＋（毛利实绩－毛利目标）×超额提成系数（达成奖提成系数或超额提成系数），各个店可以根据各自单位不同情况确定。例如，某4S店的系数见表3-7。

表3-7　某4S店的系数

毛利目标达成率	0～100%	101%～109%	110%～119%	120%以上
达成奖或超额奖提成系数	1.5%	2.5%	3%	3.5%

绩效考核必须按月发放，4S店总经理可结合店内实际情况，适当调整每月基本目标。经销店原有的其他单项考核，如续保、精品等，经销店均可正常发放或自行调整。

如果毛利目标达成率在95%～99%，经销店可先给服务经理发放毛利目标达成绩效，在下月或季度内完成总体的毛利目标，补充该月毛利达到100%后，剩余部分再按正常的绩效考核进行计算；假如下月或季度内未完成总体的毛利目标，此部分绩效在下月或下季度再扣除，如果未100%达成第1季度总体毛利目标，并且第3个月的毛利目标达成率很低或出现异常，会在第2季度绩效考核时做相应扣除。

3. 客户满意度（CSI）绩效考核

每季度设定各店的客户满意度（CSI）排名目标，根据经销店实际排名和提升幅度给予相应奖励。

第四节
高绩效团队建设

“木桶理论”：一只木桶能装多少水不是取决于最长的木板，而是取决于最短的木板。

《孙子兵法》开宗明义，认为“道”是赢得战争的第一种因素。孙子所说的“道”就是让部属与领导的价值观一致，这样部属就会与领导者生死与共，不管什么困难和危险，都会表现出崇高的献身精神。

古人需要“道”来赢得战争的胜利，现在在竞争激烈的时代，企业也越来越需要这种“道”。

我们今天所说的“道”，就是团队精神。大家都知道著名的“木桶理论”：一只木桶能装多少水不是取决于最长的木板，而是取决于最短的木板。进一步引申，一只木桶能装多少水不仅取决于每一块木板的长度，还取决于木板与木板之间的结合是否紧密。如果木板与木板之间的结合不紧密，同样无法装满水。企业的团队战斗力，不仅取决于每一名员工的战斗力，也取决于领导与领导之间、领导与员工之间、员工与员工之间的相互协作、相互配合的团队战斗力。高绩效团队建设可以建立一种以价值观为基础的劳资关系，培养出有强烈团队意识和高忠诚度的员工。而一个涣散的团队，就像一只“漏水桶”一样，总是无法取得良好的经济效益。

一、团队的基本要素

1. 全员参与管理

只有全员参与管理，才能建立团队精神。因此，要求在组织内人人都是执行者，人人都是管理者。

2. 互补的技能

发挥每一个人的技能，做到“1 +1 >2”。

3. 共同的目的和业绩目标

目的是共同的，但要分解为具体的工作业绩。

4. 共同的方法

避免内耗，寻找共同的工作方法。使团队成员在具体问题上达成一致。

5. 相互的责任

为共同目标努力时，责任心和信心随之而来。这种责任是对自己的承诺，也是对他人的承诺。

二、高绩效团队建设的五大要素

1. 营造一种支持性的人力资源环境

为了创造一种高绩效的团队，管理层应该努力营造一种支持性的人力资源环境，包括倡导成员多为集体考虑问题，留下足够多的时间供大家交流，以及对成员取得成绩的能力表示有信心等。这些支持性的做法可以帮助组织向团队合作迈出重要的一步，因为这些步骤促进了更进一步的协调、信任和彼此之间的欣赏。因此，管理者需要为此架构一种良好的沟通平台。

2. 团队成员的自豪感

每位成员都希望拥有一支光荣的团队，而一支光荣的团队往往会有自己独特的标志。例如，某些企业的喷漆车间，其喷漆质量在当地属一流，因此喷漆一流就是他们的标志，也是他们的骄傲。如果缺少这种标志，或者这种标志遭到破坏，员工作为团队的自豪感就会随之荡然无存。许多无知的管理者不知道，团队成员的自豪感，正是成员愿意为团队奉献的精神动力。

因此，从创建公司的形象系统，到鼓励各部门、各项目小组营造一种英雄主义的文化氛围，都会对团队的创造力产生积极的、深远的影响。

3. 让每一位成员的才能与角色相匹配

团队成员必须具备履行工作职责的能力，并且善于与其他团队成员合作。只有这样，每一位成员才会清楚自己的角色，清楚自己在每一个职能流程中的工作位置以及上一道工序和下一道工序。只有这样，每一个进入团队的人，才能真正成为一个团队人员。如果能做到这一点，成员就能根据条件的需要，迅速行动起来，而不需有人下命令。换言之，团队成员能根据工作的需要自发地做出反应，并采取适当的行动来完成团队的目标。

例如，客户到维修厂修车，服务态度、维修质量、配件价格等各方面，客户都很满意，只是洗车人员在洗完车后没按服务流程把钥匙及时交到业务接待厅，结果让客户等待，引起抱怨。这时，企业为客户提供的服务质量就会由于某个人的失职而无法保证。

所以，高效率的团队需要每一位成员的才能与角色相匹配，并且在工作中，更需要每一位成员同心协力，全力以赴。

4. 设定具有挑战性的团队目标

企业领导的职责不是自己的工作量有多少，而应是为团队设定一个具有挑战性的目标，并激励整个团队向整体目标努力。企业领导应让每一位成员意识到，只有所有成员全力以赴才能实现目标，鼓励每一位成员的团队协作精神。这样能集中员工的注意力，一些内部的小矛盾往往也会因此消失得无影无踪。如果在整个团队全力以赴的时候还有人患得患失，自私自利，就会受到别人的谴责。这样，整个团队会团结得更加紧密。

5. 正确的绩效评价

企业进行绩效评价有两个目的。

（1）绩效评价的评核性　希望通过对员工的考核判断他们是否称职，从而切实保证他们与职位的匹配、报酬、培训等工作的科学性。

（2）绩效评价的发展性　希望通过绩效评价帮助员工找出绩效差的真正原因，激发员工的潜能。

一个富有成效的绩效评价体系包括以下两种评价形式。

1）正式评价。

2）日常管理中的及时评价。

与绩效评价紧密相关的工作是如何科学地支付报酬的。支付报酬的目的在于激发员工的创造力和团队合作精神。作为对团队所有员工绩效的认可方式，这些报酬体系，首先在设计上应该表现出“对内具有公平性，对外具有竞争性”的特点。当一位员工表现杰出时，我们就需要绩效评价来给予奖励。奖励包括现金奖励和精神奖励，我们可以在发放奖金的时候，也颁发“月度最佳员工”、“月度优秀团队”之类的奖状。这样，那些奖金就会变得富有感情色彩。

三、团队领导的素质

火车跑得快，全靠车头带。团队领导应具备以下素质。

1）心地宽容，胸怀坦荡。

2）遇困难身先士卒。

3）积极乐观。

案例

案例 1：惠普公司是世界著名的计算机制造商，惠普公司的企业文化一直被世界上的其他企业所称道和效仿，惠普公司的五个核心价值观之一是公司的成功是靠大家的力量来完成的，并不是靠某个人的力量来完成的。

惠普十分清楚：只有内部精诚合作，才能实现企业的共同目标。

惠普的承诺是：建立一支遍布全球的团队，努力工作，去实现客户、股东及其他有关人士的期望。经营中的利益和责任将由惠普人共同分享。

案例 2：小王和小张是某修理厂的两名员工，小张负责车辆四轮定位工作，小王负责底盘维修。两人有不少矛盾，工作上不配合。这天，小王更换了一辆尼桑蓝鸟车的横拉杆球头，更换后，拉杆球头螺钉没有紧固，就交给了小张。小张将车在定位仪上测量，发现数据正常，就将车交给了客户。客户行驶不到两天，由于拉杆球头脱落，险些造成事故。最后厂里对小张和小王进行了严肃处理。这本是一场不应发生的维修质量事故。小王在向下道工序交接前，应该提醒同事螺钉未紧固；小张定位后，应检查螺钉。由于他俩不团结，安全意识差，险些引起事故，因此为工厂带来了不良的声誉。

思 考 题

1. 组织机构设置的原则和方法是什么？
2. 什么是人力资源规划？人力资源规划的原则和内容是什么？
3. 工作绩效考核的作用是什么？
4. 激励机制包括哪些内容？
5. 维修工人计酬方式有哪些？请具体说明。

第四章 服务规范和服务流程管理

服务竞争将成为汽车市场新的竞争目标，追求“差异化”服务是打造竞争优势的战略选择。

第一节 服务规范管理

一、服务用语规范

维修企业常用服务用语如下。

1）接电话时，首先问“您好”。

2）要求客户提供证件或询问时，要“请”字在先，结束时说“谢谢您”。

3）因某种原因表示歉意时，要说“很抱歉”“对不起”。

4）客户对你表示谢意，应回答“别客气”。

5）在办理业务中，因某种原因需暂时离开或暂停一下，应向客户说“对不起，请稍候”。

6）若因故离开岗位，回来后应向客户说“对不起，让您久等了”。

7）共用语：“您好”“请”“谢谢”“对不起”“请原谅”“很抱歉”“别客气”“没关系”“欢迎光临”“请多提宝贵意见”“让您久等了”“谢谢合作”“欢迎再来”“再见”。

二、身体语言规范

1）眼神诚实自信。

2）走路抬头挺胸。

3）手臂摆动得体自然，不做作。

4）面部肌肉放松，不紧张。

5）表情友好和善。

6）与人交谈对视时让人感到自在。

7）与客户保持合适距离，应不远不近。

8）与客户谈话身体略微前倾，不要双臂交叉胸前。
9）谈话时充满兴致。
10）移动身体自然，不别扭，不随意。

三、微笑服务规范

微笑服务是业务接待的基本服务手段。
1）与客户交谈时要保持微笑。
2）客户不满意时要保持微笑。
3）电话服务时也要微笑，让客户感觉到你在微笑。

四、仪表形象规范

1）服装整洁、得体。
2）整体修饰职业化。
3）头发长短合适，不怪异。
4）牙齿清洁、指甲干净。
5）皮鞋擦亮。
6）气味清新。
7）女工作人员要化妆得体，不浓妆艳抹。

五、电话服务规范

据说一个人对另一个人的印象取决于见面的前3秒，而在电话里接待员问候客户的方式决定了客户对本企业的感觉。因此，企业的电话服务规范应统一，不应一人一个样。

1. 接听电话

1）铃响三声应接听。三声之后，客户耐心就会减退，甚至对企业产生怀疑。
2）问候来电者。可用“您好”“早上好”等。
3）自报单位。也可以报上自己的名字。
4）询问客户需要什么帮助。

接听电话，可以说：“您好！××汽车维修厂，我能为您做些什么？”

2. 如何让客户等候

客户询问的事情或找的人需等待时，要妥善处理。
1）告诉客户需等待的原因。如配件需查询，找的服务顾问不在等。
2）告诉客户大约需要等待的时间。
3）时间长可以稍后给客户回电话。
4）向客户表示感谢。

3. 记录电话

企业应建立电话记录，不可随意找一张纸记录，否则过后很容易遗忘，不知丢到了什么地方，那样会很误事。电话记录应包括如下内容。
1）客户姓名、电话或手机号。
2）时间。

3）电话内容。

4）若需外出服务，应详细记录地址、车号、车的颜色、故障现象等。

4. 结束电话

1）重复电话记录的主要内容。

2）结束电话时，务必感谢来电或抱歉打扰，这会给客户留下良好印象。

3）让客户先挂断电话。

4）立即落实电话记录。

六、与客户交谈规范

（1）态度真诚　谈话态度应真挚、稳重、热情，不可冷淡、傲慢。

（2）精神专注　专注是对人的一种尊重，交谈时不可东张西望、心不在焉。

（3）语言得体　语言应简洁明了，不要含糊其辞或啰唆。

（4）内容适宜　谈话内容应是有益的，不要谈及对方反感的问题。

（5）谦恭适度　谈话要谦虚，适当地赞扬对方也是可以的，但不可溜须拍马，曲意逢迎。

第二节 服务流程

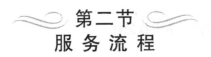

服务流程包括预约、接待、维修、质检、交车和跟踪。

一、预约

1. 预约的好处

预约是汽车维修服务流程的第一个重要环节，因为它构成了与客户的第一次接触，从而也就提供了立即与客户建立良好关系的机会。至于是通过电话还是亲自预约，形式并不重要。预约还有以下好处。

1）可以缩短客户等待时间，保证客户按约定的时间取车，从而减少客户抱怨。

2）可以非常准确地提高车间的设备利用率，减少设备空闲时间。

3）可以对接受的汽车维修订单进行时间安排，削峰填谷。

4）可以及时订购配件，减小配件库存。

2. 预约服务流程

预约服务流程如图 4-1 所示。

3. 预约实施规范

1）车辆保养电话预约应在保养前一周进行，信函预约应在保养前两周进行。

2）预约的客户应做好预约记录，并通知车间、配件部门。

3）对预约的客户要预留工位、配件和维修人员。

4）预约日前一天再提醒客户。

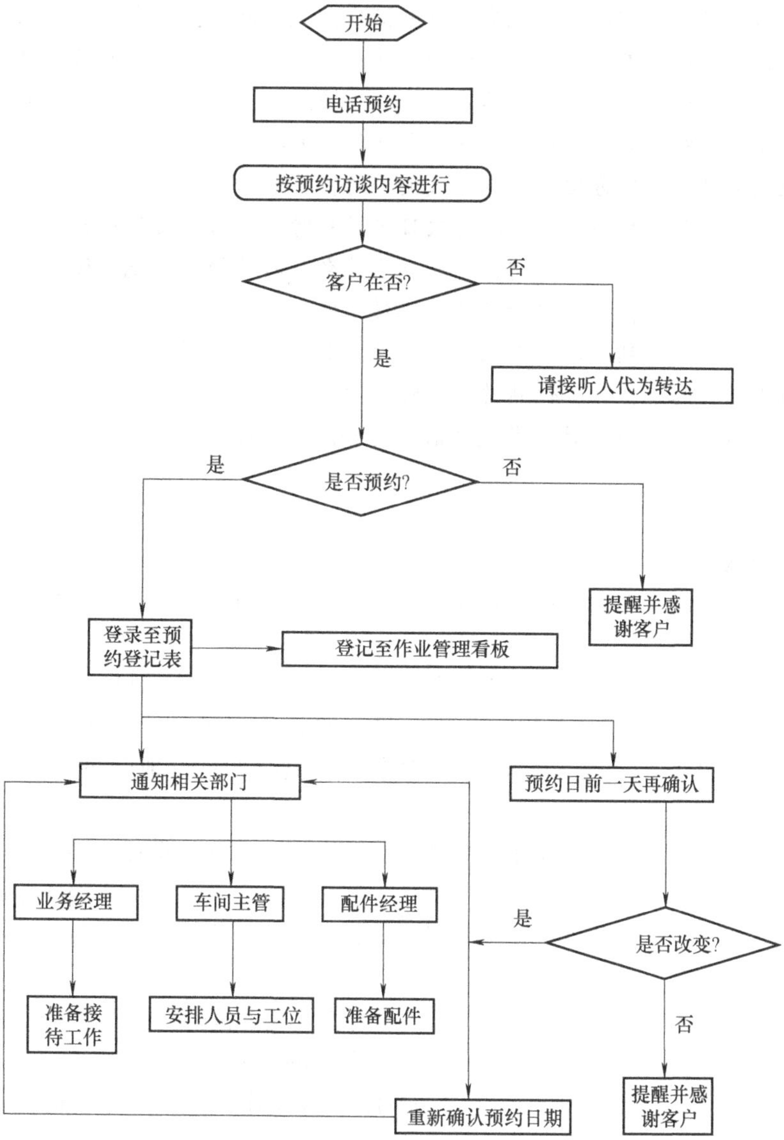

图 4-1　预约服务流程

4. 预约服务应注意的问题

进行预约时一个重要的基本原则是，每天都为未预约的客户和所谓的“紧急情况”保留一定的生产能力。

案例

张先生是一家小型建筑装潢公司的老板，生意十分繁忙。这两天他感觉他开的桑塔纳轿车加速时有些发抖，于是他开车到他经常光顾的一家维修站。刚一进门就看见业务接待桌前围了很多人，他等了半天才排上队，开好了派工单。张先生将车开进维修车间，看到车间车辆满满的，车间主任告诉他来的不是时候，再有半个小时才能给他检修，而什么时候能修好车间主任也说不清楚。这期间不停地有人打电话找张先生有事，张先生有点儿不耐烦了，决定不修了，就这样，他开着带故障的车返回了单位。一连几天，他都开着这辆车办事，虽然有点儿不舒服，也只好勉强这样。忽然有一天，他接到一个电话，是他曾经去过的另外一家修理厂的服务小姐打给他的，问他车辆状况怎么样。他把一肚子委屈一股脑地向服务小姐倾诉，服务小姐问他什么时候方便，可以与我们预约，提前给他留出工位，准备好可能用到的配件和好的修理工。张先生想了想，决定次日早晨9时去。第二天早晨8时，服务小姐就给张先生打电话，说一切工作准备就绪，问张先生什么时间赴约，张先生说准时到达。当张先生9时开车到达修理厂时，业务接待员热情地接待他，并拿出早已准备好的维修委托书，请张先生过目签字，领他来到车间。车间业务虽然很忙，但早已为他准备好了工位和维修工。维修工是一位很精明的小伙子，他熟练地操作仪器检查故障，最后更换了四个火花塞后，故障就排除了，前后不到半个小时。张先生很是高兴，从此他成为这家修理厂的老客户。

二、接待

1. 接待的重要性

因为第一印象留在大多数人的记忆中是最深刻的，所以，客户接待应当使客户对企业产生美好的第一印象。

从客户将车停到业务接待厅的门前那一刻，对客户的接待就已经开始了。从那一刻起，客户就应当感受到友好的氛围，特别是受到友好的问候。接下来与业务接待员的接触交谈是客户接待工作的高潮。此时客户常常有意识或无意识地就决定了对企业的好感和信任程度。

客户是否成为忠诚的客户并留下，业务接待员有着实质性的责任。不满意的客户会在熟人当中到处讲述其对企业的不满，由此带来的损失是不可估量的。而优秀的业务接待员，可以化解客户的不满，挽回由于客户不满而带来的损失，从而为企业创造最大的效益。

接待时应做到以下几点。

1）使客户满意的前提是与客户进行良好的交谈。其中包括认真听取客户意见，提出问题，解释关联性问题以及为客户提供良好的、专业化的咨询。

2）业务接待员有必要与客户一起检查车辆，若需要用举升机举起车辆，业务接待员也有必要一起陪同。这样可以拉近与客户的距离，从而赢得客户的信任。永远记住，对于大多数客户来说，车辆具有高度的精神和物质价值，而且常常是其财产的重要组成部分。

3）使客户相信并理解即将进行的维修工作的必要性和重要性。因为客户在送修之前几乎总是看到缺点：工时费用高、配件费用高、送车和取车费时以及修车时无车可开等，而业务接待员的任务就是赢得客户的信任。

2. 接待服务流程

接待服务流程如图4-2所示。

3. 接待实施规范

1）业务接待员要亲自进行客户接待工作，不能因为工作忙，就叫其他人员（如维修人员）代替，这样会让客户感到不受重视，客户会对企业产生不信任感。

2）业务接待员需将胸牌戴在显眼的位置，以便客户知道在与谁打交道。这样有利于增

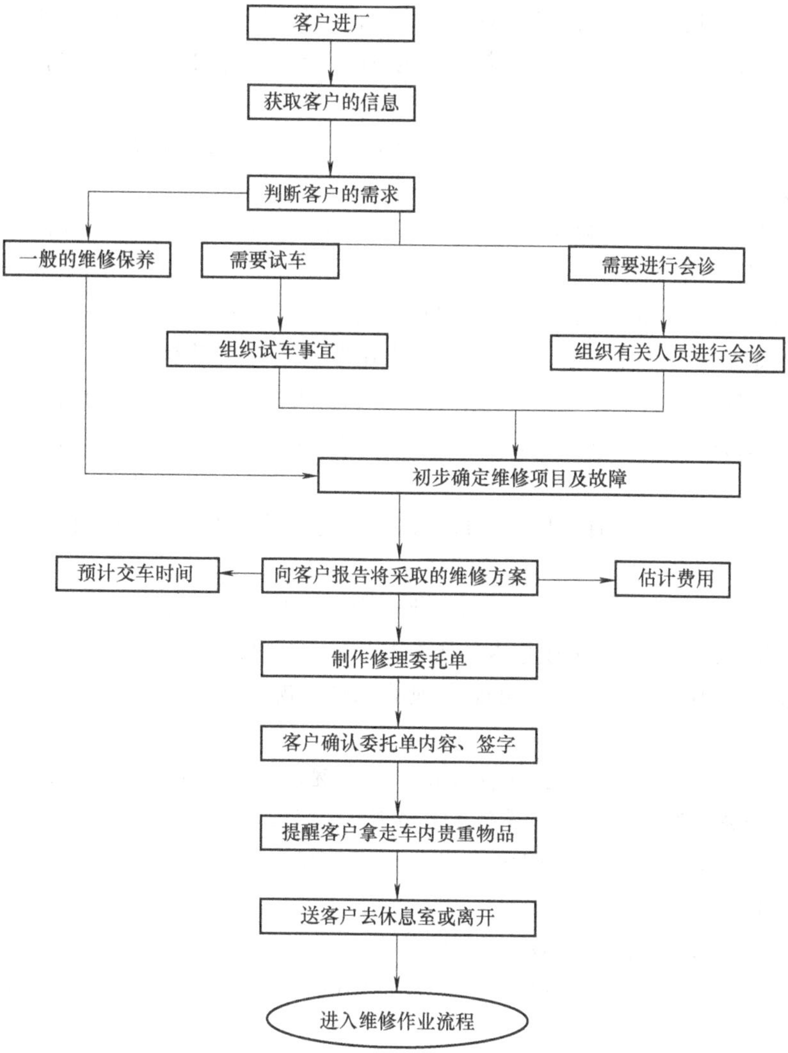

图 4-2 接待服务流程

加信任。

3）接待时应直接称呼客户的姓名和职务（如王经理、李老板等），这样客户感到受重视，同时也显得亲切。

4）接待的客户可分为预约客户、未预约客户。

① 预约客户。取出已准备好的维修单和客户档案，陪同客户进入维修区。这样，客户感到对他的预约十分重视，他对接待这一环节会很满意的。

② 未预约客户。仔细询问按接待规范进行登记。

5）接待时应集中全部精力，避免匆忙或心不在焉。

6）认真听取客户有哪些具体的愿望和问题，通过有针对性的提问更多地了解客户的要求，并将所有重要的信息记录在派工单中。

7）在填写维修单之前与客户一起对车辆进行检查，如果故障只在行驶中发现，应与客户一起进行试车。当着客户的面进行这种形式的技术检测不仅有利于自己的把握程度，而且可避免不信任。并且，发现新的故障还可以增加维修项目，若业务接待对这一故障没有把握，也可以请一位有经验的技师一起进行车辆诊断。与客户一起对车辆进行检查时，还应同时看一下车辆是否存在某些缺陷。

例如，车身某处有划痕，某个灯破碎，轮罩缺一个等，这些缺陷应在维修单上注明，避免出现不必要的纠纷。

8）向客户解释可能的维修范围，若客户不明白或想进一步了解，可通过易于理解的实例来形象地解释一些技术细节。

9）告诉客户所进行的维修工作的必要性和对车辆的好处。

10）在确定维修范围之后，告诉客户可能花费的工时费及材料费。如果客户对费用感到吃惊或不满，应对此表示理解，并为其仔细分析所要进行的每一项工作，千万不要不理睬或讽刺挖苦。接待时对客户的解释，会换来客户的理解，如果事后客户要比预想的情况多付钱，肯定会产生不满情绪。

在有些情况下，如果只有在拆下零件或总成后才能准确地确定故障和与此相关的费用，报价时就应当特别谨慎。

在这种情况下，在费用预算上必须明确地用诸如以下的措辞来保护自己："以上是大修发动机的费用，维修离合器的费用核算不包括在本费用预算中，只能在发动机拆下后才能确定。"

11）分析维修项目，告诉客户可能出现的几种情况，并表示在进行处理之前会事先征得他的同意。

例如，客户要求更换活塞环，业务接待员应提醒客户，更换时可能会发生气缸磨损。拆下缸盖后应将检查结果告诉客户，并征求其意见。

12）业务接待员要写出或打印出维修单，经与客户沟通确认能满足其要求后，请客户在维修单上签名确认。

13）提醒客户将车上的贵重物品拿走。

14）最后请客户到客户休息区休息或与客户道别，并向客户说一声"谢谢""再见"。

案例

W先生是一家外资企业的高级经理，他买了一辆帕萨特B5轿车。有一天，车的左前门不小心被划伤了，他开到一家修理厂进行维修。业务接待员热情地接待了他，详细记录了车的损伤情况，并且绕车仔细检查了其他部位，发现右前翼子板有道划痕。征求W先生的意见：是否一起修理一下。W先生感到很惊奇，由于忙于工作，还没有注意到。他问业务接待员需要多少钱？业务接待员告诉他需要100元，W先生愉快地接受了。优良的接待既让用户感到满意，又增加了收入。

三、维修

1. 维修的重要性

维修作业是维修企业的核心环节，维修企业的经营业绩和车辆维修质量主要由此环节产生，因此做好维修工作十分重要。

2. 维修工作流程

维修工作流程如图 4-3 所示。

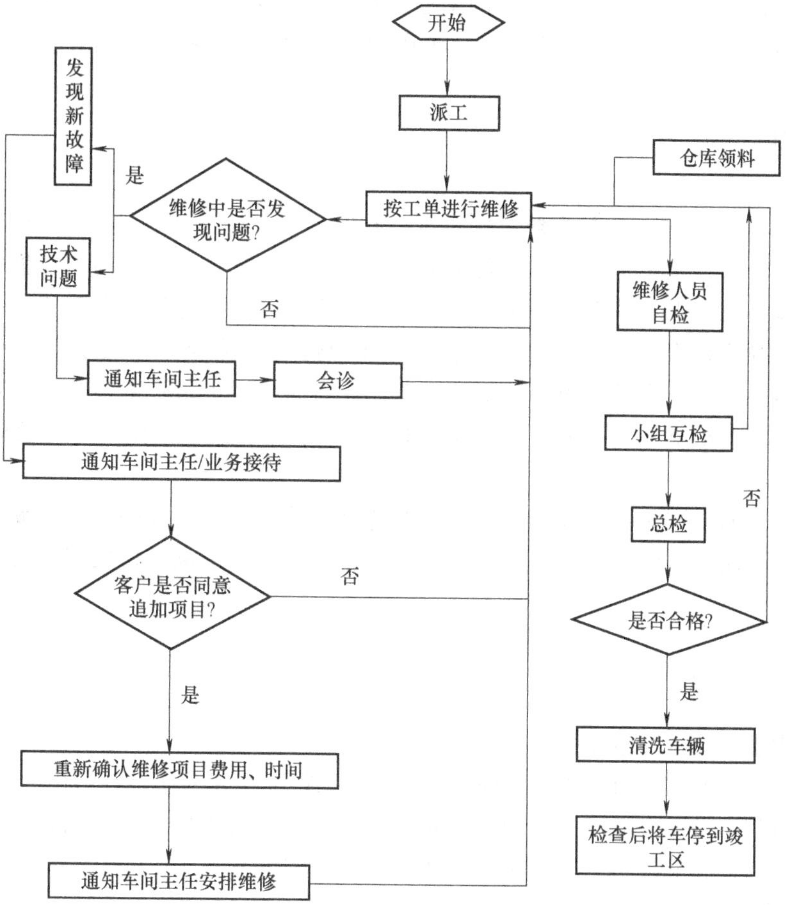

图 4-3　维修质检工作流程

3. 维修服务规范

1）维修人员要保持良好的职业形象，穿着统一的工作服和安全鞋。

2）作业时要使用座椅套、脚垫、翼子板保护被、转向盘套、变速杆套等必要的保护装置。

3）不可在客户车内吸烟、听音响、使用电话等与维修无关的工作。

4）作业时车辆要整齐摆放在车间。

5）时刻保持地面、工具柜、工作台、工具等整齐清洁。

6）作业时工具、油水、拆卸的部件及领用的新件不能摆放在地面上。

7）正确使用专用工具和专用仪器，不能野蛮作业。

8）在维修、保养过程中，发现新故障时，维修人员要及时报告车间主任，通知客户，并由客户签名确认。

9）维修人员要保证在预期的时间内完成，如果认为可以提前或延迟完工要报告车间主任，以便车间主任通知业务接待员与客户联系。

10）作业完毕后将车内的旧件、工具、垃圾等收拾干净。

11）将更换下来的旧件放在规定位置，以便客户带走。

12）将座椅、转向盘、后视镜等调至原来位置。如果拆卸过蓄电池电缆，收音机、电子钟等的存储就已被抹掉，应重新恢复。工作时一定要注意这些工作细节。

案例

某修理厂接收了一辆雷克萨斯400轿车，该车蓄电池亏电。业务接待开好维修作业单后，客户就离开了。维修人员将车开到工位进行检查，发现是发电机调节器损坏，打电话与客户联系，客户同意更换。车一会儿修好了。当客户来提车的时候，向厂长反映车的音响不好用了。经检查这辆车带音响防盗系统，从现在的情况看是音响锁死了。询问客户音响密码，客户说不知道该车密码，但知道音响以前是好用的。厂里的人不知怎么解开密码，于是聘请了一位专家，给解开了密码，并付了1000元劳务费。由于耽误了客户的时间，客户很不满意。

总结这件事的教训是：业务接待员在断开蓄电池前，应检查音响是否已被锁死，若已锁死，应向客户反映；若没锁死，应询问客户音响密码；在无密码的情况下，则不应断开蓄电池电缆。

四、质量检验

1. 维修质量检验的重要性

只有稳定的维修质量才能使客户满意，并保障维修业务健康、持续、稳定的发展。因此，在维修过程中及维修结束后认真对质量进行监督不仅可以保证客户满意率，更重要的是可以避免客户的抱怨和投诉，减少返工，为企业节省时间和金钱。

2. 质量检验服务流程

质量检验服务流程如图4-3所示。

3. 质量检验实施规范

1）维修质量实行自检、互检和专检相结合的质量检验制度。维修人员负责对维修质量的自检，各作业班组负责本班组维修质量的互检，专职质量检验员全面负责竣工车辆的质量把关工作，维修工作结束后专职质量检验员要对车辆性能进行终检。

2）检查维修单的所有维修项目应均已完成，且100%达到质量要求。

3）汽车维修完毕后，自检、互检和竣工检验质量检验员应在维修单上签字确认。

4）检验不合格的维修汽车，应及时通知车间返工/返修，并填写“返工/返修记录单”。

5）质量检验应贯穿于维修的全过程，零部件在发放前应进行检验，若发现不合格品，坚决不能发放。维修人员在维修过程中如果发现不合格配件，要及时向车间主任报告，在确认不合格后，退回配件库。退回配件库的配件要做好标识、记录。

案例

S 先生是一位非常急躁的人，这天他的三菱帕杰罗越野车的发动机“开锅”了，经检查是发动机气缸垫冲坏了。S 先生 13 时还要到 200km 外的地方谈一笔大生意，因此他希望在这之前将车修好。现在是 9 时，更换气缸垫的时间是绰绰有余的，我们答应了 S 先生的要求。S 先生办其他事去了，我们马上抓紧时间干起来，一切顺利，11 时 20 分气缸垫更换完毕。试车感觉冷却液温度表指示比正常值高一点，但没有开锅。我们经过紧张的检查，分析是散热器有小部分堵塞，这种情况若控制好车速，发动机可能不会开锅，但万一开锅呢？这时 12 时已过，S 先生来提车，我们告诉他气缸垫更换好了，但冷却液温度表指示比正常值高一点，检查是散热器有小部分堵塞，拆装清洗散热器至少需要 2h。S 先生一听就急了：“你们怎么答应的，耽误我的大生意谁负责？不行，我先开车走，回来再修。”我们耐心做着说服工作，告诉他这样行驶的危害。S 先生终于同意了，并联系了另外一辆车去谈生意。第二天，我们将一辆完好的车辆交给了 S 先生，并再次向他表示歉意。S 先生的一句“带故障车是不能上路的”，也算对我们坚持这一原则的肯定。

五、交车

1. 交车的重要性

1）进一步提高客户满意度。

2）体现物超所值的服务。

2. 交车工作流程

交车工作流程如图 4-4 所示。

3. 实施规范

1）确保车辆内外清洁，检查维修过的地方无损坏或油污。

注意：交付客户一辆洁净的车辆非常重要，尤其是一些小细节如烟灰盒里的烟灰必须倒掉，时钟要调正确，座椅位置调正确，汽车外观的保养占用的时间虽然很少，但是却事半功倍。

客户可以由此明显地感到你对他的汽车进行了处理，第一眼印象往往是最重要的，使人念念不忘。因此记住：正是那些并非为客户所期待的“额外的举手之劳”，反而常常会在很大程度上增加客户的满意度。

2）检查交车时间、费用、实际维修项目是否与维修单上的项目相符。

3）确认工作单上的项目已完成。

4）业务接待员审验完维修单后，将维修单送交收款员处核算。

5）收款员检查料单和其他凭证（如外部维修加工单等）是否齐全，检查出库的材料是否与订单要求的维修范围一致。

6）在客户取车的时候，原来接车的业务接待员应尽可能亲自领客户看一下维修完毕的车辆，尽可能地使客户每次取车的经历都变成一次积极的体验，要使客户感觉到他的汽车现在又完全正常了，并使他确信选择这家维修厂进行车辆维修的决定是正确的，并尽可能说明免费为客户进行的项目。

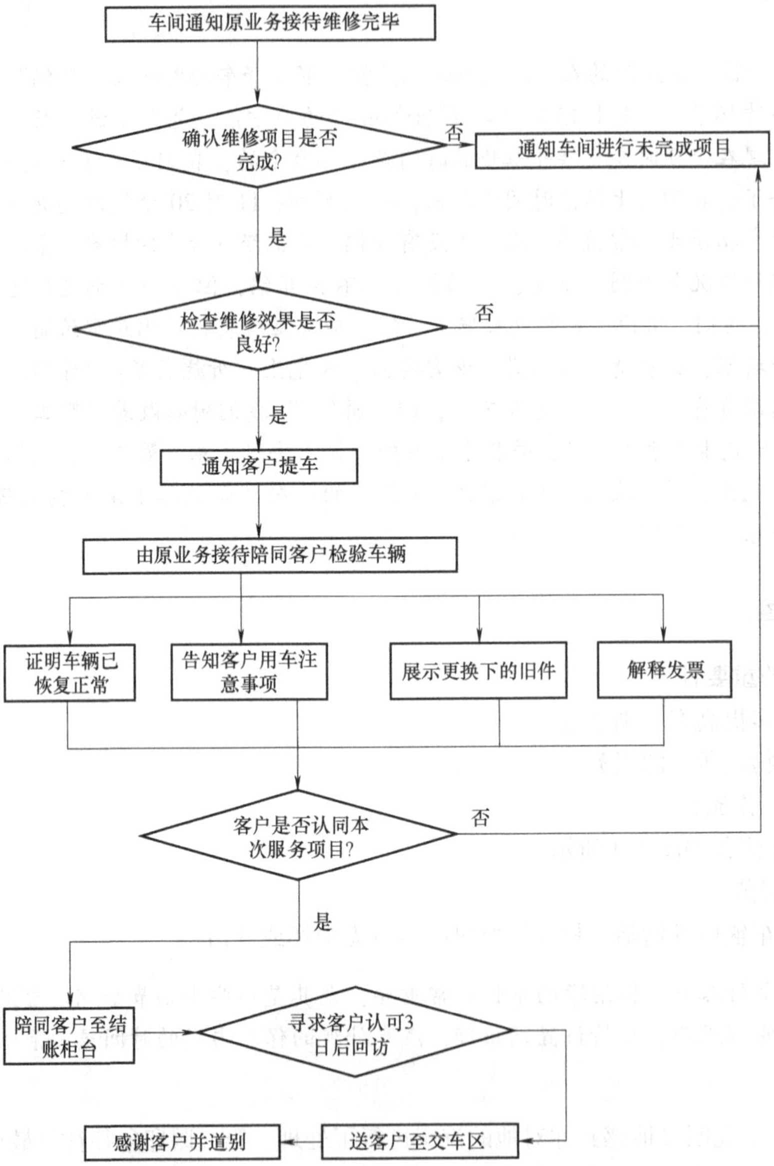

图4-4　交车工作流程

例如：

“驻车制动器操纵杆行程太大了，可能会导致驻车制动器失效，我们已给您调整好了。”

“空调的排水管堵塞了，我们已疏通好了。若不疏通，再有一两天水就该流入驾驶室地板了。”

另外，也可当面展示给客户的一点额外关怀。

例如：

给“吱吱”作响的车门铰链加油润滑。

调整玻璃清洗液喷嘴角度。

7）向客户逐项解释发票内容，以便让客户了解哪些维修是必要的。此时带上损坏的零件来帮助进行说明，这样做总能对客户的信任产生积极影响，几乎没有比借助损坏的零件来解释更换配件的必要性这一方式更好的办法了。这样也可以避免客户认为您提供的服务过于昂贵。

8）提醒客户维修过程中发现但未排除的故障。如果可能，还要给出报价。如果发现的故障涉及安全性缺陷，则应极力向客户解释未排除故障的危害。

例如：

“您爱车的制动摩擦片只剩下4mm，只能行驶6000～7000km，一定记住及时更换，否则制动效果会降低，还会造成制动盘的磨损。”

“您爱车的防冻液浓度可在－10℃的环境中使用，若到较冷的地方，建议更换。”

“您爱车的发动机曲轴前油封漏油严重，建议更换，否则缺少机油，会造成发动机损伤。”

“您爱车的轮胎已超过了使用极限，在冰雪雨雾天气或在山路行驶易打滑，应特别注意，建议尽快更换。”

9）向客户提示当前的服务项目、新推出的项目和下次保养日期，一定会被很多客户欣赏和接受，这是超值服务的一个体现。

10）向客户提出关怀性的建议。

例如：

“您行李箱内装了两箱矿泉水，额外的重量会使燃油消耗增加，若减少这些重量，估计100km油耗会减少1L。”

“轮胎气压不足会增加燃油消耗，因此您应经常检查胎压。”

“清洗液喷嘴被车蜡堵住了，清洗液喷不出来，我们已将车蜡清除了，以后打蜡时要多注意。”

只有业务接待员亲自将车辆交给客户，良好的服务才算画上了圆满的句号。同时，这也会再次向客户明确本维修企业的维修服务能力。

六、跟踪

1. 跟踪服务的好处

1）表达对客户惠顾的感谢，促进客户信任度。

2）确保客户对维修的满意程度，对不满意的地方要采取措施解决问题，以使客户满意。

3）将跟踪结果反馈给业务接待员、维修经理、车间主任等，找出改进工作的措施，以利今后工作。

2. 跟踪服务流程

跟踪服务流程如图4-5所示。

3. 服务规范

1）跟踪可通过电话或信件进行，一般通过电话进行。通过电话回访询问客户对维修工作的满意程度时，应在客户取车之后1～3天内进行。电话回访这种形式是一种行之有效的跟踪服务手段。

2）及时将跟踪结果向维修经理汇报，之后维修经理可与客户联系，属服务质量问题的要将车开回进行维修，属服务态度问题的要向客户表示歉意，直至客户满意，这样从预约开始到跟踪结束，就形成了一个闭环。

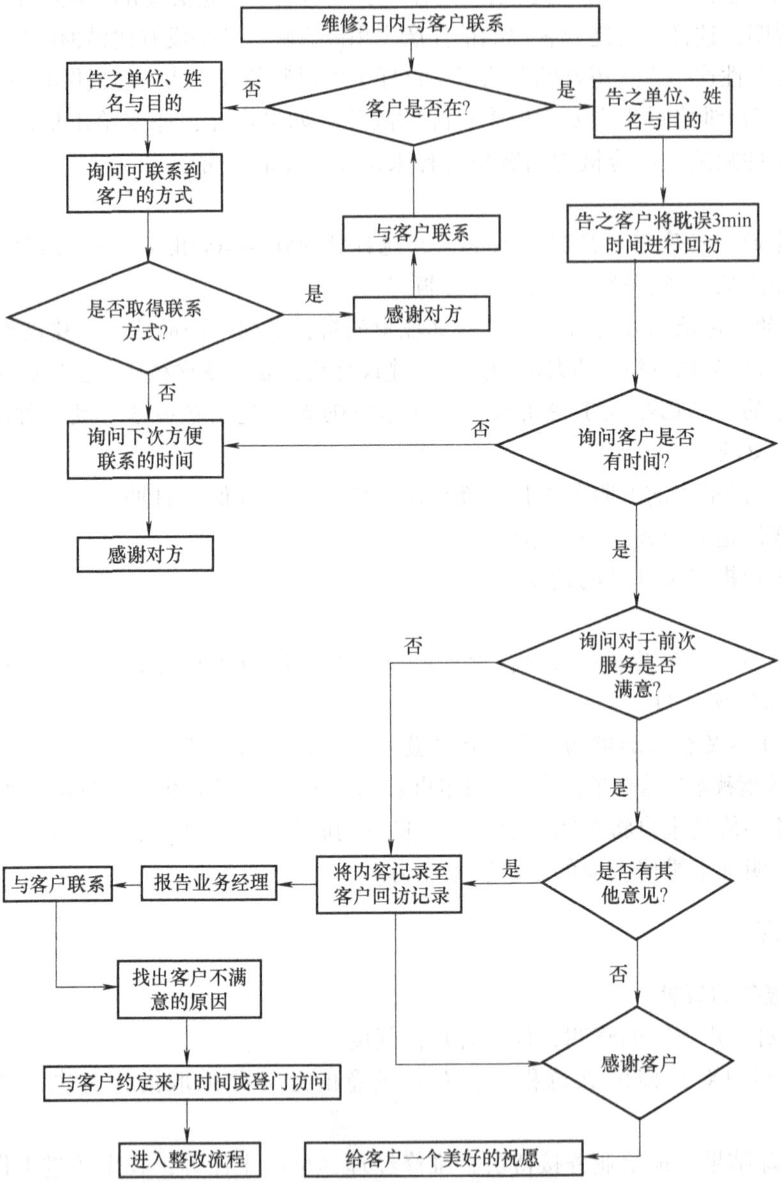

图 4-5　跟踪服务流程

案例

电话跟踪示例

1）简明的自我介绍。介绍要言简意赅，可这样提问：“××先生/女士，您好！我是××修理厂的××。”

2）说明打电话原因。“我打电话是了解您的车最近在我修理厂维修的情况。”

3）提出问题。维修服务是否满意，服务及维修人员态度如何，维修质量如何，对我们企业整体印象如何等。

4）记录客户不满意的原因。将不满意的原因记下来，并告诉客户："我会将您的意见转告我们经理。"

5）结束谈话。"谢谢您，耽误这么长时间接受我的访问，期待您一如既往地支持我们！"

思考题

1. 电话服务规范包括哪些内容？
2. 服务流程包括哪些内容？
3. 预约的好处有哪些？
4. 接待时应做到哪些事项？
5. 跟踪服务的好处是什么？
6. 叙述一下接待、维修、质检、交车和跟踪的服务流程。

第五章 客户满意和客户关系的经营与管理

第一节 客户价值新思考

什么是客户的终身价值？

一个喜欢开凯迪拉克的汽车消费者一生会为此车花掉33.2万美元。

一个喜欢吃比萨饼的人一生中要吃掉7万元人民币。

一个喜欢到沃尔玛购物的家庭主妇一年对沃尔玛的贡献是3800美元。

这就是客户的终身价值。

一、客户价值

客户价值是企业价值实现的前提和基础，客户价值最大化是企业利润的来源。如果没有良好的客户服务就不能实现客户价值最大化。相应地，没有客户价值最大化就没有利润的来源。而没有了利润，企业就没有了存在的基础。因此，企业经营的根本是通过客户服务为客户创造价值。

1. 客户价值的含义

客户价值是指客户购买某一种产品与服务所期望获得的所有利益。客户总成本是指客户为获得某一产品所花费的时间、精力以及支付的货币等。

从营销学的意义上说，客户价值是客户在获得、拥有和使用的总体成本最低情况下对其需求的满意与满足。现在人们通常所说的“客户价值”已不仅仅包括上述价值构成因素了，它已扩展为核心产品的附加内容，如服务、客户培训与指导、付款政策等以及企业所提供的与出售产品或提供服务相关的培训、质量、信誉、可靠性、响应性等经济性和非经济性因素。

客户价值包括四种含义。

1）价值就是低廉的价格，一些客户将价值等同于低廉的价格，表明其价值感知中所要付出的货币是最为重要的。

2）价值就是自己在产品或服务中所需要的东西。

例如，客户如果要更换轮胎，那么他关心的主要就是安全性和可靠性，而金钱则其次。

3）价值就是自己的付出所能获得的质量。

例如，客户的发动机进行了大修，就希望发动机的动力性、燃油经济性和使用寿命恢复到或接近新车水平。

4）价值就是自己的全部付出所能得到的全部回报，因此，客户价值也可以说是客户基于其所获得和付出而对产品或服务效用的总体评价。

客户的发动机进行了大修，动力性、燃油经济性必须恢复到或接近新车，客户还需要业务接待员有良好的服务态度，车辆维修要及时，对质量的承诺、维修后的跟踪服务甚至赠送的小礼品等都是客户能得到的。

对客户来说，客户价值就是企业所提供的使其满意的价值。由于在购买商品时，客户总希望把有关成本降到最大限度，而同时又希望从中获得最多的利益，以使自己的需要得到最大限度的满足。因此，他们往往会将价值与成本两个方面进行比较分析，并选择对自己来说价值最大的产品或服务。

2. 客户价值是一种相对价值

客户价值是一种相对价值。对于某一产品的期望价值不仅仅在不同客户间会不同，而且同一客户在不同时间期望价值也会不同。

1）客户价值的大小是客户购买该商品和服务时将付出的成本与得到的价值进行比较，如果付出的成本越小，得到的价值越大，客户就会越满意。否则，就会认为商家有欺骗嫌疑。

2）客户在得到这种商品和服务时，他们还会将这种商品和服务与其他商家提供的商品和服务进行比较，如果他们认为自己得到的商品和服务比别人的好，他们就会感到满意；否则，就会认为“不值得”，甚至觉得自己“上当受骗”了。

3）在商品技术品质相同的情况下，客户会更关注产品的附加值和服务质量高的产品。

4）从商家的角度来看，商家也会根据其收益指标来权衡客户价值。一般来说，客户的价值就是商家的成本构成因素，客户的成本就是商家的价值构成因素。因此，商家在评估客户价值时，既会考虑产品和服务本身的成本与价值因素，还会考虑到商家与客户之间的平衡因素。

总之，为客户创造的实物价值和服务效用的价值一定要超过成本。

二、客户价值的构成

客户价值是客户购买商品和服务的成本与价值的比较，客户价值的大小由客户总价值与客户总成本两个因素决定。

1. 客户总价值构成

（1）产品价值　产品价值由产品的功能、特性、技术含量、品质、品牌与样式等组成。产品价值始终是构成客户价值的第一要素，如果客户不需要你的产品，笑容再灿烂也无济于事；如果客户不需要你的产品，你连为他们服务的机会都没有。总而言之，产品是客户给予你的服务机会和通行证。

（2）服务价值　服务价值是指企业伴随实体产品的出售或者单独地向客户提供的各种服务所体现的价值。服务价值是与产品相关但又可独立评价的附加价值，评价它的标准只有一个，即是否满意。客户的评价不是“满意”就是“不满意”，因此，服务比产品更应“投其所好”。

(3) 人员价值　对于客户来说，人员价值主要表现为语言、行为、服饰、服务态度、专业知识和服务支持等。在服务终端，一线员工的价值就是要让客户满意，因此，企业更应该聘请那些客户喜欢的员工。

(4) 形象价值　以品牌为基础的形象价值是客户价值日益重要的驱动因素。对客户来说，品牌可以帮助客户解释、加工、整理和储存有关产品或服务的识别信息，使其简化购买决策；良好的品牌形象有助于降低客户的购买风险，使其增强购买信心；个性鲜明的品牌可以使客户获得超出产品功能之外的社会和心理利益，从而影响客户的选择和偏好。对服务业来说，企业品牌形象远比包装产品的品牌形象更有影响，强势品牌可以帮助客户对无形服务产品做出有形化理解，从而增进客户对无形购买的信任感，取消客户购买前难以估测的金钱、社会和安全的感知风险，甚至让客户认为，感知的价值就是企业品牌本身。

2. 客户总成本构成

(1) 货币成本　一般情况下，客户首先会考虑货币成本的大小，因为货币成本是可以精确计算的。在货币成本相同或差别不大的情况下，客户还会考虑购买时所花费的时间、精力等因素。

(2) 时间成本　时间成本越低，客户购买的总成本就越小，客户价值也就越大。如客户在业务接待处常常需要等候一段时间，特别是在营业高峰期更是如此。因此在服务质量相同的情况下，客户购买该项服务的时间越长，所花费的时间就越大，购买的总成本也就会增加。同时，等候时间越长，越容易引起客户对企业的不满，从而使其中途放弃购买的可能性增大。

(3) 精力成本　精力成本是指客户在购买产品及服务时，在精神、体力等方面的耗费与支出。企业若能为客户提供良好的服务，如上门送车、备用车等，就会减少客户为此消耗的精神和体力。

良好的服务应当最大限度地降低客户时间成本和精力成本，这是任何企业都不能回避的。企业为客户考虑得越仔细，客户的时间成本和精力成本就越低，因此从企业的角度讲，客户的时间成本和精力成本与企业的服务质量应当成反比。

三、客户的终身价值

一个喜欢开凯迪拉克的汽车消费者一生会为此车花掉33.2万美元，而他花在维修保养上的费用可能为10万美元，这10万美元对汽车维修企业来说就是客户的终身价值，也就是说，客户为汽车维修保养所花费的所有金钱就是客户的终身价值。

如果你失去一个客户那可不得了，这也就意味着你失去了一个客户的终身价值。若以后你再想把他拉回来，那成本就太高了。

维修服务的最高境界是现实客户向满意客户转变，满意客户向忠实客户转变，忠实客户向终身客户转变。

那么，怎样才能具有客户的终身价值呢？客户经由高价值服务而得到了满意，你才能真正掌握这个客户，才能得到这个客户的忠诚，你不是在用价格而是用服务把客户的终身价值创造出来，并传达给客户真正的满足，这才是绩效真正的表现。也就是说，在竞争的环境下，要做到让你的客户因为喜欢你的服务而忠诚，不是让竞争来驱动，而是让客户自己来驱动，由客户来影响你。因此为了实现客户的终身价值一定要让客户满意，其实这样做，从成本与收益上来讲，是一本万利的。

第一，可以降低客户对价格的敏感度，感动消费不至于因为价格的高低而转移。

第二，降低自身的行销成本，可以收到事半功倍的效果。

第三，降低员工的流动率，增加其成就感和满足感。

第四，降低竞争的行销成本。

第五，也是最重要的一点，就是这样做会提高整个企业的信誉和企业的社会地位。

案例

案例1：恒邦丰田4S店为丰田车主推出了十年“无忧保”计划，一次性购买“无忧保”保养套餐，即可在10年内享受40次基础保养（机油、机滤免费，工时费及其他项目正常收费）。

案例2：一汽丰田2016年“秋季服务节”于9月15日至9月30日期间在全国范围内火热开展。秋季服务节以“享受无忧旅程”为主题，提出“为保证出行无忧，给爱车做个保养必不可少”。9月15日起，手机打开天猫APP，搜索“一汽丰田官方旗舰店”，进入活动页面即可以参与低价抢“定保通”抵扣券的优惠活动。“定保通”是一汽丰田为用户提供的一种打包的多次定期保养服务项目，可享受较低养护价格及各种免费增值服务。

第二节 客户满意与客户关怀

“客户不是一切，但没有客户一切都是空谈！”

一、客户满意分析

ISO 9000：2000《质量管理体系——基础和术语》中对客户满意的定义：客户满意是客户对其要求已被满足的程度的感受。

注1：客户抱怨是一种满足程度低的最常见的表达方式，但没有抱怨并不一定就表明客户很满意。

注2：即使规定的要求符合客户的愿望并使其得到满足，也不能确保客户很满意。

著名学者诺曼（Earl Naumann）引用赫兹伯格的理论来解释客户内心的期望。他将影响客户内心期望的因素分为保健因子和满意因子。

（1）保健因子　做到保健因子，只能降低客户不满，不能提升客户的满意。在汽车维修中，保健因子如下。

1）将车辆的故障排除。

2）在预定交车的时间内交车。

3）正确地判断故障。

4）维修质量。

（2）满意因子　代表着客户内心所期望能获得产品或服务的情境，在汽车维修中，满意因子如下。

1）被理解。

2）感到受欢迎。

3）感到自己很重要。

4）感到舒适。

调查表明，大多数客户在送修之前几乎总是看到维修企业的缺点，例如，工时费用高、配件费用高、送车和取车费时以及修车时无车可开等。所有这一切原则上都是客户满意度的负面条件。因此，我们维修服务的目的就是要增加满意因子，赢得客户的信任，让客户满意。

案例

一汽丰田服务节。季节和温差的变化，使汽车使用环境也会相应地发生很多的变化，一汽丰田每逢换季时节便会举办服务节活动，不但有助于汽车保持良好的性能，更有利于维护车辆的整体品质和长远使用价值。每年一汽丰田共举行了夏季、秋季、冬季3次服务节，免费为客户进行全车检查，在换季及长假来临时，为客户提供全车免费检查，增加了客户出行的安全感。

二、客户满意因素

学术上有一个理论，客户满意等于QVS（图5-1）。Q代表品质（Quality）；V代表价值（Value）；S代表服务（Service），所以全球的企业家都告诉我们客户满意是品质、价值、服务三个因素的函数。可以这样表示：

$$CS = f\,(Q,\ V,\ S)$$

式中：CS——客户满意；Q——品质；V——价值；S——服务。

企业竞争优势要在品质、价值、服务上体现。

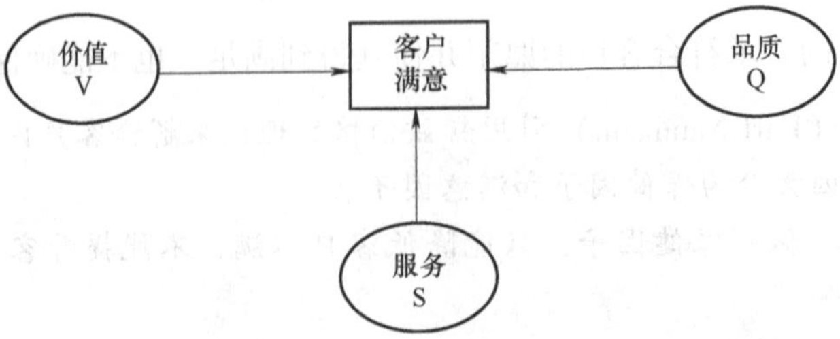

图5-1　客户满意因素

1. 品质

品质包括以下因素（图 5-2）。

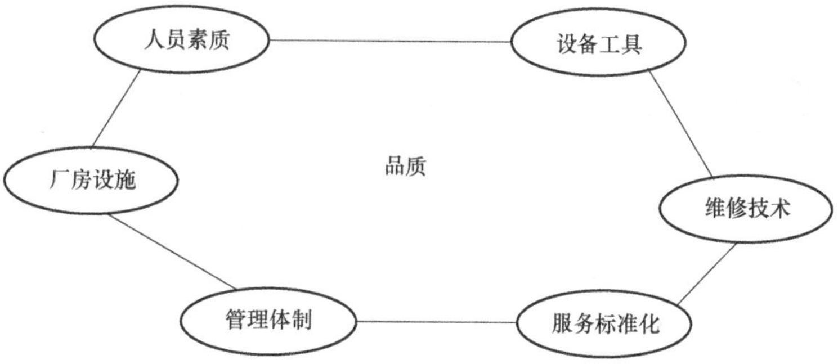

图 5-2　品质因素

（1）人员素质　包括基本素质、职业道德、工作经验、教育背景、观念、态度、技能等。

（2）设备工具　包括完不完善、会不会用、愿不愿用。

（3）维修技术　包括一次修复合格率、质量、疑难故障的排除能力。

（4）服务标准化　包括接待、维修、交车、跟踪。

（5）管理体制　质量检验、进度掌控、监督机制。

（6）厂房设施　是否顺畅、安全、高效。

2. 价值

价值包括以下因素（图 5-3）。

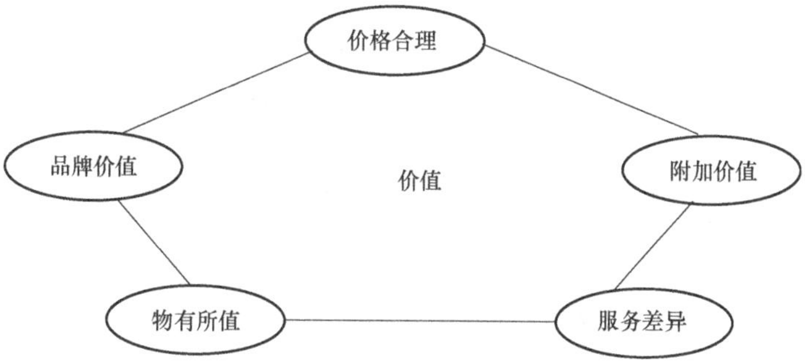

图 5-3　价值因素

（1）价格合理　包括工时费、配件价格合理。

（2）品牌价值　包括知名度、忠诚度。

（3）物有所值　包括方便、舒适、安全、干净。

（4）服务差异　服务品质与其他企业的差别。

（5）附加价值　包括免费检测、赠送小礼品。

3. 服务

服务包括信任要素和便利性等要素。

（1）信任要素（图 5-4）

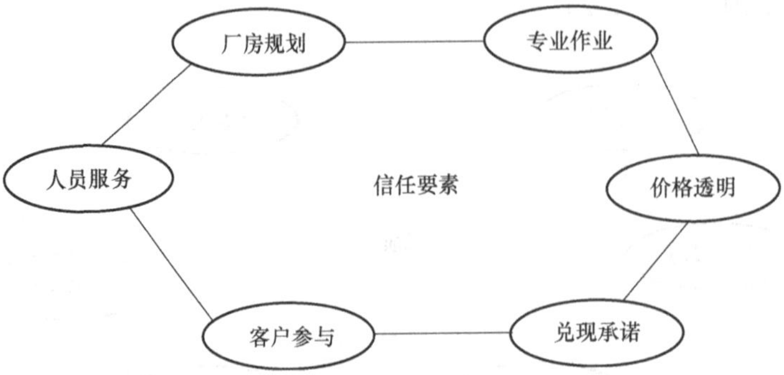

图 5-4　信任要素

1）厂房规划：CI 形象、区域划分、指示牌。

2）专业作业：标准程序、看板管理、专业人员负责、5S 管理、专业分工。

3）价格透明：常用零件价格、收费标准。

4）兑现承诺：交车时间、维修时间、配件发货、解决问题。

5）客户参与：寻求客户认同，需求分析，报告维修进度，告知追加项目，交车过程，车主讲座。

6）人员服务：语言专业，热忱、亲切。

（2）便利性　便利性（图 5-5）主要考虑地点、时间、付款等要素。

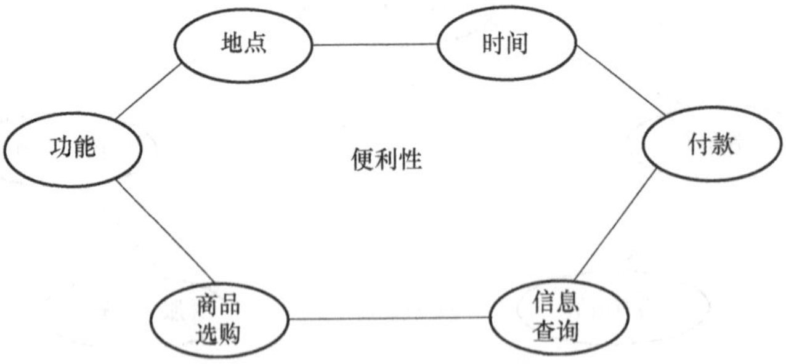

图 5-5　便利性

1）地点：与客户居住地的距离、客户进厂的路线、天然阻隔、接送车服务、指示牌。

2）时间：营业时间、假日值班、24 小时救援、等待时间。

3）付款：付款方式、有人指引或陪同、结账时间、单据的整理。

4）信息查询：维修记录、费用、车辆信息、配件、工时费。

5）商品选购：百货等的选购。

6）功能：保险、四位一体、紧急救援、车辆年审、汽车俱乐部、接送车服务。

案例

某维修企业发现，在到厂维修的客户中不少都带着小孩，由于厂区内没有可以玩耍的地方，小孩待一会儿就又哭又闹，嚷着要离开，弄得大人心情不好。针对这种情况，这家企业在客户休息室内专设了儿童游乐区，设置滑梯、积木、蹦蹦床等娱乐用品。这一招还真灵，来厂维修的车主可以很安心地等待，再也不会因为孩子着急离开而心烦意乱了。而且，一些车主听说此事，很愿意带孩子来玩，这样既修了车，又让孩子有了玩的地方。

三、客户关怀的基本原则

1）客户满意第一。

2）关怀要出自于内心。

3）把客户当成自己，换位思考。

4）主动式的关怀，在客户困难时伸出援助之手。

5）帮助客户降低服务成本，赢得客户的信任。

6）勿表现出明显的商业行为。

7）在客户满意和公司利益之间寻找最佳平衡点。

案例

案例1：一天，一位来修车的客户告诉我们，A先生的一辆别克君威轿车前几天翻入沟内，A先生也受了轻伤。我们很想让这辆车来厂维修，但感觉若唐突访问，会让客户很反感，我们先让电话跟踪小姐以电话回访的方式与A先生联系。“先生，我是××厂的信息员，冒昧打扰，请问您的车最近行驶的好吗?”A先生无奈地说他的车发生事故了，电话跟踪小姐马上表示慰问。接下来，我们厂的业务经理买了一束鲜花亲自登门看望A先生，对他表示慰问，A先生很是感激，与我们谈起了事故经过，谈起他的车辆情况。我们抓紧时机与他谈起车辆的维修来，谈如何能保证恢复车辆原有状况，A先生对此很感兴趣，我们不失时机建议将车辆放到我厂维修，并谈了我们的承诺，A先生欣然同意，我们成功地承揽了一笔大生意。

案例2：B先生的桑塔纳轿车已行驶了16万km，烧机油严重，B先生想将发动机大修一下，到我厂咨询所需费用。听了B先生的介绍，我们给B先生做了一下测算，要解决烧机油问题有三种可能的方案：更换气门油封；更换气门油封和活塞环；镗缸、更换活塞、活塞环、气门油封。就桑塔纳轿车行驶16万km来看，采用前两个方案即可解决问题，费用在800~2000元。而B先生提出的发动机大修费用就高了，为4000~6000元。听了我们的分析，B先生很高兴，当即决定将车放在我厂维修。我们拆下缸盖，更换了气门油封和活塞环，该车就不烧机油了。通过这件事，B先生与我们建立了深厚的感情，从此他成为我们的忠实客户。

四、客户关怀的实施要点

1. 新车提醒

若客户购买新车，应做到以下几点。

1）新车交车的三周至四周内，使用信函或电话询问新车的使用情况。

2）主动告知服务站地点、营业时间、客户需要带的文件，并进行预约。

3）提醒首次保养的里程与日期。

2. 维修回访

1）维修时事前与客户讨论好回访的方式与时间。

2）维修后 3 日内进行回访。

3）对客户提出的意见要有反馈。

3. 关怀函、祝贺函

1）信函种类。客户生日送关怀函、节日送祝贺函。

2）内容着重于关怀，切勿出现明显的商业行为。

4. 久未回厂联系

1）久未回厂联系前应先了解客户前次的服务内容与客户是否对服务满意。

2）若客户有不满，应表示歉意，并征求客户意见，请客户来厂或登门访问。

5. 定期保养通知

1）距保养日前 2 周发出通知函或 1 周前电话通知。

2）主动进行预约。

3）主动告知保养内容与时间。

6. 季节性关怀活动

1）主动告知客户季节用车注意事项。

2）提醒客户免费检测内容。

7. 车主交流会

1）交流会内容可包括正确用车方式、服务流程讲解、简易维修处理程序、紧急事故处理等。

2）人数 10 ~ 15 人为宜，时间一般不要超过 2h。

3）请客户代表发言。

4）赠送小礼品。

5）进行客户满意度调研。

8. 信息提供

提供的信息应是与客户利益相关的，包括：

1）客户从事产业的相关信息。

2）新的汽车或道路法规。

3）路况信息。

4）客户兴趣的相关信息。

案例

案例1：上海通用“Buick Care 别克关怀”活动

2002年11月15日，“Buick Care 别克关怀”正式亮相，别克宣称这是中国汽车的第一个售后服务品牌。除了寓意深刻的视觉标识，“别克关怀”最受人瞩目的是其全新的“关怀式售后理念”，及在此基础上推出的6项标准化“关心服务”。“别克关怀”的推出，突破了售后服务在形象上从属于销售的现状，更将汽车售后服务从传统的被动式维修服务带进主动关怀的新时代，同时这也将加强别克品牌的市场竞争力。“别克关怀”以“比你更关心你”为核心，强调售后服务的主动性，要求售后服务人员比你更关心你的车，主动担当你的义务汽车保养顾问，并重视你在体验整个服务过程中的心理感受。

“别克关怀”的具体内容是指上海通用汽车推出的6项标准化“关心服务”，包括：

1）主动提醒问候服务，主动关心。

2）一对一顾问式服务，贴身关心。

3）快速保养通道服务，效率关心。

4）配件价格、工时透明管理，诚信关心。

5）专业技术维修认证服务，专业关心。

6）2年或4万km质量担保，品质关心。

从点点滴滴的日常服务到全车免费检测活动，上海通用踏踏实实地对你的爱车倾注无微不至的关怀，让你的车健康，让你行车更放心！“别克关怀”不但是中国第一个售后服务品牌，还致力于打造中国第一的售后服务品牌。

案例2：一汽轿车马自达6“全心管家式”服务

2003年7月15日，一汽轿车马自达6以倡导“全心管家式”服务为主题的服务工程在其全国各销售服务店正式全面启动。这项服务工程根据用户的不同需求，制定了多项标准服务，想用户所想，做用户之所需，准确、生动地传达一汽轿车“全心管家式”服务定位，即“以用户为本，努力将一次性买主变为一个终生用户”。开展多元化、个性化、人性化的服务，做到用户购买和使用一汽轿车产品没有后顾之忧。其实，一汽从两年前便开始植入新理念。2002年他们在行业中率先擎起了品牌营销大旗，2001年在市场竞争日趋白热化的情况下构建“面向21世纪新型客户关系体系”，在营销战略不断提升的实践中，探索着与国际趋势的对接。2003年，一汽全面与国际接轨，提出“以用户为中心，全力支持经销商做强”的营销理念。这一营销理念及其标准的确立，推动着由“市场营销”向“关系营销”“主动服务”向“感动服务”、“企业效益第一”向“用户价值第一”的转变！

案例3：沈阳华晨中华“一、二、三、五、六”的服务模式

华晨中华服务体系的核心是“一、二、三、五、六”的服务模式。

一个理念：消除客户烦恼，塑造中华形象。

两个使命：把每一次修理变成塑造品牌信任的机会；把每一个轿车出现故障的客户，变成捍卫中华品牌和民族自主品牌的卫士。

三个控制：服务态度好、服务品质优、服务效率高。

五个不漏：一个不漏地登记用户档案，记录用户反映的问题；一个不漏地处理用户反映的问题；一个不漏地复查处理结果；一个不漏地将处理的结果反映给设计、生产、经营部门；一个不漏地分析问题大面积爆发的可能性。

六种服务观念：用户有需求，服务无边界；凡用户想到的，我们一定做到；用户没有想到的，我们努力替他们做到；一票到底的流程，一站到位的服务；需求就是动员令，对用户的需求，要第一时间做出反应、第一时间开始行动；服务始于规范，终于满意。

案例4：某地突降大雪，一维修厂给用户发了一条短信：尊敬的车主朋友，冰雪天气开车请慢行，不要突然加减速，不要急转弯，起步时要慢抬离合器踏板，缓踩加速踏板。有问题，请拨打服务热线××××××××。这条短信既体现了对用户的关心，又教给了用户正确的驾驶方法，在寒冷的冬天给用户送上了一丝暖意。

五、正确处理客户与企业的关系

在服务行业，以往人们习惯把客户称为“上帝”，而在汽车维修行业中，我们认为将客户当成朋友更为合适。由于汽车结构复杂、维修难度大及相关知识的多样性，客户也愿意与企业交朋友。因此，在维修服务中处理好企业（员工特别是业务接待）与客户的人际关系，不论在任何时候、任何地方都十分重要。处理人际关系要相互尊重，从而达到互相满意，这就是“双胜无败”原则。从客户与企业的关系来看，大致可出现四种状况。

第一种状况：客户的行为与员工的行为都正确。使客户得到最想得到与应该得到的利益，员工也得到最想得到与应该得到的利益，大家的需求都得到了满足，在人际关系的处理上大家都赢得了胜利。这是处理人际关系的最高境界与最好结局。作为企业，客户与员工能处成这种最高境界的人际关系，则客户就会成为“常客”“回头客”，员工也能满足其心理需求，企业能宾客盈门，获得良好的经济效益与社会效益。

第二种状况：客户的行为与员工的行为都不正确。客户没得到应有的利益，从此不但不再光临，而且造成很差的口碑效应，而员工的不正确行为将导致企业门庭冷落，最终被激烈的市场竞争无情地淘汰，员工与企业也将最终丧失自己应该获得的利益。这种“双败无胜”的结局是最差的境界，最坏的结局。客户与员工从内心来说都不希望出现并都努力想避免这种结局。

第三种状况：客户正确、员工不正确。从客户来分析，他们付了钱，要求获得优质服务是正确的、应该的，而且他的实际行为也符合客人的身份。但由于企业与员工一方的种种原因，导致客人获得利益受阻，造成心理失望。这种状况的原因有以下几点。

1）主观上的原因，员工表现在工作态度上对客人冷漠、消沉或者焦躁、粗暴；工作过程中懒散、马虎，敷衍塞责，得过且过；在言语上使用不文明、不文雅、过于随便的言语与不恰当的体态语；在服务技能上生疏、笨拙、毛手毛脚；在工作效率上动作缓慢、反应迟钝、等待时间长；在对客交际上，忽视文化差异、冒犯客人忌讳；在服务质量上标准太低等。

2）客观上的原因，如服务项目太少，为客户服务的设施老化、不完善，质量低劣，不能发挥正常的服务功能，或者客我交际过程中出现的一些误会等原因。服务有缺陷，客户肯定不满意。从功能上说，没解决实际问题，没把事情办好；从经济上说，没得到应要的享受，有“吃了亏”的感觉；从心理上说，没得到尊重。由于功能、经济、心理三方面原因，会引起失望，客户就会以种种形式表现出“逃避反应”行为或“攻击反应”行为。客户的“逃避反应”行为似乎是不采取任何公开行为，至多摇头叹气自认倒霉，这样，企业不知不晓，似乎很幸运，逃过了客人的投诉与索赔。实际上掩盖了企业管理与服务上的问题，失去了一次发现问题、改进产品质量的良机。客人选择“攻击反应”行为来排泄心中不满，这种“攻击反应”可以是非公开的行动，采取“暗中报复”手段。他们不仅会决定本人从此不再光临，而且还会在亲朋中宣传自己不愉快的经历，使企业的形象与声誉受损。这种行动也可以是公开行动，最常见的是投诉，填写意见书，或向大众媒体投诉。这种情况是企业最不愿看到的。

第四种状况：客户不正确、员工正确。员工既然是人对人服务，那么客户由于利益、认识差异等原因，客户与员工之间发生矛盾甚至冲突就在所难免，而在那些矛盾与冲突中，员工选择了极力满足客户的期望或正确劝导客户的无理要求。员工忍受委屈，全心投入的工作，可能会让客户满意，也可能让客户不满意。但员工的努力会将客户的不满意度降到最低点，企业可设立“委屈奖”，以安慰和鼓励员工。

综上所述，现代维修企业与客户之间应该争取“双胜无败”的最好结局，避免出现“双败无胜”的局面。

案例

我厂维修了一台金杯面包车的变速器，更换了二轴轴承，车辆出厂约两个月，接到车主救援电话，说变速器异响严重，已无法正常行驶。我们将车拖回厂，检查变速器只剩下一点齿轮油。将变速器解体，发现里面的轴承全都烧坏，还有两个变速齿轮和两个同步器也烧坏了，估计损失的配件约2000元。我们分析是由于变速器后油封损坏，将齿轮油几乎漏光，导致内部的部件烧坏。而车主说，车辆刚刚更换了二轴轴承，是因为二轴轴承质量不好，引起变速器高温，造成变速器损坏。双方各执一词，争执不下。车主是我们厂的一个大客户，共有五辆车在我厂维修，他威胁车辆再也不到我厂维修了，而且要找质量监督局和消费者协会，对这件事进行鉴定。为防止事态扩大，厂长亲自出面与车主商谈，厂长首先从技术角度分析了事故原因，然后说二轴轴承在这次事故中也损坏了，是否是二轴轴承质量不好，这是一个疑问，不过我们愿意为此次事故承担一定费用，我们负责变速器轴承的费用，因为这些部件缺油容易烧坏，而齿轮和同步器只在较长时间缺油的情况下才能造成损坏，驾驶人在驾驶过程中，应能听到因变速器缺油而产生的异响，但他没停车检查而使损失进一步扩大，这部分费用应由车主负担。车主对这种提议比较满意，他减少了自己的损失，对企业来讲，也挽留了一个大客户。可以说，经过这件事，我们双方达到了双赢的目的。

第三节 客户投诉及预防

客户满意三定律：

客户满意第一定律叫杠杆比24倍，就是当听到一个客户抱怨的背后代表有24个相同的抱怨声音。

客户满意第二定律叫扩散比12倍，一个不满意的客户对企业造成的损失需要12个满意的客户创造出的利润才能平衡。

第三个定律就是成本比6倍，就是吸引一个新客户的成本是维护老客户的6倍。

一、投诉分析

在汽车维修企业里无论工作多努力，客户投诉也总是会发生，所以企业要对投诉认真分析并迅速处理，避免产生负面影响。

1. 客户投诉的种类

（1）服务质量　服务客户时，服务态度不良或与客户沟通不够。

（2）维修技术　因维修技术欠佳，故障一次或多次未能修好。

（3）维修价格　客户认为维修价格与其期望相差太大。

（4）配件质量　由于配件质量差或没通知客户而使用了进口件或副厂件。进口件价格太高客户接受不了，用副厂件客户会认为你在欺骗他。

（5）维修不及时　在维修过程中，未能及时供应车辆所需配件或维修不熟练，或对维修工作量估计不足又没和客户沟通。

（6）产品质量　由于设计、制造或装配不良所产生的质量缺陷，与客户沟通不够。这种情况一般发生在特约维修服务的3S、4S店。

2. 投诉的方式

（1）一般投诉

1）面对面表示不满。这种客户会将不满直接发泄给接待他的人，如业务接待、结算员、生活接待等。

2）投诉至维修企业领导处。采用方式一般为电话投诉或直接投诉。

3）投诉厂家。这种情况一般发生在特约维修服务的3S、4S店，由于对服务网点的处理不满意，而投诉厂家。

（2）严重投诉或危机

1）向行业主管部门投诉。此种投诉一般为产品质量问题。

2）向消费者协会投诉。希望消费者协会能帮助他们解决问题。

3）通过电视、广播、报纸等新闻媒体曝光他们的问题。

4）由汽车俱乐部或车主俱乐部出面协商处理。

5）在互联网上发布信息。此目的一是希望引起社会人士的关注，给厂家施加压力；二是如不解决问题，希望此举能给厂家造成负面影响。

6）通过律师打官司。通过法律手段解决其投诉问题。

二、投诉处理的基本要求

1. 明确处理客户投诉的负责人

处理客户投诉的主要负责人一般是业务接待员、业务经理或服务经理，遇到严重投诉时，企业主要负责人应出面处理。除了上述负责人，企业的其他人员均有责任将客户抱怨反映给相关负责人，并由客户投诉的负责人处理客户抱怨。一般工作人员，如维修人员、配件保管、后勤人员等，不宜直接处理客户投诉。

最适合担任投诉处理的人员是与客户关系良好、思维敏锐的人员，所以，负责客户投诉的负责人日常就要与客户建立良好的关系。

2. 明确客户的需要

在处理客户投诉或抱怨之前，要再次明确客户进厂维修的需求。

1）实质需要又称为理性需求，具体包括产品质量、价格合理和按时交车。

2）精神需要又称为感性需求，具体包括感到受欢迎、舒适、被理解和感到自己很重要。

明确客户的需求可以帮助我们了解是哪些原因造成客户的不满，并学会主动引导客户心情。

3. 明确客户投诉的主因

1）不被尊重。客户感觉没有受到应有的尊重，或没有受到与其他人一样的尊重。

2）与期望相差太大。此种情况一是由于客户有过去的经验作比较，主要是价格上的，使其感到受到了不平等的待遇；二是由于与客户沟通不够，随意增加了维修项目且不和客户沟通等。

3）多次不满的积累。累计多次不满而产生抱怨，最终就会使客户投诉。

4）受骗的感觉。由于维修厂有意欺瞒而导致客户的不满。

4. 明确客户投诉的心理

1）求发泄。

2）求尊重。

3）求赔偿。

5. 注意仪容仪表

仪容仪表很影响客户心情，因此应引起我们的注意。

1）外表：穿着、精神面貌。

2）身体语言：眼神、脸部表情、肢体动作。

3）情绪上的表现：语音、语调。

6. 需要专业知识

处理客户投诉或抱怨时，一定要具备专业知识，否则处理问题时就会说一些外行话，可能将矛盾进一步激化。

三、处理投诉的原则

1. 基本原则

1）先处理心情，再处理事情。

2）不回避。

3）第一时间处理。

4）了解客户背景。

5）找出原因，界定控制范围。

6）必要时让上级参与，运用团队解决问题。

2. 谈判原则

1）寻求双方认可的服务范围。

2）不做过度的承诺。

3）争取双赢。

4）必要时，坚持原则。

四、处理投诉的技巧

1. 运用身体语言的技巧

（1）正面的信息

1）表情自然放松。

2）微笑，表示关怀。

3）交谈或倾听时保持眼神交流。

4）认真倾听客户的抱怨。

5）自我情绪控制。

6）体验客户的心情。

（2）负面的信息

1）表情紧张、严肃。

2）交谈或倾听时避免眼神交谈。

3）动作紧张、匆忙。

4）忽略客户的感觉。

5）抢答、语调激动。

2. 稳定客户情绪的技巧

1）单独交谈。将情绪不稳定的客户与其他客户隔离，将其请到单独的房间交谈。这样可以稳定客户情绪，因为有些人越是在人多的地方情绪可能就越激动。另外，将其与其他客户隔离也可避免造成负面影响。

2）表示歉意。

3）让客户放松。例如，可以让客户坐下、给客户倒上茶。

4）不争辩。应该明白客户不满意，说明维修厂的工作有不完善处，如果在客户情绪不稳定时还与其争辩，就收不到好效果。这时，更不能将自己的想法强加于客户。

5）暂时转移一下话题。如谈一些轻松一点的话题等。

3. 与客户交谈的技巧

1）认真倾听，并表示关怀，让客户感觉你确实想为他解决问题。

2）确认投诉的最主要内容。

3）善用提问，以便发掘客户的不满。

4）必要时还要认同客户的情感，对其抱怨表示理解。

4. 与客户谈判的技巧

1）转移法：不作正面答复，以反问的方式提醒客户双方的责任。

2）递延法：以请示上级为由，争取时间。

3）否认法：对客户所提问题有明显差异的，应予以否认。

4）预防法：在预估事情可能要发生时，先予以提醒。

5. 投诉人行为及对策

（1）消极型（表5-1）

表5-1　消极型投诉人行为及对策

具体表现	应对方式
● 态度消极、冷漠 ● 使用简单的语言 ● “回头率（二次来厂率）”不高	● 深切表示关怀 ● 主动告知如何处理 ● 挖掘抱怨的原因

（2）善言型（表5-2）

表5-2　善言型投诉人行为及对策

具体表现	应对方式
● 把遭遇告诉别人 ● 坚持已见 ● 容易把问题复杂化	● 隔离群众 ● 先行认同 ● 弄清抱怨主因

（3）愤怒型（表5-3）

表5-3　愤怒型投诉人行为及对策

具体表现	应对方式
● 主动告诉他人不满之处 ● 语言、语调等肢体语言夸大 ● 要求更高层次与其交谈	● 隔离群众 ● 倾听意见，带有同情心 ● 告知上级其意见

（4）危险型（表5-4）

表5-4　危险型投诉人行为及对策

具体表现	应对方式
● 语带威胁 ● 明确要求赔偿条件 ● 可能有其他行动	● 隔离群众 ● 提供2～3个解决方案 ● 追踪观察

6. 投诉处理结果

（1）结果公平　投诉处理的结果符合投诉者的期望。

（2）程序公平　投诉处理程序符合国家有关法律、法规。

（3）互动式公平　投诉处理的结果与投诉者的期望不相符，但让客户感觉自己已经受到了尊重和理解。

五、投诉的预防

1. 首问责任制

谁接待的客户就由谁负责到底，也称为“一票到底的服务”。

2. 自行抽检

企业从接待、维修、质检到电话跟踪实行抽检，对发现的问题，要及时查找原因，制定对策。一些汽车生产厂家对特约服务站实行的“飞行检查”很值得我们借鉴。

“飞行检查”也就是生产厂家的检查人员在不通知特约服务站的情况下，在某一客户的车辆上设计几个故障，然后由客户开车到服务站检查维护，通过对服务站检查维护效果的检查，来考察服务站的服务规范、服务水平及故障排除能力。生产厂家的检查人员有时也假设一个需救援的车辆，打电话让服务站前去救援，以考察服务站的反应和救援能力。

3. 预警制度

对一些挑剔、易怒的客户，提前通知各部门，让每个人都提高警惕。

4. 标准工作流程的落实

企业有了标准工作流程，就要抓好落实，只要人人都按照工作流程行事，就会堵塞漏洞，避免或减少客户投诉。

5. 员工培训

在进行培训员工时要让员工知道，客户抱怨是一份礼物，它可以不断改进企业的服务系统；优化企业的工作流程；完善企业评价体系；了解客户需求。

员工不能有如下错误行为：

1）同客户争吵、争辩。

2）打断客户讲话，不了解客户关键需求。

3）批评、讽刺客户，不尊重客户。

4）强调自己的正确，不承认错误。

5）不了解客户需求前随意答复客户要求。

6）员工之间不团结，表达给客户的意见不一致。

案例

一客户开一辆丰田皇冠轿车到F厂，要求更换车轮轮毂轴承，业务接待员告诉客户轴承价格是600元，工时80元，共计680元。等车辆维修完毕后，业务接待员很抱歉地对客户讲，轴承价格应为800元，要求客户付880元。客户拒付这多余的200元，并说：“假如我知道轴承800元，我就不换了。”业务接待员说：“如果不换，我给你拆下来。”客户说：“给我拆下耽误时间怎么办?”双方僵持不下。最后找到维修厂长，厂长考虑了一下，同意按680元收客户的钱，并对客户表示歉意。有些员工对此事不理解，问厂长，厂长给他们讲了这样一个故事：在巴黎的一家时装店，有位太太看中了一套高档服装，价格为100法郎，她马上掏钱买下了这套服装。当她要离开时营业员告诉她：“十分抱歉，这套衣服本应付1000法郎，由于疏忽标成了100法郎。”这位太太对此很不满意，她认为这件衣服就应以她看到的价格购买。营业员向老板反映此问题，老板同意太太拿走衣服，并表示抱歉。第二天，这件事出现在巴黎的某家报刊上，引起轰动。这件事等于给这家服装店做了一次广告，接下来很多客户光临这家服装店，所带来的收入远远高于1000法郎。

思　考　题

1. 客户价值的含义是什么？
2. 客户价值的构成有哪些？
3. 为什么说为了实现客户的终身价值一定要让客户满意？
4. 客户满意的表达式是什么？
5. 客户关怀的基本原则是什么？
6. 客户关怀的实施要点有哪些？
7. 处理投诉的原则是什么？
8. 巩固老客户吸纳新客户的方法有哪些？

第六章　汽车维修质量管理

十倍原则：一个不合格品，如果在生产中被发现，需花费 10 元，如果在出厂检验时被发现，则需花费 100 元，而如果被客户发现，那么就需花费 1000 元。

第一节 汽车维修质量管理概述

一、汽车维修质量的概念

所谓质量，就是指产品或工作的优劣程度。汽车维修是为了维持或恢复汽车完好技术状况和工作能力而进行的作业，它属于一项服务性的技术工作。因此，汽车维修质量包括维修的技术质量和服务质量两个方面。从技术角度讲，汽车维修质量是指汽车维修作业对汽车完好技术状况和工作能力维持或恢复的程度；从服务角度讲，汽车维修质量是指用户对维修服务的态度、水平、及时性、周到性以及收费等方面的满意程度。

本章主要从技术方面讨论汽车维修质量管理问题。

二、汽车维修质量管理

汽车维修质量的优劣是由许许多多相关的因素决定的，它既取决于汽车维修企业内部各个方面、各个部门和全体人员的工作质量，也与社会的经营环境、管理环境等外部条件相关。因此，为了保证和提高汽车维修质量，必须对影响汽车维修质量的相关因素实施系统的管理。

汽车维修质量管理就是汽车维修企业为了保证和提高汽车维修质量而进行的计划、组织、协调和控制活动。

汽车维修质量管理是汽车维修企业管理的重要内容之一。汽车维修质量是对汽车本身质量的维持和保障，汽车维修质量的好坏决定着汽车能否保持良好的技术状态并安全地行驶。因此，汽车维修企业必须高度重视汽车维修质量管理，采取严格的技术手段和管理措施，保证和提高汽车维修质量，保障人们的生命和财产安全。

汽车维修质量管理的任务主要有以下四个方面。

1）加强质量管理教育，提高全体员工的质量意识，牢固树立“质量第一”的观念，做到人人重视质量，处处保证质量。

2）制定企业的质量方针和目标，对企业的质量管理活动进行策划，使企业的质量管理工作有方向、有目标、有计划地进行。

3）严格执行汽车维修质量检验制度，对维修车辆从进厂到出厂的维修全过程，以及维修过程中的每一道工序，都要实施严格的质量监督和质量控制。

4）积极推行全面质量管理等科学、先进的质量管理方法，建立健全汽车维修质量保证体系，从组织上、制度上和日常工作管理等方面，对汽车维修质量实施系统的管理和保证。

三、全面质量管理

在长期的质量管理实践中，人们探索、总结出许多质量管理的科学理论和方法。全面质量管理是科学的、先进的质量管理方法之一，因此，长期以来在国外许多国家和我国各类企业中得到广泛的应用。

1. 全面质量管理的含义

全面质量管理就是指企业以提高产品（或服务）的质量为目的，组织企业的所有部门、全体员工共同参与，从产品设计、生产制造到产品售后服务的全过程，对影响产品质量的专业技术、生产条件、经营业务、工作流程以至员工的思想与技术素质等各个方面的因素，进行系统的、全面的管理。

全面质量管理的核心是管理的全员性、全过程性和全方位性，即“三全管理”。

（1）全员管理　就是企业全体员工都参与的质量管理。

（2）全过程管理　就是对产品设计、生产制造到产品售后服务的全过程都进行质量控制。

（3）全方位管理　就是对影响产品质量的方方面面的因素进行全方位的管理。

全面质量管理的基本特点是从过去的事后检验、把关为主，转变为以预防、改进为主；从管结果变为管因素，把影响质量的各种因素查出来，发动全员，针对主要矛盾，依靠科学的管理程序和方法，使生产经营的全过程处于受控状态。全面质量管理既注重对机械、材料、方法和环境等工程质量因素的管理，同时也更注重对人的工作质量的管理。

全面质量管理要求建立健全完善的质量保证体系，通过一定的组织机构、规章制度、工作程序，把质量管理活动系统化、标准化、制度化。

2. 全面质量管理的工作程序

全面质量管理强调科学的管理工作程序，通过计划（Plan）、执行（Do）、检查（Check）、处理（Action）循环式的工作方式，即PDCA工作循环，分阶段、按步骤开展质量管理活动，促进质量管理工作循环不断地提高。

PDCA工作循环包括四个阶段，共分为八个工作步骤。

1）计划阶段（P），分为四个步骤：

第一步，分析质量现状，找出质量问题。

第二步，分析产生质量问题的原因。

第三步，从各种原因中找出影响质量的关键原因。

第四步，制订工作计划和措施。

2）执行阶段（D），包括一个步骤，即

第五步，执行计划，落实措施。

3）检查阶段（C），也包括一个步骤，即

第六步，检查计划执行的情况和措施实施的效果。

4）处理阶段（A），分为两个步骤，即

第七步，把有效措施纳入各种标准或规程中加以巩固，无效措施不再实施。

第八步，将遗留问题转入下一个循环继续进行。

PDCA 工作循环具有如下特点。

1）每一个阶段本身也是按 PDCA 方式运转并循环的，即所谓大循环套小循环。

2）整个企业、各个科室、车间、班组和个人都有自己的 PDCA 工作循环，并且相互协调、相互促进。

3）工作循环的四个阶段之间是紧密衔接的，不能间断。

4）工作循环的四个阶段是周而复始的，不能停顿。

5）每一个循环结束后，下一轮循环又在更高的水平上进行，即每转动一圈就上升一步，就实现一个新的目标。如此反复不断地循环，质量问题不断得到解决，就会使管理水平、工作质量和产品质量步步提高。

四、汽车修理质量检查评定

《汽车修理质量检查评定方法》（GB/T 15746—2011）规定了汽车修理质量的评定要求和评定规则。

1. 评定内容

汽车修理质量检查评定包括汽车整车修理质量、汽车发动机修理质量和汽车车身修理质量。

（1）汽车整车修理质量　汽车整车修理质量是对汽车整车修理竣工质量和汽车整车修理过程中维修档案完善程度的综合评价。

（2）汽车发动机修理质量　汽车发动机修理质量是对汽车发动机修理竣工质量和汽车发动机修理过程中维修档案完善程度的综合评价。

（3）汽车车身修理质量　汽车车身修理质量是对汽车车身修理竣工质量和汽车车身修理过程中维修档案完善程度的综合评价。

2. 评定要求

（1）汽车整车修理质量

1）维修档案评定。汽车整车修理维修档案的评定应包括核查维修合同，汽车整车修理进厂检验单、过程检验单和竣工检验单、机动车维修竣工出厂合格证、维修工时费、材料费结算清单 6 个核查项目。

2）竣工质量评定。汽车整车修理竣工质量的评定应包括整车外观及装配检查、总成机构检查及主要技术性能测试等方面的 50 个核查项目。

（2）汽车发动机修理质量

1）维修档案评定。汽车发动机修理维修档案的评定应包括核查维修合同、汽车发动机修理进厂检验单、过程检验单和竣工检验单、机动车维修竣工出厂合格证、维修工时费和材料费结算清单 6 个核查项目。

2）竣工质量评定。汽车发动机修理竣工质量的评定应包括发动机外观及装备检查，起动性能、运转性能检查，动力性、经济性、排放性能检测等。其中，汽油发动机和柴油发动机各 16 个核查项目。

（3）汽车车身修理质量

1）维修档案评定。汽车车身修理维修档案的评定应包括核查维修合同、汽车车身修理进厂检验单、过程检验单和竣工检验单、机动车维修竣工出厂合格证、维修工时费和材料费结算清单等六个核查项目。

2）竣工质量评定。汽车车身修理竣工质量的评定应包括外观尺寸、内外蒙皮及油漆的外光检查，货箱、门窗、座椅及附件的检查等。其中，货车 18 个核查项目。

3. 评定规则

1）汽车修理质量评定结果用综合项次合格率表示，分为优良、合格、不合格三个等级。

2）每个核查项目的内容全部符合技术要求，即可判定该项目为合格，否则判定为不合格。

3）核查项目按其重要程度分为“关键项”和“一般项”。“关键项”中出现一项不合格的，即可判定该汽车修理质量为不合格。

4）“关键项”均合格时，综合项次合格率按式（6-1）计算。

$$\beta_0 = \left(k_1 \frac{n_1}{m_1} + k_2 \frac{n_2}{m_2}\right) \times 100\%$$

式中　β_0——综合项次合格率；

n_1——汽车维修档案核查合格项目数之和；

n_2——汽车修理竣工质量核查合格项目数之和；

m_1——汽车维修档案应核查项目数之和；

m_2——汽车修理竣工质量应核查项目数之和；

k_1——汽车维修档案核查的权重系数，取 $k_1=0.2$；

k_2——汽车修理竣工质量核查的权重系数，取 $k_2=0.8$。

5）汽车修理质量的综合判定标准（表 6-1）。

表 6-1　汽车修理质量的综合判定标准

等　级	综合判定标准
优良	“关键项”均合格，且 $\beta_0 \geqslant 95\%$（大型营运货车 a 为 $\beta_0 \geqslant 90\%$）
合格	“关键项”均合格，$85\% \leqslant \beta_0 < 95\%$（大型营运货车为 $80\% \leqslant \beta_0 < 90\%$）
不合格	“关键项”均合格，$\beta_0 < 85\%$（大型营运货车为 $\beta_0 < 80\%$）

注：大型营运货车指最大允许总质量大于或等于 25000kg 的营运货车。

案例

烟台永浩汽修对质量有这样的承诺：

1. 假一赔十承诺

使用假冒伪劣零配件，应更换的零配件而不给客户更换。

2. 返工和超时赔 500 元承诺

有下列问题之一的赔偿用户 500 元现金：维修项目在出厂 3 个月内出现质量问题导致返修，且返修时间超过 2h。因公司的责任导致不能准时交车的（未定项目或追加项目除外）。

第二节 汽车维修质量检验

一、汽车维修质量检验的任务

汽车维修质量检验就是通过一定的技术手段对维修的整车、总成、零部件等的质量特性进行测定，并将测定的结果与规定的汽车维修技术标准相比较，判断其是否合格。

在汽车维修企业中，维修质量检验工作的基本任务包括以下三个方面。

1）测定维修的整车、总成、零部件等的质量特性。

2）对汽车维修过程实施质量监督与控制。

3）对汽车（包括整车、总成、零部件）维修质量进行评定。

二、汽车维修质量检验的工作内容和步骤

汽车维修质量检验工作的基本内容和步骤如下。

1. 掌握标准

根据汽车维修技术标准和规范，明确检验项目、质量特性及参数，掌握检验规则和数据处理方法。

2. 进行测定

按规定的检测方法对检测对象进行测定，得出维修质量的各种特性值。

3. 数据比较

将所测得的维修质量特性数据与汽车维修技术标准进行分析比较，判断其是否符合汽车维修质量要求。

4. 做出判定

根据分析比较的结果，判定本项维修作业质量合格或不合格。

5. 结果处理

对维修质量合格的维修作业项目签署合格意见；对汽车维修竣工出厂检验合格的车辆，签发维修合格证；对维修质量不合格的车辆提出返工处理意见。

三、汽车维修质量检验的类别及检验内容

汽车维修质量检验是贯穿于整个汽车维修过程的一项重要工作，按照其工艺程序可分为进厂检验、汽车维修过程检验和汽车维修竣工出厂检验三类。

1. 进厂检验

进厂检验是对送修车辆的装备和技术状况进行检查鉴定，以便确定维修方案。进厂检验的主要内容和步骤如下。

1）车辆外观检视。

2）车辆装备情况检查。

3）车辆技术状况检查，并听取驾驶人或车主的情况反映。

4）填写车辆进厂检验单。

5）查阅车辆技术档案和上次维修技术资料。

6）判断车辆技术状况，确定维修方案。

7）签订维修合同，办理交接车手续。

2. 汽车维修过程检验

汽车维修过程检验是指在汽车维修过程中，对每一道工序的加工质量、零部件质量、装配质量等进行的检验。汽车维修过程检验有以下主要内容。

（1）零件分类检验　零件分类检验就是在汽车或总成解体并进行清洗后，按照零件损伤程度将其确定为可用件、需修件和报废件三类。零件分类检验之后，将可用件留用，需修件送修，报废件送入废品库。

零件检验分类的主要依据是汽车维修技术标准，凡零件磨损量和形位公差在标准允许范围内的，即为可用件；凡零件磨损量和形位公差超过标准允许范围，但还可修复使用的，为需修件；凡零件损伤严重无法修复使用的则为报废件。

零件分类检验是汽车维修的重要过程的检验内容，对汽车维修质量和汽车维修成本都有着直接的影响。

（2）零件修理加工质量检验　即对就车修理的零件，在修理加工之后，应依据汽车维修技术标准进行检验，检验合格的才允许装车使用。

（3）各总成装配及调试的过程检验　汽车维修过程检验是汽车维修质量控制的关键。对影响重要质量特性的关键工序或项目，应作为重要的质量控制点进行检验，以确保汽车维修关键项目的质量稳定；对在汽车维修过程中，故障发生率高、合格率低的工序或项目以及对下一道工序影响大的工序，应多设几个质量控制点加强检验，使影响工序质量的多种因素都能得到控制。

汽车维修过程检验一般采用岗位工人自检、工人互检和专职检验员检验相结合的检验方式。因此，汽车维修企业必须建立严格的检验责任制度，明确检验标准、检验方法和分工，作好检验记录，严格把握过程检验质量关，凡不合格的零件、装配不合格的总成都必须返工，不得流入下一道工序。

3. 汽车维修竣工出厂检验

汽车维修竣工出厂检验就是在汽车维修竣工后、出厂前，对汽车维修总体质量进行的全面验收检查，检验合格的可签发机动车维修合格证。

汽车维修竣工出厂检验的主要内容和步骤如下。

1）整车外观技术状况检查。

2）整车及各主要总成的装备和附属装置情况检查。

3）发动机运行状况及性能检验。

4）汽车运行状况及性能检验。可通过路试或上汽车综合性能检测线进行检验。

5）对检验合格的车辆进行最后验收，并填写汽车维修竣工出厂检验记录单。

6）对维修质量合格的车辆签发机动车维修合格证。

7）办理汽车维修竣工出厂交接手续。

汽车维修竣工出厂检验是对汽车维修质量的最后把关，并由汽车维修专职检验员进行检验。检验人员必须依据汽车维修技术标准逐项地、全面地进行检查。对验收检查中发现的缺陷和不合格的项目，必须立即进行处理，不允许有缺陷的车辆出厂。只有所有的项目都达到汽车维修技术标准的要求，维修质量检验人员才能够签发维修合格证。

《中华人民共和国道路运输条例》明确规定："机动车维修经营者对机动车进行二级维护、总成修理或者整车修理的，应当进行维修质量检验。检验合格的，维修质量检验人员应当签发机动车维修合格证。"因此，汽车维修质量检验是汽车进行二级维护、总成修理或者整车修理过程中的法定程序，汽车维修企业必须严格执行。

四、汽车维修质量检验的方法

汽车维修质量的检验方法，根据检验对象的不同通常可采用人工检视诊断法和仪器设备检测诊断法两种方法。

1. 人工检视诊断法

人工检视诊断法就是汽车维修质量检验人员通过眼看、耳听、手摸等方法，或借助简单的工具，在汽车不解体或局部解体的情况下，对车辆的外观技术状况和可以直接看到、听到或触摸到的外在技术特性进行检查，并在一定的理论知识指导下根据经验对检查到的结果进行分析，判断其是否合格。

人工检视诊断法主要用于检验车辆的外观清洁、车身的密封和面漆状况、灯光仪表状况、各润滑部位的润滑情况，以及各螺栓连接部位的紧固情况等项目。

2. 仪器设备检测诊断法

仪器设备检测诊断法是在汽车不解体的情况下，利用汽车检测诊断仪器设备直接检测出汽车的性能和技术状态参数值、曲线或波形图，然后将其与标准的参数值、曲线或波形图进行比较分析，判断其是否合格。有的检测诊断仪器设备还可以直接显示出判断结果。

仪器设备检测诊断法是现代汽车维修质量最主要、最基本的检验方法，汽车大修、总成大修和二级维护等作业中的主要检测项目都必须采用仪器设备检测诊断法进行检验。

五、汽车维修质量检验标准

汽车维修标准和技术规范是进行汽车维修质量检验的依据。汽车维修企业和汽车维修质量检验人员必须认真贯彻执行国家和交通运输部颁布的汽车维修有关技术标准与技术规范以及相关的地方标准，并严格按照标准和技术规范指导汽车维修作业与汽车维修质量检验，保证汽车维修质量。有条件的企业还应当依据国家标准、行业标准和地方标准的要求制定企业技术标准，不断提高汽车维修质量。

其他相关标准还有国家、交通运输部发布的各项汽车修理技术条件、机动车运行安全技术条件、机动车排放标准和测量方法、机动车允许噪声及测量方法等。

案例

某运输企业的一辆空调大客车在二级维护时，维修人员忽视了转向横拉杆球形节的检修工作，检验人员也没有检查横直拉杆及球形节状况，结果汽车在跑杭州的旅游班车途中，因球形节紧固螺栓锈蚀、松旷、螺纹拉损，从而切断安全销，球形节脱落，致使汽车方向失控而翻车，造成了严重的机械伤亡事故。

第三节
汽车维修质量保证体系

质量是生命，质量不仅是企业的生命，也关系到客户的生命安全。为了保证汽车维修质量不断提高，汽车维修企业应当树立科学的全面质量管理观念，建立健全企业内部质量保证体系，调动企业全员的积极性，全面加强质量管理。

汽车维修质量保证体系就是指汽车维修企业以保证和提高汽车维修质量为目标，把与汽车维修质量管理紧密相关的各种要素、各个环节、各个部门统一组织起来，形成一套目标一致、相互协调的综合性质量管理工作系统，以促进汽车维修质量管理工作系统化、规范化、制度化、经常化。

一、明确的质量方针和目标

企业的质量方针和目标就是企业制定的质量管理行为宗旨及所要达到的标准，是企业质量管理工作的纲领和方向。质量方针和目标的制定与实施，是汽车维修质量的重要保证之一。

汽车维修是一项服务性技术工作，汽车维修企业应当以为客户提供优质服务、保证用户满意、确保车辆无故障安全运行为基础，制订质量方针和目标，指导企业的质量管理活动；还应根据企业的条件，制订出切实可行的且具有一定先进性的质量方针和目标体系，并将质量目标体系逐项、逐级地分解到各个质量控制岗位，确保质量目标的实施。并且，由于汽车维修市场的不断发展，企业应当根据市场的变化情况，及时修订企业的质量方针和目标。

二、专职质量管理机构

各类汽车维修企业应当建立与其维修类别相适应的质量管理组织机构。质量管理机构的组织形式可根据企业规模的大小而定。一般一、二类维修企业应建立质量管理领导小组，其成员由企业技术负责人、专职总检验员及质量管理部门和其他有关部门的负责人组成，并且还应单独设立质量检验科室等质量管理的具体办事机构，负责日常具体的质量管理工作。三类维修业户应有明确的质量负责人，负责日常的质量管理工作。

汽车维修企业的质量管理机构和质量管理人员的主要职责如下。

1）认真贯彻执行国家的质量管理法律、法规。

2）贯彻执行国家和交通运输部颁布的有关汽车维修技术标准以及有关汽车维修的地方标准。

3）制定汽车维修工艺和操作规程。

4）依据国家标准、行业标准、地方标准的要求，制定汽车维修企业技术标准。

5）建立健全汽车维修企业内部质量保证体系，加强质量检验，掌握质量动态，进行质量分析，推行全面质量管理。

6）开展质量评优与奖惩工作。

各类汽车维修企业还必须设有质量检验员。质量检验员必须经过当地汽车维修行业管理部门培训、考核并取得汽车维修质量检验员证书。

三、严格的汽车维修质量管理制度

汽车维修企业必须严格执行国家和当地维修行业主管部门制定的有关汽车维修质量管理制度与法规，并且要建立健全企业内部相关的质量管理制度，并认真遵守和执行。

1. 汽车维修质量检验制度

汽车维修企业必须按规定配备质量检验员。对汽车进行二级维护、总成修理或整车修理都应当进行质量检验。车辆进厂时、维修过程中以及竣工出厂时，必须由专职检验人员负责检验，并认真填写维修检验单。在汽车维修过程中，每道工序的检验，可以采用自检、互检和专职检验相结合的方法，做到层层把关，严格检验。

2. 汽车维修合格证制度

对于进行整车大修、总成大修和二级维护作业的车辆，在维修竣工出厂时，经检验合格的，维修质量检验人员应当签发“机动车辆维修合格证”。维修出厂合格证由各省维修行业主管部门统一印制。它是车辆维修合格的标志，是制约维修企业质量保证的重要手段。维修企业及质量检验人员必须严格对待出厂合格证的签发，加强出厂质量检验，保证做到不合格的车辆绝对不能签发合格证；对于经检验合格的车辆，一经签发合格证，就要由厂方和检验人员负责。

3. 维修质量保证期制度

机动车维修实行竣工出厂质量保证期制度。汽车和危险货物运输车辆整车修理或总成修理质量保证期为车辆行驶 20000km 或者 100 日；二级维护质量保证期为车辆行驶 5000km 或者 30 日；一级维护、小修及专项修理质量保证期为车辆行驶 2000km 或者 10 日。

在质量保证期中行驶里程和日期指标，以先达到者为准。机动车维修质量保证期，从维修竣工出厂之日起计算。

在质量保证期和承诺的质量保证期内，因维修质量原因造成机动车无法正常使用，且承修方在 3 日内不能或者无法提供因非维修原因而造成机动车无法使用的相关证据的，机动车维修经营者应当及时无偿返修，不得故意拖延或者无理拒绝。

4. 质量管理岗位责任制度

为了增强每个职工的质量意识，确保每个岗位的工作质量，维修企业必须根据每个岗位的质量目标、业务标准和工作程序，制定严格的岗位责任制度，把实现质量目标的相关规定、要求和注意事项等具体落实到每个岗位的每个职工身上，使每个职工都有明确的方向和职责，都能够自觉地按照规定和要求对各自岗位的质量管理工作负责；并且对员工还要有严格的奖励和惩罚制度，对每个岗位的质量管理水平都要进行严格考核和奖惩。

四、实行质量管理业务标准化和质量管理流程程序化

汽车维修质量的好坏是由维修企业中每个岗位的工作人员的工作质量所决定的。因此，维修企业内部必须根据总的质量方针和目标的要求，明确规定每个岗位的质量管理的具体目标和要求，明确每个岗位实现质量目标的工作标准和技术标准，使每个岗位的工作都有标准执行，并且都能够按照标准执行；同时，对每个岗位的工作程序以及各个岗位之间工作的相互联系与衔接，都要制订明确的管理流程，使各项工作都能按科学的程序化进行。

质量管理业务标准化，就是把维修企业中重复出现的质量管理业务工作制定成标准，并作为制度执行；管理流程程序化，就是将维修企业中形成的合理的质量管理业务工作流程规范起来，形成固定的程序，并将其用图表标示出来以指导执行。

五、开展质量管理小组活动

质量管理小组简称为 QC 小组，是以保证和提高产品质量、工作质量、服务质量为目的，围绕生产和工作现场存在的问题，由生产班组或科室人员自愿组织、主动开展质量管理活动的小组。建立 QC 小组、开展 QC 小组活动是企业开展全面质量管理、提高质量水平的有效的质量保证形式。

QC 小组的任务是在小组范围内控制质量，一般以工作质量为主，其职能是实现质量点控制，即选择那些对质量有重大影响的关键环节、关键点实施控制。对于汽车维修质量，重点应当控制车辆进厂检验、维修作业过程检验、维修竣工检验以及汽车零部件选用与检验等关键环节。在汽车维修企业中，应重点扶持这些关键岗位的 QC 小组的活动，以点带面，推进整个企业的全面质量控制网络。

六、加强汽车维修配件及原材料质量管理

现代汽车维修越来越多地采用换件维修的方式，汽车维修配件质量是影响汽车维修质量的关键因素之一。因此，维修企业首先应当严把维修原材料及配件采购供应关，坚决杜绝采购假冒伪劣的产品，要建立原材料和配件采购进厂入库检验制度和采购人员责任制度，在采购进厂入库前必须由专人逐件进行检验查收，并由采购人员和管理人员签字。在维修作业领用材料时，要认真填写“领料单”，注明规格、型号、材质、产地、数量，并由领发人员分别签字。在维修作业过程中，检验人员应对原材料再次进行检验，严防不合格原材料和配件装车使用。

七、做好维修质量管理的基础工作

汽车维修质量管理的基础工作主要包括以下内容。

1）建立健全质量管理制度。

2）建立健全车辆维修技术档案并认真填写和保存。

3）认真执行汽车维修技术国家标准、行业标准和企业标准，具有完整的汽车维修技术资料。

4）具有完善的进厂检验单、过程检验单、竣工检验单、维修合同文本和维修出厂合格证等技术文件。

5）对维修计量器具和检测仪器与设备具有使用管理制度，并对维修设备定期进行精度和性能检查。

八、建立汽车维修质量信息反馈系统

汽车维修质量信息反馈系统的作用就是迅速、及时、准确地将汽车维修过程中的质量信息反馈到企业维修质量管理系统中，以便随时掌握维修质量情况；对于汽车维修过程中出现的维修质量问题，要能够及时查明原因，找到问题的关键点，并通过企业维修质量管理系统

及时进行质量控制和改进。

汽车维修质量信息反馈包括汽车维修企业内部质量信息反馈和企业外部质量信息反馈。

汽车维修企业内部质量信息反馈主要有进厂检验、维修过程检验、维修竣工出厂检验的质量信息反馈等，并由专职汽车维修质量检验人员组成信息反馈网络。企业内部质量信息反馈系统的主要信息形式是各种维修检验记录单和技术档案。汽车维修企业外部质量信息反馈主要由客户质量信息反馈、汽车维修质量监督检验站质量信息反馈、道路运政管理机构质量信息反馈等组成。企业外部质量信息反馈系统的主要信息形式是客户质量信息调查、客户质量投诉、汽车维修质量监督检验报告、行业管理统计与考核报表等。

汽车维修质量信息反馈系统的管理，可以由人工通过各种单证、报表、书面报告等信息载体形式进行管理，目前在汽车维修企业中，计算机汽车维修信息管理系统也已经越来越广泛地应用于汽车维修质量信息反馈系统的管理上了。

案例

案例 1：某维修企业的一个业务接待员辞职了，于是老板让车间唯一的检验员接替，虽然有很多人提出反对意见，老板却总是摇摇头，说让修理工加强一下责任心就行了。此后陆续有零星返工发生，老板也没在意，直到有一天一个维修工在更换广州本田机油滤芯时，由于用力过猛，造成滤芯表面变形，当时没有人发现。后来车辆在高速路行驶时，滤芯表面变形处破裂，机油漏出，造成发动机烧瓦，损失了一万多元。

案例 2：A 维修厂维修了一台严重损坏的奥迪 A6 事故车，由于作业班组责任心不强，技术水平不高，车辆勉强出厂后，三天两头的回厂返工，不是今天这儿爆漆，就是明天那儿异响，更让车主恼火的是车架校正不好，车辆跑偏。车主找到厂长讨要说法，厂长组织有关人员讨论，大家提出了很多意见，厂长给大家讲了海尔质量管理三部曲：第一步提出质量观念，“有缺陷的产品就是废品”。第二步推出“砸冰箱”事件，引起员工心灵上的震撼，将质量理念渗透到每一位员工的心里。第三步构造“零缺陷”管理机制。

厂长要求按海尔质量管理理念来处理客户投诉，他们首先组织了现场会分析返工的原因，对责任者进行了处罚。然后对车辆进行全面返工，将发动机吊下，重新校正车架，全车重新烤漆，最终使客户达到满意。最后 A 维修厂以此案例为契机，制定了预防返工措施，制订了回厂返工处理流程。

通过这次返工的处理，A 维修厂的质量管理水平也因此上了一个新台阶。

思 考 题

1. 什么是汽车维修质量管理？汽车维修质量管理的任务是什么？
2. 全面质量管理的含义和基本特点是什么？
3. PDCA 工作循环的四个阶段和八个步骤是什么？
4. 维修企业汽车维修质量的综合评定指标有哪些？写出这些评定指标的计算方法。

第七章　汽车维修营销管理

第一节　营销管理理论

汽车维修企业要做好营销工作，必须树立一种理念，那就是一切以客户满意度为中心。著名的营销理论专家罗伯特·劳特伯恩（Robert F. Lauterborn）以客户满意为中心提出了服务营销四要素，即客户“4CS”：客户需要与欲望（customer needs and wants）、客户成本（cost to the customer）、便利（convenience）、沟通（communication）。服务营销工作做得好的企业必然是经济方便地满足客户需要，同时和客户保持有效沟通的企业。

有很多专家提出了类似的理论，不管哪种理论，都是要求一切以客户满意为中心的，很多汽车生产厂商提出了不少先进的营销理论，如丰田公司的5P营销理论。

1995年3月，丰田汽车公司引入了“丰田售后服务营销计划”（T-SMP）。

在T-SMP理念之下，经销店的服务和零部件部门联合制定战略，进行适合当地市场的营销活动。丰田汽车公司的营销活动建立在以客户满意度（CS）的基础上，它的营销理论叫作5P理论。所谓5P，就是理念、商品、定价、生产率和促销，这五点的英文第一个开头字母都是P，所以叫作5P理论。具体内容如下。

1）理念：丰田的业务以客户满意度为目标。

2）商品：提供高质量和有竞争力的服务以吸引客户。

3）定价：通过有竞争力的价格吸引客户。

4）生产率：基于丰田生产系统实现高效的零部件生产和服务业务开展。

5）促销：促销“丰田售后服务”。

营销不仅是车辆的销售，也是服务的销售。服务站既要销售零配件，同时也销售维修工时。如果经销店有20个技工，每个技工一天提供8个工时，一天一共160个工时，经销店要想办法把160个工时销售出去。所以，服务也需要营销。

用5P理论指导服务营销工作，具体步骤如下。

① 首先要树立一种理念，即以客户满意度为目标。在这个理念的引导下给客户提供高品质的服务产品，也就是要提供高质量和有竞争力的服务来吸引客户。当然提供的服务必须要有一个合理的定价。定价不能过高，也不能过低，有竞争力的价格才能够吸引客户。

② 再进一步要做的就是提高生产率。生产率提高了，服务价格就能比其他品牌或经销店更有竞争力，服务工作效率才能得到空前的提高。

③ 最后一步就是把商品促销出去，最主要的是建立服务品牌，如一汽丰田推出了“诚信服务”这个服务品牌。建立了服务品牌还要落实到实处，这样可以给消费者信心。树立服务品牌的途径很多，如服务促销活动，通过每年定期的服务周、答谢客户活动，促进客户入厂。也可以通过媒体进行公关和广告传播，这也是普遍而有效的宣传促进方法。

第二节 营销策略

一、满足客户需要策略

客户关心的是服务产品、价格、服务生产率和服务促销。在一切以客户满意度为中心这个理念的引导下，要给客户提供高品质的服务产品，这种高品质的服务是要提供高质量和有竞争力的服务来吸引与满足客户需求。

1. 提供有竞争力的服务产品

服务部门必须充分了解哪些服务产品最具吸引力，并且把它们提供给客户。一种方法是根据淡旺季的变化而提供不同的服务产品，或者专注于某个特定市场，而不是全年都提供同样的服务。常见的服务产品如下。

（1）对客户具有吸引力的成套服务

1）维修后的美容装潢。车辆维修后要给客户洗车，若发现车辆漆面不好可建议客户抛光打蜡或封釉，并适时推销美容产品。

2）养护产品的推销。维修过程中发现了问题及时告知客户，并适时推出养护产品。例如，发现放出的机油很脏，就可以建议客户清洗润滑系统，发现冷却液变质了，就建议客户清洗冷却系统。保持润滑系统和冷却系统的良好状况是客户的需求，这样不仅更换了机油和防冻液，而且推销了润滑系统和冷却系统清洗剂，客户和企业达到了双赢的目的。

3）附加服务。除了按客户需求修好车，还可利用汽车俱乐部为客户提供附加服务，如为客户代办车辆保险，提供保健用品的服务及销售等。

（2）季节性服务　利用季节特点进行销售，既方便了客户又增加了收入。例如，夏季空调检测活动、冬季检测活动、雨季检测活动等。

案例

2017 年在一年一度的国庆节期间，九华奔驰特别推出“匠心品质，畅享驰行——国庆中秋黄金周免费检测活动”给车主的爱车做一次全面的检测，解决车主的一大困扰。活动时间：2017 年 9 月 18 日 –10 月 18 日，活动包括底盘系统活动、动力养护礼、延保保养套餐礼、续保礼等，其中底盘系统活动包括：

1. 27 项安全免费检测活动。
2. 成本价更换轮胎 2 条免动平衡工时费，成本价更换轮胎 3 条免四轮定位费。
3. 更换底盘配件 9 折。

（3）免费车检　免费车检的真正目的是获得和客户见面的机会，有了客户才有向客户营销的机会。免费检测主要选在维修淡季或五一、国庆长假期间，维修淡季可以获得和客户见面的机会，以便进一步促销产品。五一、国庆长假期间，体现出对客户的关怀，还可以增加客户满意度。

1）免费检测的项目。免费检测的项目主要有空气滤清器、汽油滤清器、机油及机油滤芯、正时带、冷却系统、蓄电池、制动系统、转向系统、变速器、轮胎、悬架系统、离合器、发动机、排气系统、车门、空调、灯光、刮水器等。

2）发现问题的处理

① 服务顾问发现问题的处理。服务顾问在接待时通过档案查询可以发现空气滤清器、汽油滤清器、机油及机油滤芯是否需要更换，正时带是否需要更换、冷却系统防冻液是否需要更换、制动液是否需要更换、转向系统液是否需要更换、变速器油是否需要更换等。若需要更换，则建议客户更换。

② 维修人员发现问题的处理

a. 维修人员检查蓄电池液面低则建议客户添加补充液。

b. 检查制动片磨损到极限则建议客户更换。

c. 检查轮胎缺气则补充，若轮胎“吃胎”，则建议客户进行四轮定位；若轮胎磨损到极限，则建议客户更换。

d. 检查减振器漏油或损坏则建议客户更换。

e. 对车门铰链进行润滑。

f. 检查空调制冷能力。若制冷能力不足，则建议客户检修空调系统。检查空气滤芯，若脏则清洗；若过脏则建议客户更换。

g. 检查灯光，若有灯泡不亮则检修。检查前照灯灯光高度，若不合适则调整。

h. 检查传动带，若磨损则建议客户更换。

i. 检查刮水器，若损坏则建议客户更换。

案例

2014 年吉利汽车“关爱四季”之春季服务活动

活动背景及目的

- 关爱四季春季活动旨在借助每一年始春季用户车主出游的高峰习惯，来策划系列的关爱活动；使用户持续感受售后服务的贴心关爱。
- 春季活动中除免费检测、持续培养预约进站习惯的基础关爱项目外，继续利用微信公众平台进一步积累用户，为借助新媒体传播吉利动态奠定基础。
- 持续提升用户满意度及吉利品牌美誉度！

活动时间：2014 年 3 月 30 日至 5 月 18 日

开展范围：吉利汽车全国各品牌授权服务站

活动对象：吉利汽车用户、全球鹰用户、英伦汽车（含华普）用户、帝豪用户

活动内容：春季行车 11 项安全免检 + 预约享工时 8.5 折 + 消费“油”礼

活动期间，凡吉利用户进站即享三重好礼：

礼一　春季行车 11 项安全免检。

礼二　预约进站即享免等待快捷服务及工时费 8.5 折（事故车除外）。

礼三　消费“油”礼。进站用户消费满一定额度，即有机会获得不同面值加油卡。

2. 差异化服务

差异化服务战略是服务站充分发挥自身的优势，突出自己产品和服务的某一方面特色、个性和风格，以独具特色的经营来吸引客户。

差异性战略的关键是能够表现出独特的差异性，差异性战略要求企业充分发挥自身的优势，扬长避短，闯出一条独特的经营之路，这样，企业才能够在竞争激烈的市场中立于不败之地。

商品的差异化是销售营销的灵魂，同样服务的差异化是服务营销的灵魂。不同档次客户对服务的要求是不同的，捷达客户与奥迪客户对服务的追求是不一样的。不同区域的客户对服务的要求也是不一样的。边远地区的客户追求的是保质保量地修好车，大城市的客户不仅要求修好车，还要求良好的服务、优雅的环境等。服务站就要从服务的多样性出发，完全站在用 5P 理论指导服务营销工作客户角度上进行考虑，进行营销，把用 5P 理论指导服务营销工作客户的需求当成自己的使命来完成，在客户心里建立良好的、长久的服务品牌，这样既满足了客户的需求，又获得了利益。

案例

利用客户俱乐部活动来推行差异化服务也是一种良好的营销手段。一汽丰田公司针对高端客户推出了“LAND CRUISER 客户俱乐部”，俱乐部以 LAND CRUISER 汽车为载体，搭建起客户与客户、一汽丰田与客户之间的沟通交流平台，并为会员提供相关服务，组织开展相关活动；同时，给广大客户提供结识朋友和展示自我的机会，形成陆地巡洋舰特有的品牌文化。他们以俱乐部网站为载体，为会员提供陆地巡洋舰品牌和俱乐部活动的相关信息。进行俱乐部相关制作物的企划，发行俱乐部会刊并免费邮寄给会员，并定期举办全国性的活动。全国各地的很多服务站为会员提供维修优惠服务，也定期为俱乐部客户举办活动，吸引客户进厂维修。

3. 紧急救援

实践证明，良好运转的紧急救援服务对提高客户满意度和客户忠诚度、增加企业收入，具有巨大作用。

要求救援的客户一般是在最困难的时候，向企业发出救援信号。得到救援帮助的客户将非常感激，并对企业乐于助人印象深刻。既没有维修企业信息而又没得到帮助的客户，或长时间等待的客户，会非常生气甚至恼怒。客户将对企业的生产能力和信誉产生怀疑并失去信心。

企业要实行良好的紧急救援应具有以下条件。

1）成立紧急救援小组。

2）建立24h值班制度。

3）设立救援电话，并让客户知道救援电话。

4）设立紧急救援车辆。

案例

案例1：某汽车维修企业与市公安局“110”配套联动，成为当地的一大新闻。他们配备了5部事故抢修专用车、7人组成“110”抢修队，并设立专用服务热线电话，向社会做出承诺，“当您的车辆出现故障时，请拨打我们的热线电话，其余的事情由我们来做。”这样不仅客户满意，而且为企业带来了效益。

案例2：德国大众的救援服务不只等待被用户呼叫，经销商还会主动外出救援，如遇重大节日或活动，会有很多用户驾车前往某个地区，此时便有潜在的车辆发生故障的情况，经销商会专门派出服务车在该地区附近待命，以备及时、快速地前去救援。

4. 流动服务

流动服务与平时紧急救援不同。紧急救援是客户遇到难题时给你电话，然后你才出动，流动服务则是要定期巡回登门拜访、主动提供保养和维修服务，是种长期的、固定的服务形式。

案例

某品牌在一个地级城市A有三家服务站，而该城市的十几个县级城市却没有服务站，在这十几个县级城市中有两个距离地级城市A有200km的路程。该品牌不允许新车跨地区销售，这两个县级市有从地级城市A的三家服务站销售的600多台车。这600多台车的客户因为到地级城市A远就选择到距离地级城市B近的服务站进行维修保养。这样地级城市A就失去了600多个客户。在A市的3家服务站中其中一家开展了流动服务活动，每个月拿出2天时间到县级城市进行跟踪保养维修，极大地方便了这两个县的客户，得到了客户的称赞，同时也取得了良好的效益。

二、客户成本策略

有了高品质的服务，也必须要有一个合理的价格。合理的价格是指定价不能过高，也不能过低。合理的价格应该是有竞争力的价格，是能够吸引客户的价格。

在当今的汽车市场，服务定价相当重要，通过制定具有竞争力的价格以提升入厂量，增加营业收入。

1. 客户成本策略的原则

客户成本策略的一个主要内容是服务价格。价格在市场策略中扮演着一个独特的角色。

在合理的价格之上提供优质的服务是关键要素。定价中最重要的两个原则是公平和适应市场环境。

(1) 公平

重复收费或收取超额的费用以获得不正常的高额利润会影响客户对公司的信心，并损害已建立起来的信任关系。

(2) 适应市场环境

根据当地的价格，对比竞争对手经销店和其他 4S 店的服务类价格，确定及时的服务价格。

2. 客户成本策略的要点

(1) 保持竞争价格的每日更新

1) 设法得到竞争对手服务价格，通过分析竞争对手的价格表，制定自己有竞争力的价格表，并时刻保持价格表的更新。

2) 注意零部件价格，当汽车生产商或市场上零部件价格变化时，一定要做出调整。

3) 注意竞争对手利用季节性服务推出打折服务，这时也要根据对手情况做出相应的调整。

(2) 迅速适应竞争对手的价格

1) 培训几个相对低酬劳的技术人员专用于竞争激烈的项目；该技术人员越是多产，单位工作的成本就越低。

2) 逐渐形成能加强经销商竞争力的多级定价和平均化零件价格的策略。

3) 批量订购零件以获得更低的价格。

4) 为常规保养项目提供快速服务通道。

(3) 公开服务价格

在客户易于看到的地方，如接待室、客户休息室的墙上，展示工时和零部件价格。

3. 确定服务价格

确定服务价格是一个服务站面临的复杂的问题，价格是客户选择服务站最重要的标准之一。服务价格不能千篇一律，每个地区有每个地区的具体情况，确定服务价格可参考以下方法进行。

(1) 定价策略　价格制定必须慎重。当客户去服务站维修爱车时，质量和价格都是重要的考虑因素。只有当客户认定价格和服务质量都信得过的时候，客户才会选择你。在汽车维修市场上所有的服务站都特别关注他们的竞争对手的价格。如果某个服务站降低了价格，其他的服务站也会跟着降价。因此，降价通常会引起来自竞争对手的反应，有时可能导致恶性价格竞争，所以通常要避免价格战，应在质量、品牌形象和服务方面下功夫，来提高客户满意度，而不是利用价格优势来吸引客户。

(2) 影响价格结构的因素　定价策略中最重要的要素是价格的制定。影响价格结构的主要因素如下。

1) 服务成本。服务成本包括零部件和工人工作的基本成本、促销活动和广告成本。

2) 客户类型。不同类型的客户对价格的要求是不一样的，不同型号的汽车确定的价格也是不一样的。

3) 市场情况。根据市场大小、地理环境、服务消费频率和服务消费习惯等来定价。

（3）定价方法

1）成本累加方法。通过考虑零部件和人力资源的直接成本加上间接员工的工资和设备折旧等间接成本来计算总的成本。然后在总成本上加上一定的利润收益。即

价格＝成本×（1＋利润率）

或

价格＝成本＋利润

这个方法的优点是，当成本容易计算时易于理解，不需要因需求的变动和竞争而调整。若利润收益率合理，对企业和客户来说都是一种公平的定价方式。

这个方法也有一些缺点，例如，没有为需求的变动或竞争提供准备，过于注重成本和利润，而忽略了市场环境。成本计算依赖于以往的数据，而没有对未来成本的考虑。

2）针对需求和竞争的方法

① 可调节的定价。价格随着客户、地点和时间而变化，价格不是不变的，不同的客户价格不一样，不同的地点价格不一样，不同的时间价格还不一样。而企业举办服务促销时又对价格做相应的调整。

② 按习惯定价。对于某些服务，有一些业务是依照习惯而设立的。由于这种方法给客户一种稳定的感觉，所以许多车间通过调整利润收益来适应客户的心理预期价格。

③ 名声定价。客户在某些时候会根据商品的价格来评估其质量。特别是，高附加值的服务项目，更高的定价能满足客户的高贵感。

④ 心理定价。从客户的心理出发，类似9.8元或39元这样的价格显得更便宜。

面向竞争的方法是一种通过考察研究竞争对手的定价来制定价格的方法，特别是当竞争对手也提供同种类型服务的时候。这通常称为复制定价法，即以相似于其他公司的价格来制定自己的价格。然而，这种方法带来了脱离于已有需求的价格的危险。同时，也缺乏对一些与价格竞争不相关的因素的考虑，如提供服务的内容、促销活动或品牌忠诚度的效力。这种方法的另一个缺点是产生的利润收益相当有限。

3）面向市场的方法。这是一种多步骤定价方法，充分考虑了个体的因素，如成本、需求和竞争，并且从市场的角度来确定其价格。这种方法也称作多步骤定价法，是因为它包含有以下要讨论的步骤。

① 选择市场目标。一项业务的出发点是选择市场目标。其焦点是分析客户的需要和他们对价格的反应。

② 选择品牌形象。品牌形象是商业运作的结果，如服务内容、服务接待、促销、广告和定价。良好的形象能提升客户的好感并给客户留下好的印象。

③ 营销混合布局。在此方法之下，对服务内容、服务促销和价格的限制将被预先设定，并且需要决定是否为客户提供优势价格或其他特色服务。

④ 选择价格政策。通过对价格所承担的角色的阐释来决定价格政策。

⑤ 决定定价策略。必须在最大化利润或最小化损失的过程中采用充分考虑竞争对手的定价策略。

⑥ 确定详细价格。经过以上所有步骤之后，即能确定最终的价格。

4）与市场变化相适应的定价策略。中国的汽车市场环境处于不断的变化之中，要求过去制定的价格和服务内容有相应的变化。

三、便利策略

1. 提高生产率

有了优质的服务产品和合理的价格，下一步要做的就是提高生产率。生产率提高了，成本降低了，服务价格就能比其他品牌或经销店更有竞争力，服务工作效率才能得到空前的提高。同时，客户可以在最短的时间内取到放心满意的车辆。提高了劳动生产率，客户在规定的时间取到了车，实际上也就是给客户提供了便利。如果在规定的时间内不能给客户交车，客户就要等待，好多事情就要推后，甚至要租车或打车外出办事。

要使服务的运转更加高效，首先，必须采用标准的工作流程来进行工作。其次，必须将工具和零件箱放置到方便的位置以避免多余动作。零件的定购、入库和供给制度也必须得到改善。服务管理必须给予重视，以确保其建立的制度平稳运行。

2. 便捷的服务

维修服务同人与人交往一样，在朋友需要的时候伸出援助之手，给了朋友方便，朋友会感激你一辈子。维修服务时，若能提高便捷服务，同样会提高客户满意度和对品牌的忠诚度。在一些地广人稀的中小城市汽车拥有量小，不足以建立4S店，日常保养、车辆有了故障随便找个修理草草修理，只有大的故障才远途跋涉前往4S店服务站维修，这样车辆安全和使用寿命受到挑战。

针对这一情况，一些有远见的4S店开展了远程服务活动，上门服务，既提高了客户满意度，又增加了收入。

案例

在国内大多数远程服务尚停留在电话服务、定点维修阶段时，一汽丰田突破这一局面，配备专用维修车辆和设备到新疆、甘肃、青海等我国偏远省区定期上门服务。从2006年4月开始，一汽丰田的远程巡回服务已经在西部三省区开展。2007年有更多的地区开展此项服务。现在一汽丰田继续完善了网络建设，拓展了服务范围的半径，收到了很好的效果。

例如，在新疆地区，由于路况恶劣，车辆行驶不顾路程和路况，有时一次行驶1000km以上，加上偏远地区客户定期保养的观念还没形成，导致车况非常不好。一汽丰田的定期巡回服务逐渐加强了他们的日常保养意识，保证纯正零部件的供应，并延长偏远地区汽车的使用寿命，深受广大客户的欢迎。

3. 上门取车和送车服务

在竞争日趋激烈的汽车业务中，“上门取车和送车服务”越来越被证明是一种更好地展示企业服务能力和赢得新老客户青睐的真正机会。

客户将车辆送到服务站要进行下列既耗费时间和金钱又劳神的事情：

1）开车去服务站。

2）安排回程（无车）。

3）安排按时取车时间及交通。

4）最后开车回家。

因此，很有必要向客户推荐“上门取车和送车服务”：在约定的时间和地点取车，在完成约定的维修工作后，再给客户将车送回去。好处是提高老客户的满意度；增加赢得新客户的机会；使自己的服务更具吸引力；改善整个企业的形象。

实践证明，在当今这个“时间就是金钱”的时代，很多客户愿意享受这种服务，并把“上门取车和送车服务”看作维修的超值服务。作为企业向客户收取一定费用也是可以的。但是，作为吸引客户的一种方式，很多服务站目前不收取这笔费用。

4. 备用车

备用车是为将车放在服务站几个小时到几天的客户准备的一种自驾型出租车辆。这些客户在这段时间里需要备用车以便处理一些紧急的业务或私人事宜。

备用车不是免费提供给客户的，可以收取一定的费用，至少应当收回成本。当然，当备用车的利用率超过一定界限时，可以获得部分利润，但这不是提供备用车的本意，设立备用车服务的目的在于为客户提供便捷服务，对客户更有吸引力。

四、沟通策略

想象一下人与人之间不沟通，这两个人会变成什么？回答是变成了陌生人。同样，你与客户之间不沟通，企业会变成什么样的地方？企业也许会变成孤独的地方。沟通是一种良好的营销策略，可以使企业产生良好的效益。常用的沟通策略有爱车养护课堂、感恩回馈、汽车俱乐部、电话回访和调查问卷等。

1. 爱车养护课堂

轿车进入家庭的脚步加快，“速成驾驶人”的涌现，越来越多的客户只懂得如何开车不知如何把车用好、养好，服务站可利用“爱车养护课堂”给客户一个学习爱车的机会。客户购车后除了车辆说明书，除了买车时销售人员的讲解，对车辆就没有什么了解了。“爱车养护讲堂”作为售后服务的开始，将客户召集起来免费上一堂内容丰富、理论实操结合的培训课程，告诉客户如何使用车上的设备、如何驾驶车辆省油、车辆何时保养以及车辆发生故障如何处理等，以往只是个别有条件的4S店不定期举办的爱车养护讲堂，现在全国大部分经销店都定期开展“爱车养护课堂”，有的经销店还配有专业针对性的教学手册。

案例

一汽丰田的“爱车养护课堂”，主要是为客户讲解车辆使用常识，安全驾驶、日常养护、常见故障判断处理等方面的基本知识，2小时的课程包括理论讲座、实车操作演示、答疑研讨三个环节。

一汽丰田制作精美，图文并茂的培训手册发给每个人，可以回家给家人学习，每个环节都做得很到位。答疑研讨环节针对每位客户切实遇到的问题做出一对一的解答，不仅解决了客户的疑问，还可以与其他客户交流，互相学习，就共同的话题进行讨论，体会到一种深深的共鸣感，客户感谢4S店给他们提供了这个学习交流的平台。

2. 服务感恩活动

服务感恩活动是回馈客户的一种方式。

案例

2006年一汽丰田举行了第一次感恩节，从2006年4月开始，各经销店开始向客户发放“服务护照”，客户每参加一次服务节，护照上便会扣一枚章，扣满2个并且在该经销店进行过保养，或客户在同一家经销店的维修保养金额达到一定水平，便可以到经销店抽奖了。这就是感恩“点”礼。一汽丰田给客户的礼物也许只有一“点”，但这代表这一颗“感恩”的心。

2006年终举办的感恩“点”礼活动，全国共有23万余名丰田客户参加，产生3万余名获奖者。在为客户提供专业服务的同时，还为他们送上特别的诚意。一汽丰田人知道自己的生存依赖是客户，硬件设施的改善和工作环境的提高，不是自己努力的结果，而是客户送给他们的，所以他们要以一颗“感恩”的心来报答客户，以一份“诚信”的态度对待客户。

2006年服务感恩节的尾声，获得大奖的家庭在一汽丰田的组织下如期海南游，天南海北的丰田客户聚在一起，再一次体会到服务给他们带来的惊喜。而且，他们还为当地的希望小学捐助出自己的爱心，获得一汽丰田“感恩”的客户用自己的方式表达对社会的“感恩”。

3. 汽车俱乐部

汽车俱乐部是一种与现代社会相适应的专业化、网络化的汽车服务保障体系，俱乐部可以会员制形式为客户提供服务。俱乐部基于汽车又超出汽车本身，服务触角伸向会员所需的方方面面。俱乐部还会不定期组织会员活动，邀请专业人员为会员讲课或座谈，给会员一个交流、沟通的机会。汽车俱乐部的主要服务项目、运行方式等，各个服务站可根据自身的不同情况，实施其部分或全部内容。更多的4S店由销售和服务部门共同组建汽车俱乐部。

（1）汽车俱乐部的服务项目　汽车俱乐部的服务项目如下。

1）紧急抢修，拖车救援；

2）免费车辆性能检测和安全检查；

3）维修折让；

4）协助处理交通事故及交通违章；

5）车务提醒服务；

6）代办车辆年审；

7）代缴规费；

8）代理补办车辆证件遗失、车辆过户；

9）提供汽车代用及租赁服务；

10）提供各种咨询服务；

11）汽车美容或装饰给予折让优惠；

12）代办证照审验；

13）代办车辆保险；

14）代办变更车辆注册（更换车身、改变颜色、更换发动机）等手续；

15）协助车险理赔服务；

16）不定期举办各种汽车沙龙活动。

另外，作为4S店可充分发挥网点遍布全国的优势，协助会员处理本地或异地交通事故、交通违章、维修代用车、汽车租赁等事宜，为到外地旅游的客户争取购物、住宿、娱乐、航空机票、急送、预定等方面的折让优惠。在汽车文化传播方面，俱乐部可发展自己的合作刊物，建设自己的网站。

（2）汽车俱乐部入会及退会　汽车俱乐部入会及退会应有严格的规定，以免发生不必要的纠纷。具体要求如下。

1）入会时所填写和提供的有关资料必须真实、有效。

2）汽车服务站可为俱乐部会员发放会员卡或证，以车辆牌号为统一标识，即一车一卡，专卡专用；为了区别不同类型会员可分别制定金卡、银卡或普通卡。

3）申请加入俱乐部的会员应交纳会费，金卡、银卡或普通卡会员交纳的会费也不同。在服务站举行优惠活动时可免费发放普通卡，对一些特殊客户也可免费发放会员卡。若在本企业消费满一定金额，普通卡可升级为银卡，银卡可升级为金卡。

4）会员卡有效期为一年，在期满前交纳次年服务费，并进行续会登记，逾期视同放弃会员资格。

5）会员自入会之日一个月内，如对俱乐部服务不满意，可到俱乐部办理退会手续。

（3）汽车俱乐部会员义务

1）提供有效的身份证、驾驶证、行驶证及年检合格的车辆，办理入会手续。

2）要求会员到本企业维修及更换配件。

3）自觉遵守俱乐部制定的各项规章制度。

（4）会员奖励方法　会员奖励方法可采取会员积分和减免会费的方式。

1）会员积分。积分方法可参照如下方法进行。

① 会员到服务站维修或更换配件，每消费100元积1分。

② 会员的亲友持会员卡到本俱乐部修车，俱乐部将为会员积分。

③ 发展一名新客户入会积5分。

④ 购买全车综合险积10分。

2）奖励方法

① 每积1分折合人民币若干元，积分可在俱乐部转化为修理费或备件费。

② 积分达到1000分，送数码相机一部，积分达到10000分奖励笔记本电脑一台等。

3）会费优惠。一年内没有享受俱乐部服务的会员，年末可以退还一定数额的会费，在次年续会时，可享受一定会费的优惠，这样才会对会员有吸引力。

汽车俱乐部运行中对有些问题的说明如下。

① 车辆年审和驾驶证年审：应按当地规定参加车辆年审和驾驶证年审，会员如漏年审，可要求俱乐部协助补办，但补办手续会比较烦琐。

② 高速路救援：会员车辆在全封闭高速公路上需紧急救援服务的，鉴于涉及高速公路管理的特殊性，俱乐部可能无法提供服务，需提前告诉会员。

第三节 广告宣传和服务促销

汽车服务站的每一次广告宣传都伴随着服务促销。通过广告宣传只能让客户知道你，通过服务促销才能让客户感受到你周到的、高品质的汽车维修服务。“头回生，二回熟”，只有客户第一次的满足，才可能有第二次的光临。服务促销给您创造了大量的机会向客户展示为什么一定要到你的企业，并使之成为忠诚客户。

促销活动由客户提供适用的服务类型、场所和价格信息所组成。促销的目的是刺激和产生需求。自然，任何促销的焦点都必须以客户的观点为基础。只要考虑到这点，促销的目标就能够满足客户的需求。因此，促销活动利用了种种方法使客户知悉对其提供的服务，并促使客户驾驶汽车前来接受服务。

这些促销活动可以明确地划分为两类：一类是间接促销，即不涉及与人的直接接触的方法。例如，电视和无线电广告、报纸和杂志广告，以及直接邮件广告。另一类是直接促销，即涉及通过服务顾问或销售人员与客户的直接接触的方法。

一、广告宣传

广告起到告知性和塑造品牌形象的作用。近几年，中国的广告媒介类型呈现多样化的趋势，传统广告媒介有报纸、电视、广播、自制宣传品（册、单页）、户外广告牌，新兴广告媒介有互联网、楼宇广告牌、DM直投、车体广告牌等。这些媒介价格不一，效果、受众不一。各经销店应根据自己的目标达成来选择广告投放方式。最常见的方式就是报纸广告和电台广告。报纸广告按传播内容的侧重点分为“服务形象类广告”和“汽车品牌形象广告中附带服务促销信息”。

二、服务促销

促销是服务营销的一个关键因素，如果广告提供了购买的理由，促销则提供了购买的刺激，而服务促销就是为了增加入厂量，提高营业额。

1. 服务促销计划

1）决定服务促销的主题，在活动中要利用每次机会强调这个主题。

2）活动时间和期限。活动可在维修淡季进行，若活动只举行一两天，最好选在周六或周日进行。

3）通过市场调查，确定本企业的哪些服务项目有吸引力，什么样的价格具有竞争性。

4）必须确定明确的服务范围和有吸引力的固定价格（最终价格）并遵守它，以防止客户对企业的可信度产生怀疑。这点很重要！

5）在计划实施中定期检查，纠正计划实施的偏差。

6）准备必要的零部件和其他材料。

2. 服务促销项目制定

服务促销采用的方式有打折优惠、免费诊断，而更多的时候是将这两种方式结合。

免费诊断可以吸引新客户或意愿不高的客户到你的维修厂，免费为客户检查和测试车况，检查及测试的车况状态应记录在检查表上，这时可就检查结果与客户研讨。如果客户愿意，维修厂可以为他安排一次维修服务。如果客户不愿意，通过此次活动展示了企业的服务水平，达到了宣传的目的。

因此，服务促销项目制定应以廉价的方式达到广告宣传的目的，同时吸引客户进行原本需要的维护项目。

以夏季空调免费检测为例，可制定以下项目。

1）检查花粉滤清器是否干净。

2）检查空调系统制冷是否正常。

3）检查空调系统是否有泄漏处。

4）检查鼓风机是否正常。

5）检查空调线束有无老化、破损等。

6）空调系统免费除异味。

免费检测发现了问题，如花粉滤清器脏了、空调系统有泄漏处等，客户同意更换或维修，企业就可以获得利润了。

3. 服务促销实施

在企业内部尽一切努力使客户感到亲切，并受到鼓励，以便在需要时毫不迟疑地再度光临。

企业领导必须定期以客户挑剔的目光巡视企业，以寻找需改进之处。

注意：由于普遍存在的“当局者迷”现象，这些需改进之处往往难以被发现。因此，企业领导要巡视的不仅是视觉印象，还包括企业氛围、周围的格调以及员工对待客户的方式。

4. 服务促销分析总结

只有那些不仅对维修质量满意，还对在您的企业里受到无微不至的照顾感到满意的客户才是长期最好的广告。能拥有这样的客户，才是广告宣传和服务促销的最终目的。

服务促销活动结束后，还应重点对以下几个方面进行总结。

1）是否有客户对您的企业不满意？是哪些客户？为什么？

2）为什么过去来过的客户不再来了？

3）为什么潜在的客户选择了其他企业？

4）你的企业在公众中的信誉形象如何？

案例

案例1：马自达4S店春节服务促销活动

1）活动主题：“纵享激情·喜迎新春”服务双周免费检测活动。

2）活动时间：马自达汽车2013年1月10日至31日。

3）活动对象：针对管理的马自达所有客户，及还未到店的潜在客户等。

4）活动优惠内容

① 活动期间对进厂客户免费进行28项安全检测，确保长途出行安全顺畅。

② 活动期间到店客户保养一律赠送100元现金券（钣金、喷漆除外）。

③ 凡活动期间到店维修保养的马自达客户即赠送精美礼品1份，赠完即止。

案例2：轮胎优惠套餐促销

某广本4S店对全体广本客户提供以下轮胎优惠套餐。

1）套餐A：更换四条轮胎，尊享轮胎8.8折特惠、送更换工时、送动平衡、送四轮定位。

2）套餐B：更换两条轮胎，尊享轮胎8.8折特惠、送更换工时、送动平衡、四轮定位5折优惠。

3）套餐C：更换一条轮胎，尊享轮胎8.8折特惠，送更换工时、送动平衡。

4）客户可尊享买轮胎存轮胎活动。

案例3：上海别克4S店售后服务元宵促销活动

辽宁天合汽车销售服务有限公司是上海通用汽车有限公司在沈阳地区授权的一家销售服务中心和特约售后服务中心。公司主营车型：凯越、英朗GT、英朗XT、君越、君威、别克GL8豪华商务车、昂科雷、林荫大道。他们利用元宵节“猜灯谜、吃汤圆”的传统习俗；组织开展了大型元宵节猜灯谜活动，2月24日只要您来到别克售后服务维修保养就能参加，猜灯谜就能拿礼品；维修保养送元宵佳节礼；现场制作，现场品尝，现场赠送。

三、服务促销案例

服务促销包括免费活动、绑定类活动、线上互动类活动、送礼抽奖类活动、折扣类活动和代金券/积分卡类活动等。

1. 免费活动

免费促销是指消费者免费获得赠给的某种特定的物品或享受某种利益的促销活动。免费活动通过免费来吸引客户，达到服务促销的目的，案例见图7-1和图7-2。

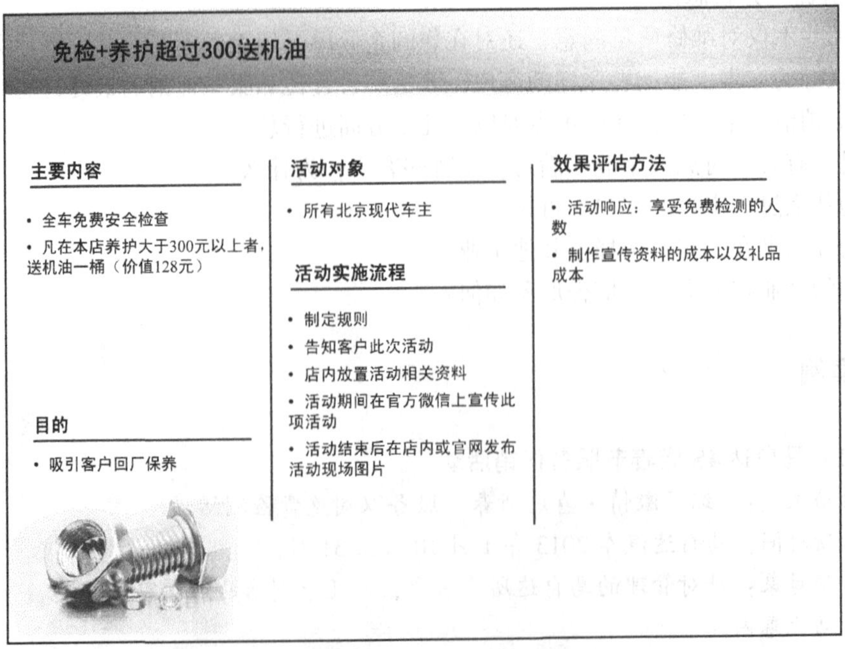

图7-1 “免检+养护超过300送机油”活动

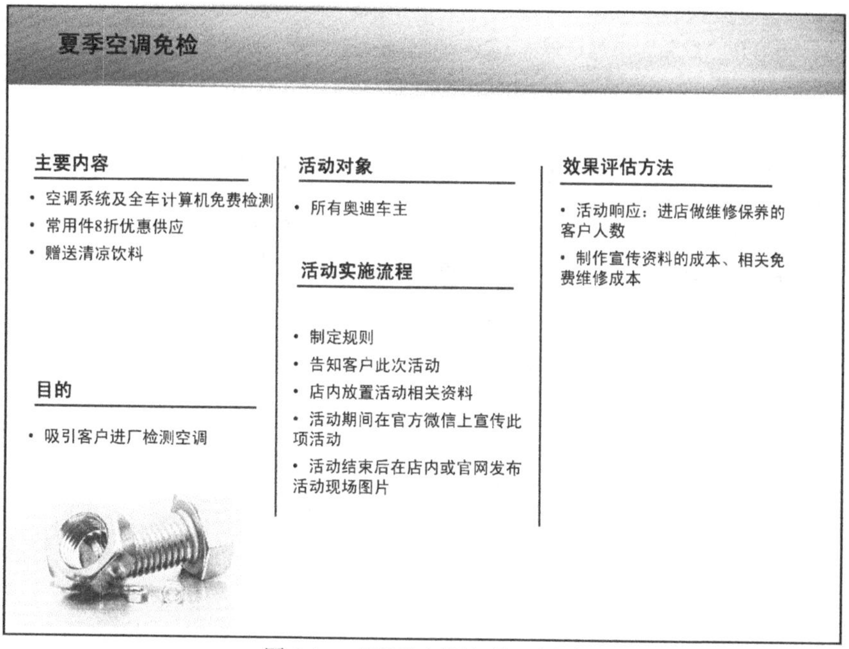
夏季空调免检
主要内容
• 空调系统及全车计算机免费检测
• 常用件8折优惠供应
• 赠送清凉饮料
目的
• 吸引客户进厂检测空调
活动对象
• 所有奥迪车主
活动实施流程
• 制定规则
• 告知客户此次活动
• 店内放置活动相关资料
• 活动期间在官方微信上宣传此项活动
• 活动结束后在店内或官网发布活动现场图片
效果评估方法
• 活动响应：进店做维修保养的客户人数
• 制作宣传资料的成本、相关免费维修成本

图 7-2 “夏季空调免检”活动

2. 绑定类活动

捆绑销售是共生营销的一种形式，是指两个或两个以上的商品在促销过程中进行搭配，从而扩大它们的影响力。不是所有的企业的产品和服务都能随意地“捆绑”在一起。捆绑销售要达到“ 1 +1 >2”的效果取决于两种商品的协调和相互促进，而不存在难以协调的矛盾。捆绑销售的成功还依赖于正确捆绑策略的制定，案例见图 7-3 和图 7-4。

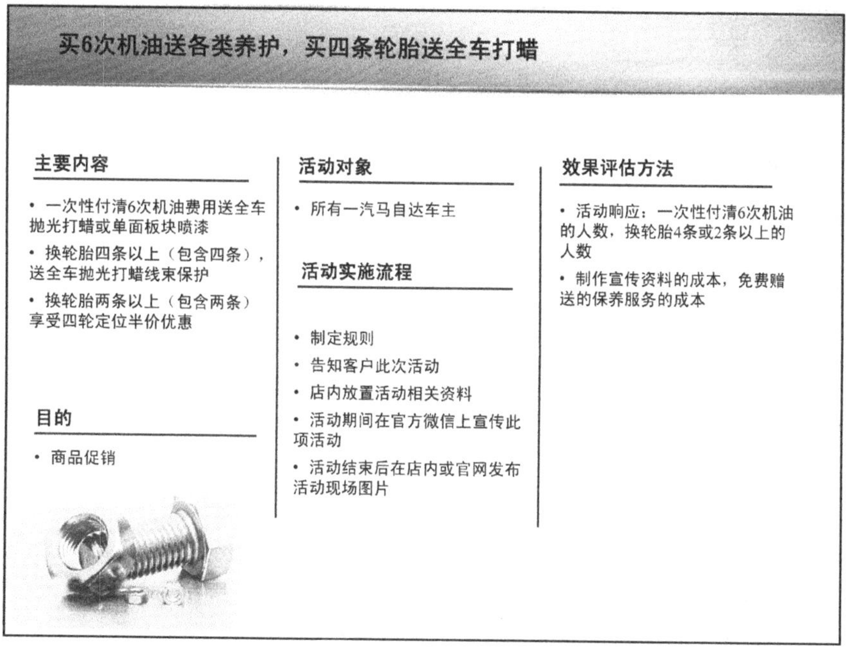
买6次机油送各类养护，买四条轮胎送全车打蜡
主要内容
• 一次性付清6次机油费用送全车抛光打蜡或单面板块喷漆
• 换轮胎四条以上（包含四条），送全车抛光打蜡线束保护
• 换轮胎两条以上（包含两条）享受四轮定位半价优惠
目的
• 商品促销
活动对象
• 所有一汽马自达车主
活动实施流程
• 制定规则
• 告知客户此次活动
• 店内放置活动相关资料
• 活动期间在官方微信上宣传此项活动
• 活动结束后在店内或官网发布活动现场图片
效果评估方法
• 活动响应：一次性付清6次机油的人数，换轮胎4条或2条以上的人数
• 制作宣传资料的成本，免费赠送的保养服务的成本

图 7-3 “买 6 次机油送各类养护，买四条轮胎送全车打蜡”活动

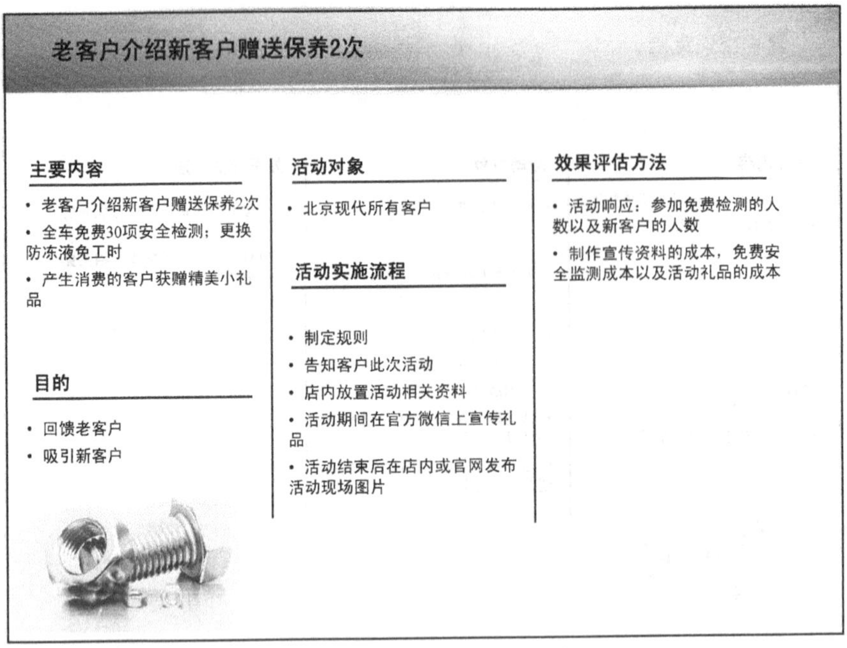
老客户介绍新客户赠送保养2次
主要内容
• 老客户介绍新客户赠送保养2次
• 全车免费30项安全检测；更换防冻液免工时
• 产生消费的客户获赠精美小礼品
目的
• 回馈老客户
• 吸引新客户
活动对象
• 北京现代所有客户
活动实施流程
• 制定规则
• 告知客户此次活动
• 店内放置活动相关资料
• 活动期间在官方微信上宣传礼品
• 活动结束后在店内或官网发布活动现场图片
效果评估方法
• 活动响应：参加免费检测的人数以及新客户的人数
• 制作宣传资料的成本，免费安全监测成本以及活动礼品的成本

图 7-4 “老客户介绍新客户赠送保养 2 次”活动

3. 线上互动类活动

线上互动类活动是利用互联网，厂家和车主通过某个活动，扩大企业和产品的影响力，吸引更多的客户到店，案例见图 7-5 和图 7-6。

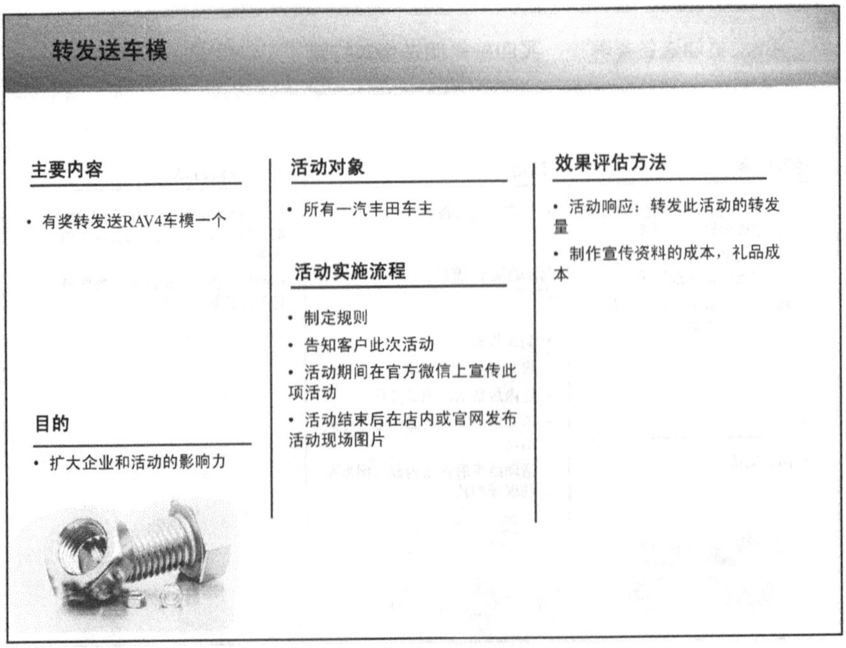
转发送车模
主要内容
• 有奖转发送RAV4车模一个
目的
• 扩大企业和活动的影响力
活动对象
• 所有一汽丰田车主
活动实施流程
• 制定规则
• 告知客户此次活动
• 活动期间在官方微信上宣传此项活动
• 活动结束后在店内或官网发布活动现场图片
效果评估方法
• 活动响应：转发此活动的转发量
• 制作宣传资料的成本，礼品成本

图 7-5 “转发送车模”活动

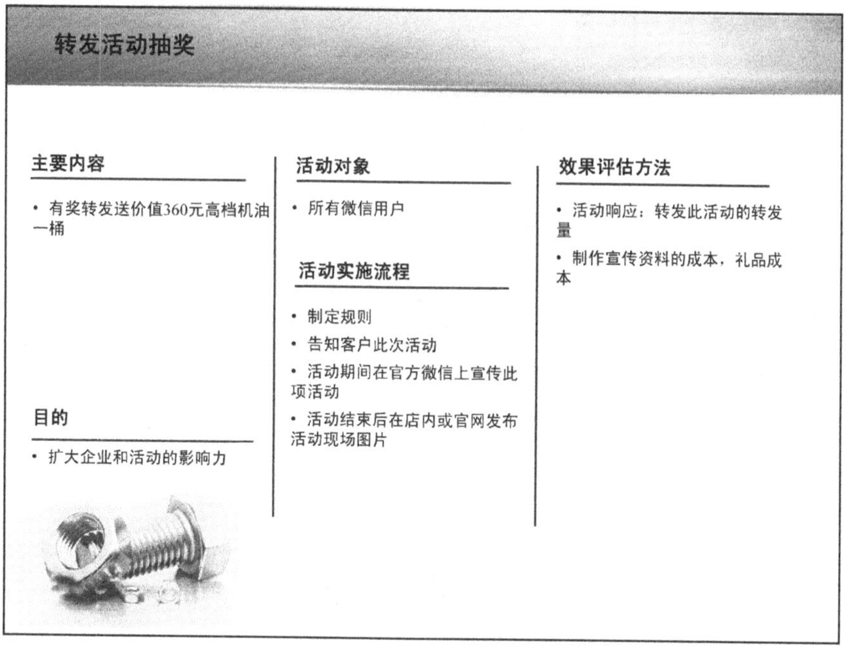
转发活动抽奖
主要内容
• 有奖转发送价值360元高档机油一桶
目的
• 扩大企业和活动的影响力
活动对象
• 所有微信用户
活动实施流程
• 制定规则
• 告知客户此次活动
• 活动期间在官方微信上宣传此项活动
• 活动结束后在店内或官网发布活动现场图片
效果评估方法
• 活动响应：转发此活动的转发量
• 制作宣传资料的成本，礼品成本

图 7-6　“转发活动抽奖”活动

4. 送礼抽奖类活动

送礼抽奖类活动是指通过给客户提供送礼抽奖的活动，获得和客户接触的机会，达到服务促销的目的，案例见图 7-7 和图 7-8。

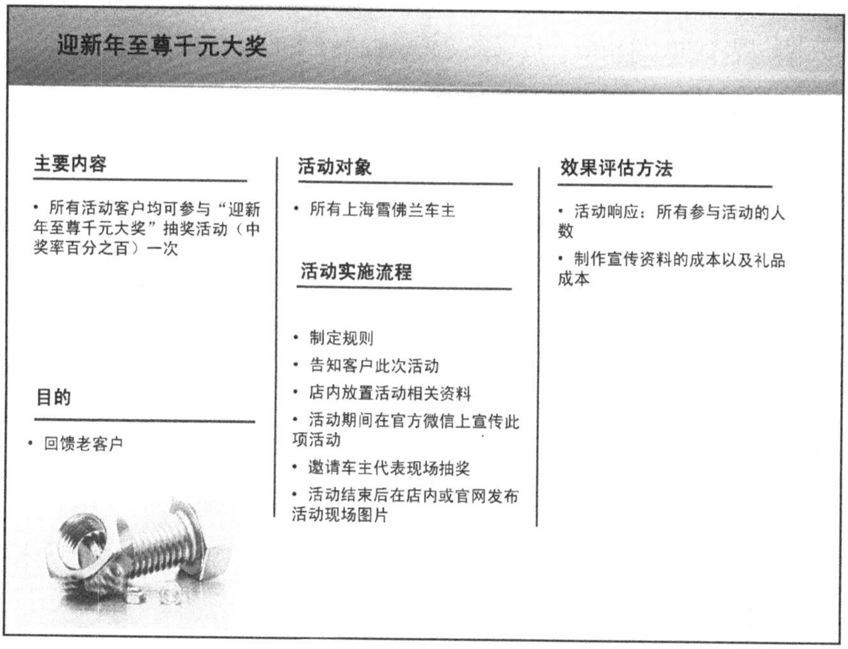
迎新年至尊千元大奖
主要内容
• 所有活动客户均可参与“迎新年至尊千元大奖”抽奖活动（中奖率百分之百）一次
目的
• 回馈老客户
活动对象
• 所有上海雪佛兰车主
活动实施流程
• 制定规则
• 告知客户此次活动
• 店内放置活动相关资料
• 活动期间在官方微信上宣传此项活动
• 邀请车主代表现场抽奖
• 活动结束后在店内或官网发布活动现场图片
效果评估方法
• 活动响应：所有参与活动的人数
• 制作宣传资料的成本以及礼品成本

图 7-7　“迎新年至尊千元大奖”活动

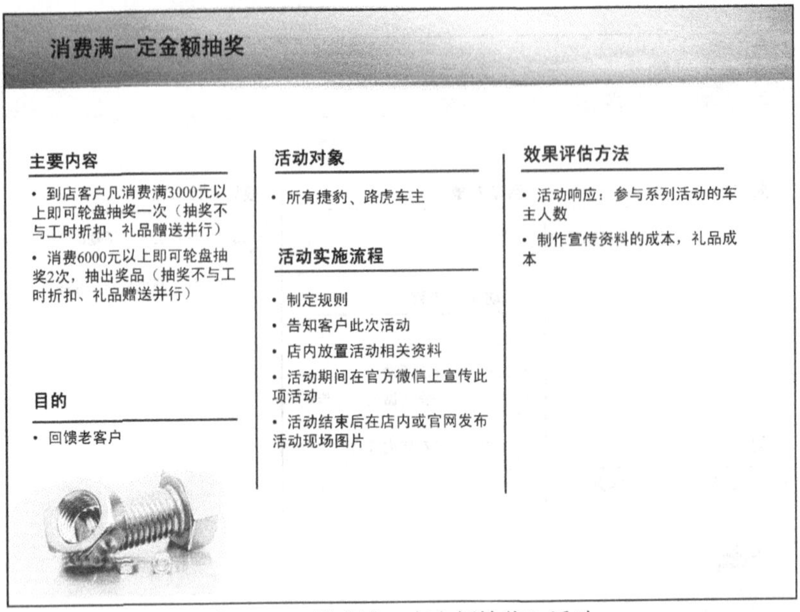
消费满一定金额抽奖
主要内容
• 到店客户凡消费满3000元以上即可轮盘抽奖一次（抽奖不与工时折扣、礼品赠送并行）
• 消费6000元以上即可轮盘抽奖2次，抽出奖品（抽奖不与工时折扣、礼品赠送并行）
目的
• 回馈老客户
活动对象
• 所有捷豹、路虎车主
活动实施流程
• 制定规则
• 告知客户此次活动
• 店内放置活动相关资料
• 活动期间在官方微信上宣传此项活动
• 活动结束后在店内或官网发布活动现场图片
效果评估方法
• 活动响应：参与系列活动的车主人数
• 制作宣传资料的成本，礼品成本

图 7-8　“消费满一定金额抽奖”活动

5. 折扣类活动

折扣类活动是为了鼓励客户及早付清货款、大量购买、淡季购买，酌情降低其基本价格，这种价格调整叫作价格折扣。

通过对某商品或者服务的直接价格折扣，如九折优惠、特价销售等，都是直接折价的促销方式，消费者可以清楚地知道该商品究竟便宜了多少。直接打折的方式能够较强烈地引起消费者的注意，并刺激消费者做出购买决策，使消费者增加购买数量，或者改变购买时间（提前购买），或者增加购买频率。通常，折扣率至少应达到 10% ~30% 才能对消费者产生影响。它的缺点是容易引起品牌之间的价格战，造成多了销量，少了利润。案例见图 7-9 和图 7-10。

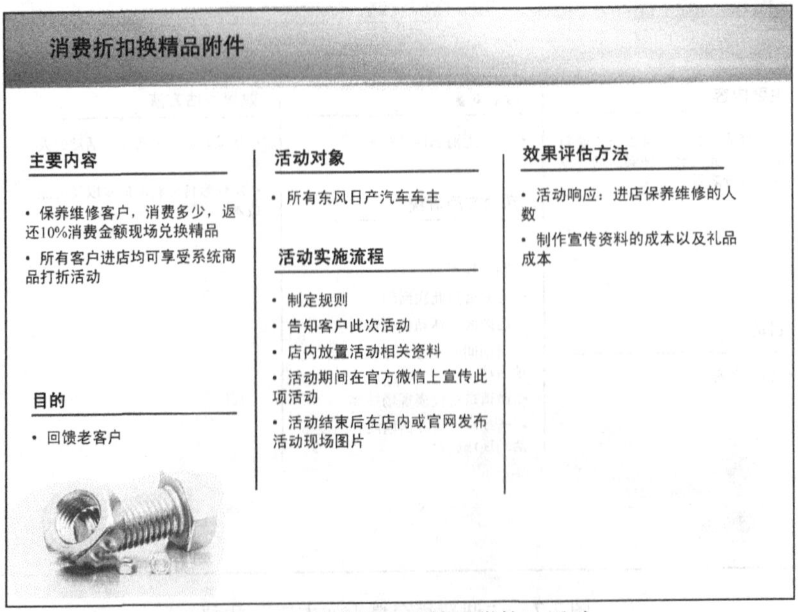
消费折扣换精品附件
主要内容
• 保养维修客户，消费多少，返还10%消费金额现场兑换精品
• 所有客户进店均可享受系统商品打折活动
目的
• 回馈老客户
活动对象
• 所有东风日产汽车车主
活动实施流程
• 制定规则
• 告知客户此次活动
• 店内放置活动相关资料
• 活动期间在官方微信上宣传此项活动
• 活动结束后在店内或官网发布活动现场图片
效果评估方法
• 活动响应：进店保养维修的人数
• 制作宣传资料的成本以及礼品成本

图 7-9　“消费折扣换精品附件”活动

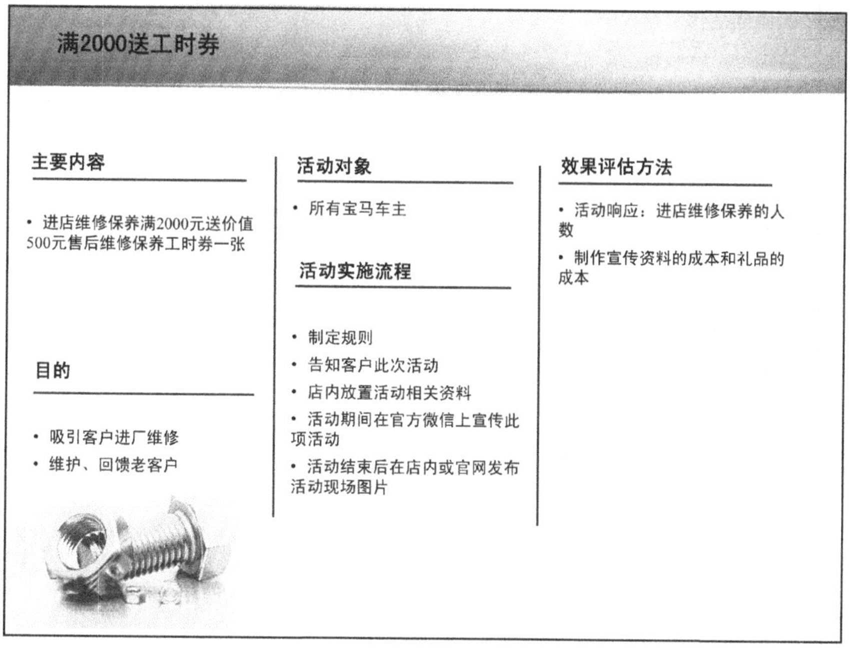
满2000送工时券
主要内容
• 进店维修保养满2000元送价值500元售后维修保养工时券一张
目的
• 吸引客户进厂维修
• 维护、回馈老客户
活动对象
• 所有宝马车主
活动实施流程
• 制定规则
• 告知客户此次活动
• 店内放置活动相关资料
• 活动期间在官方微信上宣传此项活动
• 活动结束后在店内或官网发布活动现场图片
效果评估方法
• 活动响应：进店维修保养的人数
• 制作宣传资料的成本和礼品的成本

图 7-10 “满 2000 送工时券”活动

6. 代金券/积分卡类

代金券是商家的一种优惠活动，代金券可以在购物中抵扣同样等值的现金使用。代金券，顾名思义是代替钞票的。代金券的本质其实就是优惠券的一种，是一个短期刺激消费者的工具，它与积分（长期吸引顾客）刚好构成了日常营销的基本工具。案例见图 7-11 和图 7-12。

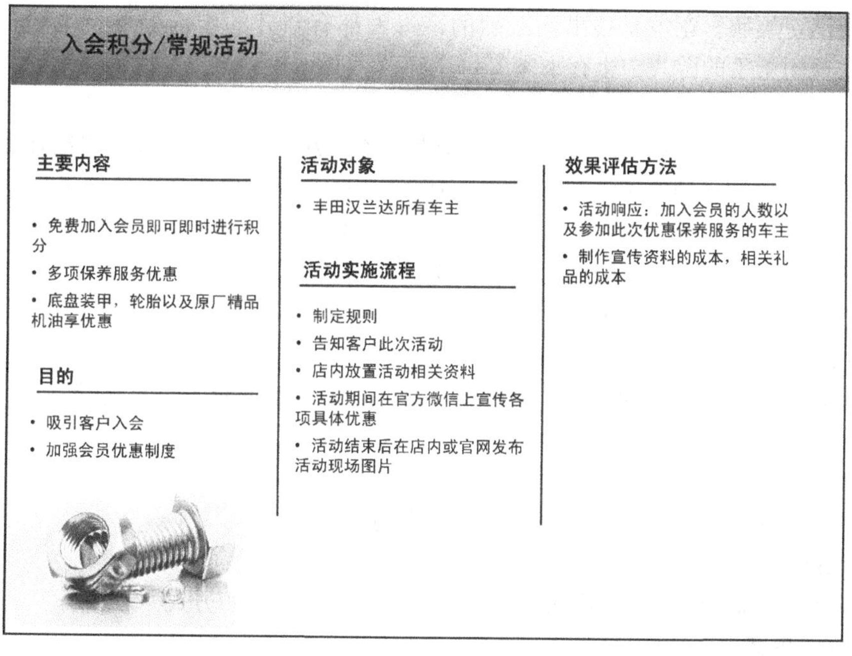
入会积分/常规活动
主要内容
• 免费加入会员即可即时进行积分
• 多项保养服务优惠
• 底盘装甲，轮胎以及原厂精品机油享优惠
目的
• 吸引客户入会
• 加强会员优惠制度
活动对象
• 丰田汉兰达所有车主
活动实施流程
• 制定规则
• 告知客户此次活动
• 店内放置活动相关资料
• 活动期间在官方微信上宣传各项具体优惠
• 活动结束后在店内或官网发布活动现场图片
效果评估方法
• 活动响应：加入会员的人数以及参加此次优惠保养服务的车主
• 制作宣传资料的成本，相关礼品的成本

图 7-11 “入会积分/常规活动”

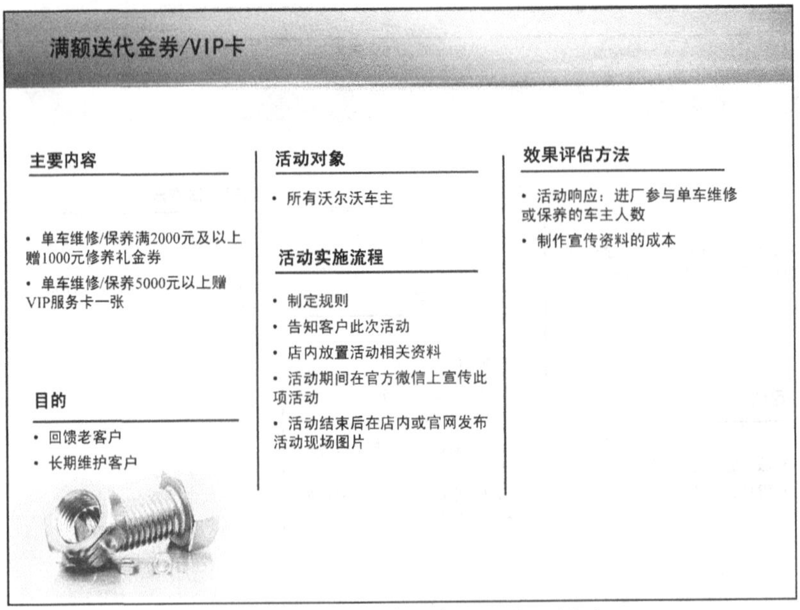
满额送代金券/VIP卡
主要内容
• 单车维修/保养满2000元及以上赠1000元修养礼金券
• 单车维修/保养5000元以上赠VIP服务卡一张
目的
• 回馈老客户
• 长期维护客户
活动对象
• 所有沃尔沃车主
活动实施流程
• 制定规则
• 告知客户此次活动
• 店内放置活动相关资料
• 活动期间在官方微信上宣传此项活动
• 活动结束后在店内或官网发布活动现场图片
效果评估方法
• 活动响应：进厂参与单车维修或保养的车主人数
• 制作宣传资料的成本

图 7-12 “满额送代金券/VIP 卡”活动

第四节 营销技巧

一、集客技巧

在各个消费领域，竞争是残酷而激烈的，每天都有新开的店铺，每天也都有倒闭的店铺，要想在这场竞争的游戏中生存下来，每个经营者必须找到聚集顾客的方法，总结出一套集客之道。

有人研究了许多经营年数超过 10 年的店铺的经营方式，发现大多数店铺在激烈的竞争下生存依靠的法宝是“回头客”。据相关权威资料统计，老客户所产生的销量是新客户的 15 倍以上。一批忠诚的“回头客”意味着稳定的现金流、持续的收益以及口口相传的免费宣传，有了这些，企业必然会在激烈的竞争中屹立不倒。

有客户才会有服务，有服务才会有收入，这是大家都明白的道理。那么怎样集客呢？

1. 外展集客

外展集客通过店铺以外的活动，有目的、有计划地实施展示、集客活动。如小区免费检测、停车场发放优惠券等。

2. 店头集客

店头集客是通过宣传和活动，吸引客户到店的集客方式。

3. 互联网集客

互联网集客是通过互联网如微信、QQ、手机 APP 等集客的方式。

4. 转介绍集客

转介绍集客是通过老客户介绍潜在客户来店的集客方式。

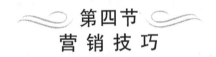

案例

一汽丰田2016年“秋季服务节”于9月15日至9月30日期间在全国范围内火热开展。自2003年至今，一汽丰田于不同季节开展各项针对客户及其爱车的关爱活动，从未间断。今年一汽丰田秋季服务节以“享受无忧旅程”为主题，为用户带来贴心的服务和超值优惠。多重服务礼遇，让消费者真正享受用车无忧旅程。

一汽丰田针对不同车型及季节差异、外出游玩等用车需求，推出不同服务项目。9月15日至9月30日，来店参与微信互动游戏，即可享受海量服务优惠券，最高可获基础保养免费大奖。

用户到店后开启蓝牙，并打开微信摇一摇互动界面，摇一摇跳转选择“刮刮乐狂欢啪”活动进入游戏。参与游戏即可领取代金券及优惠券。点击领取后，优惠券即可存入用户的微信卡包，在店中使用。

优惠券丰富多样，有“免费保单”优惠券，可免费享受机油＋机滤的基础保养一次。还有服务保养券、零件券和免费玻璃水等海量优惠，满足用户不同的服务需求。来店摇一摇，中奖机会100%，超值又省心。

二、保养套餐

目前，不少汽车4S店的售后服务推出了保养套餐，保养套餐对客户具有透明、优惠的特点，对维修企业具有易掌握、易推广的特点。常见的保养套餐有根据不同里程制定的项目和根据同一里程制定的项目。

1. 不同里程制定的保养套餐

表7-1中列出了不同车型不同里程的保养项目和收费标准。下面还列出了特色服务项目，如润滑系统清洗、保护，燃油系统清洗等。有的4S店直接将特色服务项目加进保养套餐里，使客户易于接收。

2. 同一里程制定的保养套餐

表7-2中列出了同一里程的保养项目和收费标准，让客户自由选择。

案例

2008年，BMW在全国范围内统一保养工时费和零配件费，推出BMW保养套餐，真正做到让消费者享受统一、透明、优惠的保养服务。与竞争对手相比，BMW率先做到保养价格全国统一，增强了消费者对BMW的信赖感，为实现BMW全球制定的“行业第一品牌”的目标画上重要一笔。

除了价格统一、服务透明，BMW“悦享”保养套餐还兼顾了价格优惠和更高价值的服务，以更高的性价比领跑高档汽车售后服务市场。悉心设计的BMW车况提示系统，通过对车况的科学评估，主动向客户提示保养时间，以便客户根据实际需求进行保养，真正做到精确消费，省心养护。

BMW“悦享”保养套餐共包含12个套餐，分别是机油机滤保养套餐、制动液保养套餐、微尘滤清器保养套餐、后部制动片保养套餐、后部制动盘及制动片保养套餐、前部制动片保养套餐、前部制动盘及制动片保养套餐、火花塞保养套餐、空气滤清器保养套餐、燃油滤清器保养套餐、刮水器保养套餐以及车辆检查（此项仅适用于带车况提示功能车型）。

表 7-1　不同里程的保养套餐（以一汽丰田车系为例）

保养套餐基础型			CROWN			COROLLA			VIOS			LC100			PRADO		
保养类型	里程数		工时费/元	零件费/元	合计/元	工时费/元	零件费/元	合计/元	工时费/元	零件费/元	合计/元	工时费/元	零件费/元	合计/元	工时费/元	零件费/元	合计/元
A1．5	1．5 万、2．5 万等	不含	40	428	468	30	93	123	30	93	123	50	776	826	50	374	424
		含机滤	60	496	556	40	146	186	40	142	182	60	829	889	60	427	487
A26	2 万、6 万等	含火花塞	280	1 378	1 658	130	146	276	130	214	344	390	1 168	1 558	160	427	587
		不含	160	496	656	100	146	246	100	142	242	210	829	1 039			0
A35	3 万、5 万、7 万		140	496	636	80	146	226	80	142	222	160	829	989	150	427	577
					0			0			0			0			0
A48	4 万、8 万等	每隔 4 万	340	823	1 163	210	419	629	20	403	423	580	1 398	1 978	480	1 138	1 618
		每隔 8 万	520	1 021	1 541	320	659	979	320	643	963	610	1 935	2 545	600	1 498	2 098

解　　析：

保养套餐主要项目（对应以上车型）	部件	更换里程/km	价格/元	部件	更换里程/km	价格/元	部件	更换里程/km	价格/元	部件	更换里程/km	价格/元	部件	更换里程/km	价格/元
	机油	5 000	245/388	机油	5 000	90	机油	5 000	93	机油	5 000	776	机油	5 000	374
	机滤	5 000	68	机滤	5 000	53	机滤	5 000	49	机滤	5 000	53	机滤	5 000	53
	空滤	4 万	87	空滤	4 万	81	空滤	4 万	69	空滤	4 万	214	空滤	4 万	164
	汽滤	8 万	198	汽滤	8 万	240	汽滤	8 万	240	汽滤（外置）	4 万	235	汽滤（外置）	2 万	235
	火花塞	10 万	147	火花塞	4 万	18×4	火花塞	4 万	18/147	火花塞	2 万	146×8	火花塞	4 万	32×6
	制动液	4 万	40×3	制动液	4 万	40×3	制动液	4 万	40×3	制动液	4 万	40×3	制动液	4 万	40×3
	差速器油	8 万	60×2	差速器油	8 万	60×2	差速器油	8 万	60×2	差速器油	8 万	60×7	差速器油	8 万	60×6
	变速器油	8 万	326	变速器油	8 万	326	变速器油	8 万	326	变速器油	8 万	326	变速器油	8 万	326

特色保养项目：

	保养内容	里程/km	价格/元	保养内容	里程/km	价格/元									
	润滑系统清洗	2 万	120	润滑系统保护	2 万	120									
	清洗自动变速器	4 万	480	喷油器清洗	2 万	200									
	三元催化清洗	2 万	200	进气系统清洗	2 万	200									

看板下面的空间可以增加一些其他内容，如经销店的电话、预约电话、救援电话、各种提示等。

表 7-2　同一里程保养套餐

里程/km	保养套餐		
	初级保养	优质保养	极致保养
2 万	更换机油机滤、更换空气滤芯、清洁空调滤芯、免拆节气门清洗（基础）、免拆喷油器清洗（基础）、免拆进气道清洗（基础）、三元催化器清洗（基础）、发动机润滑系统清洗（基础）、发动机润滑系统保护（基础）、四轮换位并动平衡	更换机油机滤、更换空气滤芯、清洁空调滤芯、免拆节气门清洗（深度）、免拆喷油器清洗（深度）、免拆进气道清洗（深度）、免拆三元催化器清洗（深度）、免拆三元催化器清洗保护（深度）、发动机润滑系统清洗（深度）、发动机润滑系统保护（深度）、四轮换位并动平衡	更换机油机滤、更换空气滤芯、清洁空调滤芯、免拆节气门清洗（深度）、免拆喷油器清洗（深度）、免拆进气道清洗（深度）、免拆三元催化器清洗（深度）、免拆三元催化器清洗保护（深度）、发动机润滑系统清洗（深度）四轮换位并动平衡、发动机润滑系统保护（深度）、制动系统清洁养护（深度）、线路养护（深度）
3 万	更换机油机滤、更换空气滤芯、更换空调滤芯、四轮换位并动平衡	更换机油机滤、更换空气滤芯、更换空调滤芯、四轮换位并动平衡、线路养护（深度）、空调系统清洁除菌	更换机油机滤、更换空气滤芯、更换空调滤芯、四轮换位并动平衡、线路养护（深度）、空调蒸发箱清洁除菌
4 万	更换机油机滤、更换空气滤芯、清洁空调滤芯、免拆节气门清洗（基础）、免拆喷油器清洗（基础）、免拆进气道清洗（基础）、三元催化器清洗（基础）、发动机润滑系统清洗（基础）、更换变速器油（基础）、更换制动油、更换助力油、更换前桥油更换后桥油、更换分动箱油、更换防冻液、发动机润滑系统保护（基础）、四轮换位并动平衡、燃油系统干燥除水保护剂	更换机油机滤、更换空气滤芯、清洁空调滤芯、免拆节气门清洗（深度）、免拆喷油器清洗（深度）、免拆进气道清洗（深度）、免拆三元催化器清洗（深度）、免拆三元催化器保护（深度）、更换变速器油（深度）、更换制动油更换助力油、更换前桥油、更换后桥油、更换分动箱油、更换防冻液、发动机润滑系统清洗（深度）、发动机润滑系统保护（深度）、四轮换位并动平衡、燃油系统干燥除水保护剂	更换机油机滤、更换空气滤芯、清洁空调滤芯、免拆节气门清洗（深度）、免拆喷油器清洗（深度）、免拆进气道清洗（深度）、免拆三元催化器清洗（深度）、免拆三元催化器清洗保护（深度）、更换变速器油（深度）、更换制动油、更换助力油、更换前桥油、更换后桥油、更换分动箱油、更换防冻液、发动机润滑系统清洗（深度）、发动机润滑系统保护（深度）、四轮换位并动平衡、燃油系统干燥除水保护剂、车身润滑四卫士保养套餐

注：1. “基础保养”指添加清洗，“深度保养”指使用专用仪器清洗。
　　2. 这是某 4S 店售后服务站的保养套餐，仅供参考。

三、保险营销

客户是汽车维修企业生存和发展的基础，客户资源的有效利用和深度挖掘是业务持续、稳定、健康发展的关键。保险是客户维系的重要方式，充分拓展保险业务有利于汽车维修企业业务更加牢固，利润更加有支撑。现在不少汽车 4S 店的车辆续保工作做得十分出色，可以说续保是 4S 店利润增加的源泉。

面对激励的市场环境，保险公司、中介代理等复杂的竞争对手，续保工作是比较艰难的。

1. 续保的方法

1）设置专职续保专员。由于外部竞争激烈，即使是基盘客户很多的 4S 店，在续保方面也需主动、提前、多次反复跟踪客户，而只有安排专人负责续保才能做到这一点。

2）明确续保业务的原则。让利灵活原则：根据每个客户的具体情况，按照“不让利→部分让利→全额让利→全额让利 + 礼品”的步骤进行商谈。

3）续保激励政策合理化。要注重激励的全面性，灵活激励等。

4）落实续保业务日常管理。做好续保管理报表和客户回访日跟踪表。及时记录战败原因，月底进行战败分析，及时和保险公司沟通，对市场做出快速反应。

5）做好与客户的充分沟通和说服。采用短信通知与电话沟通相结合的方法，必要时要上门走访。

2. 续保管理方法

1）每月确定续保总额（辆数、金额）目标、续保率目标。

2）每月总结续保战败情况，总结分析上月续保战败原因并提交改善方案。

3）续保成功档案录入电子档案，为来年的续保做好基础工作。

3. 续保工作流程

1）续保专员根据承保档案记录，提前2个月向保单即将到期的客户发送短信，向客户介绍本店的续保服务及理赔服务。

2）续保专员在电话营销过程中，应将商谈记录登记到《续保跟进登记表》（表7-3）的跟踪栏内，如果商谈失败，应在“失败原因”栏目内详实地记录失败原因。

表7-3　续保跟进登记表

<table>
<tr><th colspan="2">提前一个月准备及流程</th><th>当月
1～10日</th><th>当月
11～20日</th><th>当月
21～31日</th><th>次月
1～10日</th><th>次月
11～20日</th><th>次月
21～31日</th></tr>
<tr><td>下月到期续保数</td><td rowspan="4">1. 提前将下月的续保名单按旬分类
2. 跟进成功的名单及业绩
3. 战略的名单写明原因</td><td></td><td></td><td></td><td></td><td></td><td></td></tr>
<tr><td>本月跟进数</td><td></td><td></td><td></td><td></td><td></td><td></td></tr>
<tr><td>成功签单数</td><td></td><td></td><td></td><td></td><td></td><td></td></tr>
<tr><td>战败数</td><td></td><td></td><td></td><td></td><td></td><td></td></tr>
</table>

3）续保专员应协助服务顾问向客户解释机动车保险条款以及本店的理赔服务。

4）每天上班后整理当天跟踪客户资料，以及准备好报价单。

5）电话续保。以本专营店保险服务中心续保专员的身份出现，代表本专营店保险服务中心，以回访和提醒的形式切入话题。

6）介绍本店保险服务中心的优势，主动要求通知传真或电子邮件形式向客户提供车辆保险建议书。

7）电话结束时，感谢客户的配合，并预约下次商谈方式和时间。

4. 注重续保客户长期发展的基础工作

销售前的奉承不如销售后的服务，这是制造永久客户的不二法门。续保业务是一项长期工作，是一个“系统工程”，为了次年续保业务的顺利开展，还需要注意落实以下几项重要的基础工作。

1）新车保险销售，提升新车投保率。

2）承保档案保存完整。

3）本店理赔服务口碑宣传。

4）有效维护保有客户，为客户提供代办车险工作并且经常组织客户活动，为续保业务奠定良好的基础。

四、微信营销

微信营销是网络经济时代企业对营销模式的创新，是伴随着微信的火热产生的一种网络营销方式。微信不存在距离的限制，用户注册微信后，可与周围同样注册的“朋友”形成一种联系。用户订阅自己所需的信息，商家通过提供用户需要的信息，推广自己的产品的点对点的营销方式。

微信一对一的互动交流方式具有良好的互动性，精准推送信息的同时更能形成一种朋友关系。基于微信的种种优势，借助微信平台开展客户服务营销也成为继微博之后的又一新兴营销渠道。

企业应该将微信作为品牌的根据地，要吸引更多人成为关注你的普通粉丝，再通过内容和沟通将普通粉丝转化为忠实粉丝，当粉丝认可品牌，建立信任，他自然会成为你的客户。

营销上有一个著名的“鱼塘理论”，鱼塘理论是把客户比作一条条游动的鱼。而把客户聚集的地方比作鱼塘。鱼塘理论认为，企业应该根据企业的营销目标，分析鱼塘里面不同客户的喜好和特性，采取灵活的营销策略，最终实现整个捕鱼过程的最大成功。微信公众平台就相当于这个鱼塘。

微博营销本身的曝光率是极低的。你的广告信息很容易就被淹没在了微博滚动的动态中了，除非你刷屏发广告或者我刷屏看微博。信息的到达率可能是采取微博营销最需要关注的。

而微信不同，微信在某种程度上可以说是强制了信息的曝光，前提是你先上了“贼船”。微信公众平台信息的到达率是100%，还可以实现用户分组、地域控制在内的精准消息推送。这似乎正是营销人士欢呼雀跃的地方：只需把精力花在更好的文案策划上，而不是不厌其烦地花在推广运营上。如此一来，微信公众平台上的粉丝质量要远远高于微博粉丝，只要控制好发送频次与发送的内容质量，一般来说用户不会反感，并有可能转化成忠诚的客户。

微信营销如果不顾用户的感受，强行推送各种不吸引人的广告信息，会引来用户的反感。凡事理性而为，善用微信这一时下最流行的互动工具，让商家与客户回归最真诚的人际沟通，才是微信营销真正的王道。

结合其他行业实践经验，有六条经验可供我们维修企业借鉴。

1. 内容定位——内容为王

内容的定位应该结合企业的特点，同时又从用户的角度去着想，而不能一味地只推送企业自己的内容。记住：微信不是为企业服务的，而是为用户服务的！只有从你的微信当中获得用户想要的东西，他们才会加更忠实于你，和你成为朋友，接下来的销售才会理所当然。

要记住：用户是冲着你的内容才来的，推荐也是因为觉得内容有价值，所以内容为王。

2. 内容推送——拒绝骚扰

现在绝大多数的微信公众账号每天都有1次群发消息的功能，很多人嫌少，其实用好了，效果会很好。现在每个用户都会订阅几个账号，推送的信息一多根本看不过来。内容推送要注意两个方面。

1）推送频次：一周不要超过3次，太多了会打扰到用户，最坏的后果可能是用户取消对你的关注。当然，太少了用户也会抱怨，觉得你的公众号只是一个摆设，根本不会从你这里获得什么。所以这个度一定得把握好。

2）推送形式：指内容不一定都是图文专题式的，也可以是一些短文本，文本字数一般为100～200字，关键在于内容能引发的读者思考，产生思想的火花，形成良好的互动效果。

3. 人工互动——沟通是魂

微信的本质是沟通平台，沟通需要有来有往，所以人工互动是必不可少的。

建议不要设置“消息自动回复”，就像QQ里的聊天自动回复，很讨厌，没诚意。企业微信公众账号，要能够做到适时的人工互动，做不到这一点，很难用好微信。

4. 从线上到线下——怀念不如相见

线上线下活动结合的意义在于面对面的交流更容易培训忠实的粉丝，产生更鲜活、更接地气的内容，这样的微信公众号才会显得更真实，更有亲和力。

另外，微信用户仅靠自然增长会很有限，线下活动也是增加微信用户的重要手段。

5. 他山之石——对手是最好的老师

做微信营销一定要有开放的心态。记住：竞争对手是最好的老师！要积极关注竞争对手的微信，如果你关注了100个竞争对手的微信，就会有100个账号在教你怎样做好微信营销。

6. 贵在运营——日久见人心

坚持很重要。微信营销不能靠一招鲜，拼的是投入和执行力，长期坚持下去，在实践中不断积累经验，培养和用户的感情，你的目标才有可能实现。

案例

案例1：浙江奥通汽车是浙江一家专营奥迪的4S店，它们一直重视微信营销，并且也在微信上面做出了不少研究。他们的平台是在2012年11月注册的，是浙江省第一个注册并推广运营的豪华汽车品牌微信平台。他们希望通过对服务的介绍和互动来带动品牌口碑的拓展。

一个案例是他们将做一个Q系俱乐部的发布会，这也将成为全国首个经销商层面组织的奥迪Q系SUV车友俱乐部。前期他们在微博、微信上做了一系列的推广。在微信上面他们采用的是在客户已有的消费内容中让客户体验到优惠，线上和线下的差别，例如，准备举办服务保养的工时抵价券在线抢券的活动。因为奥迪的客户以三款车型A4、A6、Q5为主，根据他们对于客户长期的沟通和客户在保养维修过程中反馈来看，一张300～500元的工时券还是非常有吸引力的。活动比较简单，每天中午12点起，先抢先得，前三名的会推送一张电子券给他，到店出示就可以使用。推送的电子券中写明使用说明，如每次保养只能用一张券，一张券的有效期3个月等。

他们通过短信让自己的客户知道这个活动，企业CRM系统中有所有的客户的联系方式，通过一个比较有杀伤力的文案加上一条微信链接，通过文案的吸引力促使客户点击链接关注他们，然后在线进行抢票。这条链接的功能，就是在点击之后直接进入他们的微信平台的关注页面，省去了让客户搜索再关注的烦琐流程。之所以做抢券而不是做不限量发送折扣券，是因为：第一，他们可以控制发放的量，考虑成本；第二，“抢”字附和消费者“占便宜”的心理。同时也会根据这一次的效果衍生一些其他形式的在线互动，促成线下服务的活动。

案例2：中致远上海大众4S店用微信查询车辆维修进度，车辆进厂维修而不能在厂等待的客户，可以在工作时间通过微信在线查询爱车维修进度，只需拿起手机和中致远上海大众微信平台联系，输入“维修查询＋车牌号码”，即可查询到爱车的维修情况。若需要爱车维修进度图片，也可以和微客服索取，这样方便快捷，省时省力，提高了客户满意度。

案例3：2016年的一场豪雨给伏天里的津城带来深秋般的凉爽，也给4S店带来了促销商机，不少4S店都借机通过短信、微信等方式给车主发送雨天安全行车及雨后保养爱车的相关提醒，同时也为自己的售后服务进行促销。

温馨提示信息是客户购车时绑定的经销商微信公众号发来的，除了提示雨天行车的注意事项，信息中还附上了24小时道路救援的服务专线。与此同时，不少经销商还不忘借机为自己的售后服务进行促销，某合资品牌经销商就推出了每年365元的增值服务，购买该增值服务的消费者可以享受车辆维修时接送到店、全年无限次数24小时救援等增值服务，吸引了不少车主关注。

五、报价策略

汽车4S店在维修车辆时使用原厂零件，只有一个价格，客户没有其他选择。高昂的价格使很多客户心疼，加上有的4S店位置较远，不方便，导致客户大量流失。汽车维修企业可以给客户不同的选择，有原厂品质的，有售后品质的，由客户自己选择，这样就不会流失客户。维修企业在向客户报价时，尽量报两个价格，让客户有更多的选择。

维修企业还要统一售价，在计算机管理系统里制定好统一的售价，根据客户的不同采取不同的折扣，不要随意报价。这样做的主要原因是维修企业的客户群体的积累大多数是客户的介绍和口碑的传播，不适合的价格歧视会导致客户严重不满而流失。采取会员制或者把客户分为银卡、金卡、钻石卡等级别的客户，采取不同的价格折扣率会更加有效。

六、产品升级策略

对部分零件采取升级销售的办法。例如，原车火花塞是普通火花塞，可以建议客户更换铂金或铱金火花塞，这样火花塞使用的时间更长。客户原车的灯泡是普通灯泡，可以建议客户更换照射更远、更安全的灯泡。客户原车使用的是矿物油，可以建议客户使用合成油，提高车辆使用寿命。升级销售是维修企业提高经营利润的重要策略。

采用产品升级策略必须保证升级产品的先进性和优良性，而且要让客户知道，为此，要对产品做好宣传，客户休息区要有升级产品展示区，配以精致的展示柜。企业的客服人员、维修人员、仓库管理人员要进行产品知识和产品卖点的培训，以便向客户推荐更多更好的产品。

七、营销话术

营销就要和客户交流，交流离不开语言。汽车维修营销有很强的技术性，不能说外行话，维修企业应该定期对员工进行培训，统一营销话术，从而促进整个维修企业业务水平的提高。

下面介绍汽车4S店常见的营销话术。

1. 抱怨配件价格过高

您好，我店使用的都是正厂配件，所有配件均通过严格质量检查，可以使整车在运行中保持最佳状态，同时也可以延长车辆寿命。相对副厂件而言，由于受供货渠道、运营成本的影响，4S店的备件价格相对会高一些，但在我店更换的备件均享受一年的质量保证。副厂件价格是低，但是现在汽车配件市场鱼龙混杂，假货较多，一般人很难辨别，因此很容易买到伪劣产品。再者，汽车维修是一项技术性很强的服务，如果您使用了伪劣配件或维修不当，很容易导致汽车故障。因此建议您还是购买正厂配件。

2. 抱怨工时费高

您好，我店所有维修项目均执行标准工时，这个工时的制定标准，不要只是看维修的实际施工时间，它包括维修施工的技术难度、故障的检查等因素，而且在维修过程中，从小到螺丝、大到车辆的每一个部位操作，均按整车生产厂的标准数据进行操作，可以保证您的车辆保持最佳的使用状态，进而延长车辆的使用寿命，因此还是建议您严格按照厂家要求，定期进行维护与保养。另外，我们的工时标准在交通主管部门有备案，受他们的监督，敬请放心。

3. 你们这里保养怎么这么贵啊！比××修理厂还贵

1）保养项目是根据不同的里程数而不同的。一般情况下，3万km时保养的项目要多一点，因为3万km车上的部件基本上都需要检查了，所以每间隔3万km费用都要高一点。

2）我们这里有四款不同品质、不同价位的机油可供您选择。选用不同的机油，保养费用也不一样。

3）你说××修理厂保养便宜。那是指的同一里程、同类别的保养吗？

4. 2年或6万km为什么要换全车油

车辆的齿轮油、制动液更换周期是2年或6万km，超过6万km这些油品的质量就会下降，就和机油要求5000km更换是一样的，超过期限不能很好地保护齿轮及相关部件，严重时会引发其他故障。

5. 三元催化是什么工作原理？为什么需要清洗？

三元催化是把发动机燃烧排放的废气中的一氧化碳和氮氧化合物这些有害气体通过高温的催化转化器转化成无害或无毒的气体。燃烧的废气中有烟尘等细小颗粒，而催化转化器是蜂窝状的陶瓷结构，长时间行驶或由于燃油质量不好，烟尘颗粒及其他积炭会堆积在催化转化器中造成排气不畅，车辆费油、没劲。所以三元催化要定期清洗。

6. 2万km时就让我清洗喷油器，现在跑到6万km了都没事

喷油器没有按2万km清洗肯定是不会坏的，它只是对您车的油耗及动力性有影响。按标准是需要2万km清洗一次的，这样可以保证您的车子燃油喷射状态良好，而且您车子如果太长时间没有清洗喷油器，积炭太多是不容易清洗掉的，所以还是建议您定期清洗一下喷油器。

思 考 题

1. 服务营销四要素是什么？
2. 营销策略有哪些？
3. 常见的服务产品有哪些？
4. 客户成本策略的原则和要点是什么？
5. 定价方法有哪些？
6. 沟通策略有哪些？
7. 续保的方法有哪些？

第八章 配件管理

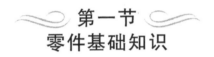

配件的采购、仓储管理对配件及时供应、成本控制有着重要影响，直接关系到维修作业的及时性，进而影响维修交车时间。

第一节 零件基础知识

一、零件类型

汽车由许多零部件组成，这些零件可分成以下三类。

1. 维修零件

维修零件用在汽车的各个部位，是我们常遇见的零件。如果由于已经到了使用寿命或发生故障造成零件的损坏，则必须用新的零件将它更换，从而使汽车能继续正常工作。维修零件对于汽车保持行驶性能和安全性、舒适性都是非常重要的。

2. 精品

汽车精品是指增加客户驾驶愉快和舒适性的那些设备。这些设备包括音响设备、座椅罩、倒车雷达和许多其他装置。

3. 油类及化学品

油类及化学品包括机油、变速器油、防冻液、助力油和制动液等。

二、零件部门的主要任务

1. 销售

销售包括零件的内销和外销。内销是向维修车间提供维修所需的零件。一个称职的零件部门必须保证较高的零件内销供应率。外销是通过柜台销售，面向客户销售零件。

2. 仓库作业

日常的仓库作业包括入库、出库、盘库等。

3. 订货

为了维持零件的供给，必须及时发出订单，补充销售出去的库存。零件部门如果不能及时准确地为客户或维修车间提供所需的零件，也就没有了它自身的价值。反过来讲，如果没有零件部门及时准确地提供零件，也就没有维修服务良好的客户满意度。所以，零件的供应是至关重要的。

三、如何准确地提供零件

首先，我们要全面了解客户的要求，即客户需要的是什么零件。还需要特别注意的是客户需要什么车上的零件，即确认零件对应的车辆信息。

然后，通过向客户确认的信息，查询零件目录，找出正确的零件号码，才能将正确的零件提供给客户。

目前汽车品牌繁多，每个汽车品牌都有各自的零件目录。每个品牌的零件目录都有它自己的使用规律，这需要在实际的工作中认真学习掌握。为了准确地提供零件，必须掌握两种技能：一是全面准确地了解零件订货相关信息；二是正确使用零件目录。

四、零件编号的解释

不管是哪个汽车品牌，每个零件都有它各自的编号，就如同我们每个人都有各自的身份证号一样。但品牌不同，零件编号规律是不一样的。下面简单介绍一汽丰田和一汽大众品牌的零件编号规律。

1. 一汽丰田品牌零件编号的解释

一汽丰田品牌零件编号通常由10位数（但也有12位数）组成，零件编号并不是数字和字母的简单排列，每个编号都有其特定的意义。

（1）零件编号的结构　零件编号包括三部分，即基本号、设计号和辅助号，如下所示：

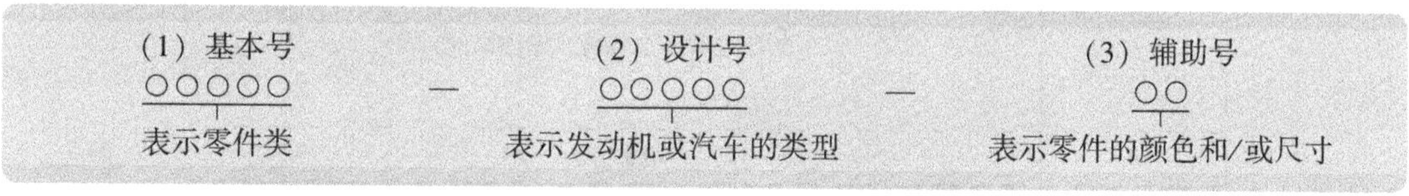

零件编号还可以进一步细分为组号、区分号、细节号、分类代号、设计增补号、主要技术改进号和辅助号，如下所示：

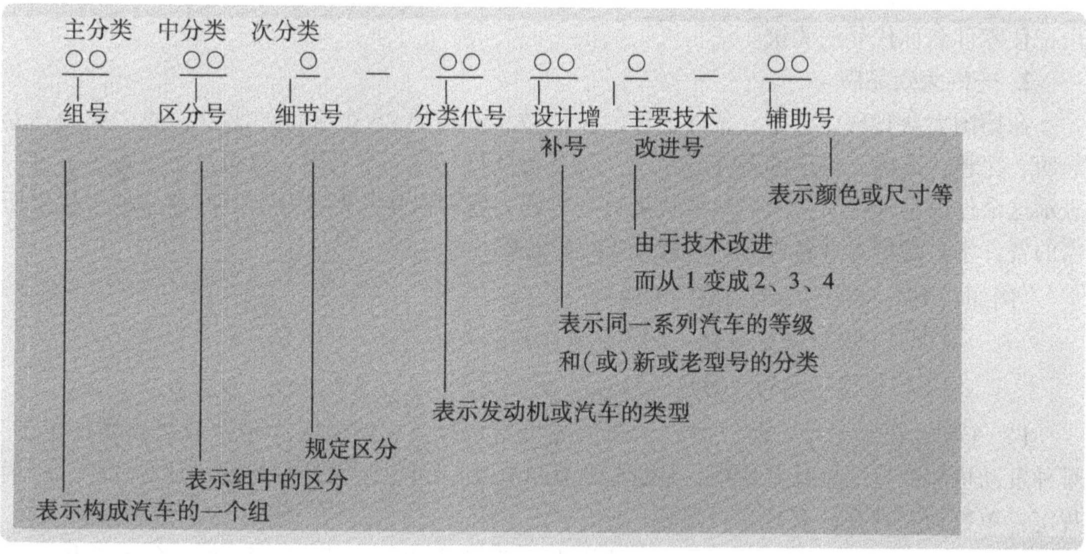

例如，17801-0P020：17801是基本号，它表示空气滤清器；0P020是设计编号，此编号没有辅助号。

（2）零件编号的规律

1）品名编码（Parts Name Code，PNC）。品名编码即零件种类代码。一个品名编码表示一个零件种类。

一般品名编码与零件号的前五位（也有时用六位数、十位数）一致。例如，火花塞的品名编码是90919，即丰田车系所有品种火花塞的零件编号前五位均是90919。燃油滤清器的品名编码是23300，即丰田车系所有品种燃油滤清器的零件编号前五位均是23300。前制动片的品名编码是04465，即丰田车系所有品种前制动片的零件编号前五位均是04465。

在工作中应该多总结常用的品名编码，对我们的工作是很有帮助的。

2）零件编号的第1位规律。第1位指的是车辆的各大部分。

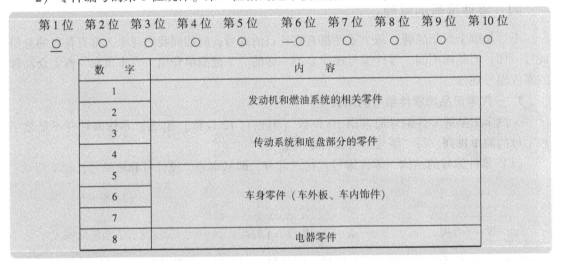

第1位	第2位	第3位	第4位	第5位	第6位	第7位	第8位	第9位	第10位
○	○	○	○	○	—○	○	○	○	○

数　字	内　容
1	发动机和燃油系统的相关零件
2	
3	传动系统和底盘部分的零件
4	
5	车身零件（车外板、车内饰件）
6	
7	
8	电器零件

3）零件编号前两位规律。零件编号的前两位就是前面所说的组号。知道了组号，就能理解零件号是如何构成的。这方面的知识对做好工作是很有帮助的。因此理解组号是短时间内记住零件名称代号的关键。

2. 一汽大众品牌

在德国大众管理体系中，备件通过阿拉伯数字和英语26个字母的组合，使之成为一套简明、完整、准确、科学的备件号系统，每个备件只对应一个号码，每组数字、每个字母都表示这个件的某种性质，人们只要找出这个号码，就可以从几万或几十万库存品种中找出所需的备件来。德国大众备件号码一般由14位组成。

例如：	191	863	241	AF	LN8
	4B0	863	241	G	FPK
	（1）	（2）	（3）	（4）	（5）

1）车型及机组型号。前三位表示车型或机组型号，它们说明这些件最初为哪种车型、哪种发动机和变速器设计及使用，从标记的第3位数字可以区别是左驾驶还是右驾驶。一般规定：单数为左驾驶，双数为右驾驶。

2）大类及小类。根据零件在汽车结构中的差异及性能的不同，德国大众备件号码系统将备件号分成十大类（十个主组），每大类（主组）又分为若干个小类（子组）；小类的数目和大小，因结构的不同而不同，小类只有跟大类结合在一起才有意义。

1 大类：发动机，燃油喷射系统；
2 大类：燃油箱，排气系统，空调制冷循环部件；
3 大类：变速器；
4 大类：前轴，前轮驱动差速器，转向系统，前减振器；
5 大类：后轴，后轮驱动差速器，后减振器；
6 大类：车轮，制动系统；
7 大类：手动，脚动杠杆操作机构；
8 大类：车身及装饰件，空调壳体，前后保险杠；
9 大类：电气设备；
0 大类：附件（千斤顶、天线、收音机）及油漆材料。

例如：191 863 241 AF LN8 8 为大类； 电子目录中称为：主组。
4B0 863 241 G FPK 63 为小类； 电子目录中称为：子组。

3）备件号。备件号是由三位数（001～999）组成并按照其结构顺序排列的，如果备件不分左右（既可在左边使用，又可在右边使用），最后一位数字为单数；如果备件分左右件，一般单数为左边件；双数为右边件。

4）设计变更/技术更改号。设计变更号由一个或两个字母组成，表示该件曾技术更改过。

5）颜色代码。颜色代码用三位数字或三位字母的组合来表示，它说明该件具有某种颜色特征。

例如：01C→黑色带光泽/041→暗黑色/043→黑花纹/ROH→未加工的原色。

上述 191 863 241 AF LN8/4B0 863 241 G FPK 中的颜色代码为 LN8/FPK。

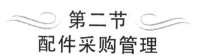

第二节 配件采购管理

一、配件采购的重要性

在企业里，配件采购是非常重要的，主要原因如下。

1）采购配件成本占生产总成本的比例很大。若配件无法以合理的价格获得，则将直接影响企业的经营。若采购价格过高，则维修成本也高，以至于影响企业的利润；若采购价格过低，则很可能采购的配件品质很差，影响维修质量，从而使企业不具备市场竞争力。

2）采购周转率高，可提高资金的使用效率。合理的采购数量与适当的采购时机，既能避免停工待料，又能降低配件库存，减少资金积压。

3）配件采购快慢、准确与否以及品质优劣直接关系到车辆维修工期和客户满意度。

4）采购部门可在搜集市场情报时，提供新的配件代替旧配件，以达到提高品质，降低成本的目的。

5）采购部门经常与市场打交道，因此可以了解市场变化趋势，及时将市场信息反馈给公司决策层，促进公司经营业绩成长。

二、配件采购原则

1）配件采购应有计划地进行，以防止无计划的采购。尤其是对综合性维修企业，需用的配件品种一般都很多，若无计划地采购，势必造成资金积压。配件采购应由仓库保管员按储备定额，提出月度采购数量，并由计划员进行平衡，列出采购计划。

2）采购配件时，用途不明的不购，规格不清的不购。

3）配件采购要保证质量，质量不符合规定的不购。

4）采购计划是进行采购的依据，对有疑问的地方，应查明原因，不能擅自变更。

5）副厂件的采购需经技术和生产使用单位的同意，以免造成配件的积压。

6）对价值高的配件，如发动机、变速器总成等，必须落实好客户方可购入。

7）采购配件时不可图便宜而采购假冒伪劣产品。

8）采购配件应坚决反对吃回扣等不正之风。

三、采购部门的职能

采购部门有如下职能。

1）寻找配件供应来源，对每项配件的供货渠道应加以调查和掌握。

2）要求报价，进行议价，如有能力可进行估价，并做出评估。

3）查证进厂配件的数量与质量。

4）对供应厂商的价格、品质、交期、交量等做出评估。

5）掌握公司主要配件的市场价格起伏状况，了解市场走势，对市场加以分析并控制成本。

6）依采购合约或协议控制协调交货期。

7）呆料和废料的预防与处理。

四、选择供应商

选择供应商是采购工作中一项非常重要的工作，供应商供应配件的顺畅，就会使生产不会因为待料而停工；进料品质的稳定，可保障配件品质的稳定；交货日期的准确，可保障公司出货期的准确；各项工作良好的配合与协调，可使双方的工作进展顺利。所以选择好的供应商，将直接影响企业的生产与销售，对企业影响非常大，因此，选择优秀的供应商是非常重要的。

1. 选择供应商应考虑的主要内容

（1）供应商管理人员水平和专业技术能力　主要包括管理人员素质的高低、管理人员工作经验是否丰富、技术人员素质的高低等。

（2）配件供应状况　主要包括产品所有配件的供应来源、供应渠道是否顺畅、配件品质是否稳定、供应商配件来源发生困难时其应变能力的高低等。

（3）质量控制能力　主要包括组织是否健全、质量控制制度是否完善、配件的选择及进料检验的严格程度、品质异常的追溯是否程序化等。

（4）财务及信用状况 主要包括每月的销售额、来往的客户、经营的业绩及发展前景。

（5）管理规范制度 主要包括管理制度是否系统化、科学化，工作指导规范是否完备、执行的状况是否严格。

2. 考核供应商的主要内容

1）对原有供应商的考核，包括对近年来提供配件的业绩、供货能力、质量、服务、价格、履约能力、交货、财务状况等是否符合规定要求进行评价，评价后填写“供方调查评价表”，经配件经理审核后，报公司审查。

2）对新的供应商的考核，包括所需配件的技术要求，并明确规格、品牌、厂家、标识等作为采购依据，采取调查和样品评价方式，按质量担保期、价格合理、交付及时、服务周到、就近地区等五原则对供应商进行评价。

3）采购部门每年对合格供方复评一次，对连续三次有不合格品或不能及时供货的供应商，应进行重新考核。

4）对同批次不合格品达到5%的供方提出纠正意见，并要求其及时采取措施加以纠正。如问题严重且无能力纠正的应取消其供应商资格。

五、正确选择供货方式

1）搞好市场预测，掌握配件商情。

2）对于需求量大的配件，应尽量选择定点供应直达供货的方式。

3）尽量采用与配件商签订合同直达供货的方式，以减少中间环节，加速配件周转。

4）对需求量少的配件，宜采取临时采购方式，减少库存积压。

5）采购形式采取现货与期货相结合的方式，现货购买灵活性大，能适应需要的变化情况，有利于加速资金周转。对需求量较大，消耗规律明显的配件，则采取期货形式，并签订期货合同，这将有利于供应单位及时组织供货。

第三节 仓储管理

一、备件仓库布局的原则

1. 有效利用空间

1）根据库房大小及库存量，按大、中、小型进行分类放置，以便于节省空间。

2）用纸盒保存中、小型零部件。

3）采用适当尺寸的货架及纸盒。

4）将不常用的放在一起保管。

5）留出用于新车型零部件的空间。

6）没有用的要及时报废。

2. 防止出库时发生错误

1）将零件号完全相同的零部件放在同一纸盒内。

2）不要将未编号的零部件放在货架上。

3. 保证零部件的质量

1）保持清洁。

2）避免高温、潮湿。

3）避免阳光直射。

4. 备件仓库的基本设施

1）配备专用的备件运输设施。

2）配备适用于备件的专用货架、货筐等。

3）配备必要的通风、照明及防火器材。

5. 仓库的基本要求

1）仓库各工作区域应有明显的标牌，如发料室、备货区、危险品仓库等。

2）有足够的进货、发货通道和备件周转区域。

3）货架的摆放要整齐划一，仓库的每一条过道都要有明显的标志，货架应标有位置码，货位要有零件号、零件名称。

4）为避免备件锈蚀及磕碰，严禁将备件堆放在地上。

5）易燃易爆物品应与其他备件严格分开管理，存放时要考虑防火、通风等问题，库房内应有明显的防火标志。

6）非仓库人员不得随便进入仓库内，仓库内不得摆放私人物品。

二、备件的位置码管理系统

1. 位置码简介

位置码就是标明备件存放位置的代码。它是空间三维坐标形象的表现，对于空间三维坐标，任何一组数字（a，b，c）总可以找到唯一的一点与它对应，也就是一点确定一个位置，一个位置只能放置一个零件。三维坐标（a，b，c）中的数字相当于说明该件的位置为过道/架号、列、层。

2. 位置码编制的原则

1）根据修理项目进行编组。

2）配件的存放位置便于取放。

3）流动量大的配件应放在前排货架，方便配件人员查找和取用；流动量小的配件应放在后排货架。

3. 位置码编制步骤

1）首先按区（库）分类。根据维修车辆的类型或企业的具体情况，不同种车型的备件应存放在不同的库房（如1号库、2号库等），或同一个库房要分成几个区（如Ⅰ区、Ⅱ区等），库房面积较大也要分成几个区（如一区、二区等）以便不同车型的备件存放。

2）然后按过道（货架号）编排。X轴或Y轴表示第几过道（或第几货架），用（A，B，C，…）表示。

3）其次按列编排。Y轴或X轴表示第几列，用（1，2，3，…）表示。

列数一般较多，列号建议采用阿拉伯数字01、02、03、04等表示，以增加列数；列号字母的编排顺序一般有从左到右、环型、蛇型等几种。

4）再按层编排 Z 轴表示第几层，用（A，B，C，…）表示。一般为从上至下法/从下至上法。

5）打印，张贴位置码标牌于货架上。标牌内容如下：

备 件 号	备件名称
位置码	包装数量

6）位置码中的数字一定要同英文字母分开书写。

7）备件的存放，要根据备件销售频率、体积、质量的大小及备件号大类、小类的先后顺序存放，即最前面是各种车型/型号的号码，然后是主组、子组的号码（有字母的按字母的顺序排列）。

8）备件存放在货架上，要考虑预留空货位，它可作为备件号的更改及品种增加时的补充，这些预留货位可以直线排列、对角排列或间隔排列。

9）货架的布置。摆放货架（中货架、小货架、专用货架）可根据具体情况实施，货架可“背靠背”，也可单排摆放，总之要以方便实用为原则。

三、配件入库管理

配件入库是物资存储活动的开始，也是仓库业务管理的重要阶段，这一阶段主要包括到货接运、验收入库和办理入库。

1. 到货接运

到货接运时要对照货物运单，做到交接手续清楚，证件资料齐全，为验收工作创造条件，避免将已发生损失或差错的配件带入仓库。

2. 验收入库

验收入库是按照一定的程序和手续对配件的数量和质量进行检查，以验证它是否符合订货合同的一项工作。配件到库后首先要在待检区进行开箱验收工作，并检查配件清单是否与货物的品名、型号、数量相符，做到“一及时”“五不入”。

一及时：货到后及时开箱验收。

五不入：发现品名不符不入；规格不符不入；质量不符不入；数量不符不入；超储备不入。

随时填写验收记录，不合格品由配件主管进行处理，并及时填写来货记录。

验收入库程序如下。

（1）验收准备　准备验收凭证及有关订货资料，确定存货地点，准备装卸设备、工具及人力。

（2）核对资料　入库的配件应有的资料包括入库通知单、供货单位提供的质量证明书、发货明细表、装箱单、承运单位提供的货运单及必要的证件。

（3）实物检验　主要检验配件质量和数目。

四、配件出库管理

1. 配件出库原则

1）配件出库要及时、准确，使出库工作一次完成。

2）认真实行“先进先出”的原则，减少配件储存时间。

2. 配件出库程序

（1）出库前的准备　仓库要掌握用料规律，及时准备好所需的设备、人员等。

（2）核对出库凭证　出库前必须有一定的凭证手续，严禁无单或白条发料。保管员接到发料通知单后，必须仔细核对，确认无误后才能发料。

（3）备料　按照出库凭证进行备料，同时变动料卡的余额数量，填写实发数量和日期。

（4）复核　为防止出错，备料后要进行复核。复核的内容有出库凭证与配件的名称、规格、数量是否相符。

（5）发料和清理　复核无误后即可发料，发料后应清理现场。当日应登销料账、清理单等。

案例

某维修企业，修理了一辆离合器打滑的车辆，经检查离合器压盘和摩擦片都需更换。维修人员到仓库领了配件并进行了更换。装车后发现离合器不能分离，经检查离合器的其他部件正常，怀疑是新更换的离合器压盘质量不好。经仓库查询得知，该离合器压盘曾装到其他车上使用过，但因同样的故障被拆下。此件本应被放于索赔货区，但由于保管员的疏忽，将该件放到配件货区，而仓库出库时又没有认真检查，导致此次事故的发生。因此，仓库的新件和旧件、合格和不合格配件，一定要严格区分。

五、仓库管理规定

1）仓库人员必须熟悉备件仓库的配件品种信息，能够快速准确地进行发货及各种出库操作。

2）库存物资应根据其性质和类别分别存放。

3）仓库管理要达到四洁、四无、四齐的管理标准。

① 四洁：库容清洁、物资清洁、货架清洁、料区清洁。

② 四无：无盈亏、无积压、无腐烂锈蚀、无安全质量事故。

③ 四齐：库容整齐、堆放整齐、货架整齐、标签整齐。

4）对库存物资要根据季节气候勤检查、勤盘点、定期保养。对塑料、橡胶制品的配件要做到定期核查和调位。

5）库存物资要做到账机（指计算机）、账物相符，严禁相同品名不同规格和产地的配件混在一起。

6）库内不允许有账外物品。

7）配件发放要有利于生产，方便维修人员，做到深入现场，满足工人的合理要求。

8）仓库管理人员要努力学习业务技能，提高管理水平，做到四会、三懂、二掌握、二做到。

① 四会：会收发、会摆放、会计算机操作、会保养材料。

② 三懂：懂用途、懂性能、懂互换代用。

③ 二掌握：掌握库存物资质量、掌握物资存放位置。

④ 二做到：做到见单能准确、快速发货，做到日核对、月结、月盘点。

9）危险品库管理要达到四洁、四无标准。

① 四洁：库区、库房、容器、加油设备整洁。

② 四无：无渗漏、无锈蚀、无油污、无事故隐患。

10）严禁发出有质量问题的备件。

11）因日常管理、保养不到位及工作失误造成物资报废或亏损的，应视其损失程度追究赔偿责任。

案例

案例1：X先生的丰田佳美车转弯时发出异响，他到一维修厂检查，分析是外球笼损坏。业务接待员告诉X先生说："仓库有配件，更换需要1h左右。"X先生说："好，你们抓紧时间吧，我2h后要赶到机场接飞机。"维修人员很麻利地将外球笼拆下，并到仓库去领配件。当保管员取出配件后，维修人员发现配件不对。X先生的车带ABS，球笼上有齿圈，而仓库的配件是不带齿圈的，与ABS车不相配。外出购件需1h。当业务接待员向X先生说明情况时，X先生很生气：你们的仓库管理员什么水平，连什么配件都搞不清，能修好车吗？我等不及了，别误了飞机，赶快给我装起来吧。拆下的球笼防尘套也损坏了，维修厂只好配上了一个防尘套和一瓶润滑脂，将球笼装复。

这次服务不仅赔了钱，而且也失去了这位用户。真是赔了夫人又折兵。

案例2：Y先生的奥迪A6轿车，加速时车辆发抖。到维修站检查确定是二缸点火线圈损坏，但维修站没有配件，经联系后，维修站的接待员告诉Y先生，配件大约三天才能到货。Y先生住的地方离维修站有200km多，他很不情愿，但也很无奈。三天后，Y先生接到电话，说点火线圈到货。他告诉对方，明天去更换。次日，当Y先生开着他的故障车跑了200km多到了维修站。业务接待员很抱歉地对他说："我们真是万分抱歉，昨天一辆奥迪A6车，也是点火线圈故障。由于配件人员不知道这是给您预备的，将配件发给了那位车主。"Y先生的愤怒是可想而知的。虽然业务接待员连连道歉，Y先生还是用高嗓门、拍桌子等方式发泄了他的不满。

他开着他的故障车往回走的时候，发现车况越来越差，这更增加了他对这家维修站的不满。他发誓再也不到这家维修站修车了。

六、呆废料管理

1. 呆废料的概念

呆料是指物料存量过多，耗用量极少，而库存周转率极低的物料，这种物料可能偶尔耗用少许，也可能不知何时才能动用甚至根本不再动用。呆料为百分之百可用的物料，并且一点都未丧失物料原有应具备的特性和功能，只是呆置在仓库中，很少去动用而已。

废料是指报废的物料，即经过一段时间使用，本身已残破不堪或磨损过甚或已超过其寿命年限，以致失去原有的功能而本身无利用价值的物料。

2. 呆废料处理的重要性

(1) 物尽其用　物料成为呆废料后价值急剧下降，呆废料若继续弃置在仓库中不加以利用，物料因锈蚀、腐蚀等原因，其价值将继续降低，这时应物尽其用，适时予以处理。

(2) 减少资金积压　呆废料闲置在仓库而不能加以利用，使一部分资金呆滞在呆废料上，若能适时加以处理，可减少资金的积压。

(3) 节省人力及费用　呆废料发生在未处理前仍需有关的人员加以管理并且发生各种管理费用。若能将呆废料加以处理，则上述人力及管理费用即可节省。

(4) 节约仓储空间　呆废料日积月累，势必占用庞大的仓储空间，可能影响正当的仓储管理。为节省仓储空间，呆废料应适时予以处理。

3. 呆料处理的方法

1) 调拨其他单位利用。本单位的呆料，其他单位或许仍可设法利用，因此可将呆料进行调拨。

2) 修改再利用。既成呆料，少有利用机会，仍可将有些呆料在规格上稍加修改，充分加以利用。

3) 打折扣出售给原来的供应商。

4) 与其他公司用以物易物的方式相互交换处理。

4. 废料产生的原因、预防及处理

(1) 废料产生的原因

1) 变质。物料长久未用，发生变质失去其原有作用，如油料、清洗剂、制冷剂等。

2) 锈蚀。无论如何保养也无法恢复其原有价值，如钢圈、消声器等。

3) 变形。主要是橡胶件、塑料件等，因变形而无法使用，如轮胎、仪表台等。

4) 拆解的产品。不良产品的拆解必然产生不少已无利用价值的零件或包装材料。

(2) 废料的预防　要减少废料的产生，预防重于处理。

1) 对易变质的物料，要注意保质期，同时要密封。

2) 对易锈蚀的物料，要防止酸碱的侵蚀、湿气的侵蚀。

3) 对易变形的物料，要注意放置方式，不可被其他物品积压。

4) 建立先进先出的物料收发制度。

(3) 废料处理的方法

1) 废料分解后有部分物料可用做他用。

2) 废料可分解为铜、铝、钢等，按不同类别、不同价格出售。

案例

汽车维修企业的积压配件是令每个修理厂都头疼的事情，特别是订错货或修理工判断错误而积压的一些价值高的电控元件，在修理厂成为呆料，车型淘汰后就成为废料，造成极大的浪费。现在一些修理厂利用微信朋友圈、QQ群将这些配件信息传播出去，并适时发个红包，让企业的呆废料有了新的价值。

七、备件的盘点

1. 盘点的目的

盘点就是如实地反映存货的增减变动和结存情况，使账实相符，保证备件库存存货的位置和数量。

2. 盘点的内容

1）核对存货的账面结存数与实际结存数，查明盘亏、盘盈存货的品种、规格和数量。

2）查明变质、毁损的存货以及超储积压和长期闲置的存货的品种、规格和数量。

3. 盘点的方法

盘点的方法有永续盘点法、循环盘点法、定期盘点法和重点盘点法。

（1）永续盘点　指保管员每天对有收发动态的配件盘点一次，以便及时发现和防止收发差错。

（2）循环盘点　指保管员对自己所分管物资分别按轻重缓急，作出月盘点计划，按计划逐日盘点。

（3）定期盘点　指在月、季、年度组织清仓盘点小组，全面进行清点盘查，并造出库存清册。

（4）重点盘点　指根据季节变化或工作需要，为某种特定目的而对仓库物资进行的盘点和检查。

4. 准备工作

（1）确定清点日期（起始日期及结束日期）　每月的月末或12月31日是最常用的盘点日，这样可与结账同时进行，方便结账。

（2）确定盘点人员　成立盘点领导小组，划分区域分组（清点时每两人为一个小组），参加盘点的管理人必须是内行，清点人员不需要特别的专业人员，必要时可请其他部门工作人员协助，但是清点人员必须工作认真，责任心强，清点结果的准确与否由盘点人员负责。

（3）盘点范围　清查盘点所有归属本部门的存货，如常用件、损耗件、索赔件、不适用件等。

（4）仓库大扫除　目的是收集、汇总、清除残损件并登记在册。清扫工作在一年中要经常做，盘点前夕要彻底做一遍，盘点是一个好机会，可以给仓库来一次大扫除。

（5）盘点的表格、工具

1）盘点卡。盘点卡上要有盘点日期、盘点人签字、备件号、备件名称位置码、清点结果。

2）盘点总表。用于盘点结果登记，总表上包括每个件的位置码账面数与清点数。

3）盘点报表。该表包括每个件的进货价格，反映每种件库存的账面数与实存数，反映盘亏、盘盈的数量、金额和原因，反映库存变质和超储积压的情况，并以此作为盘点的结果和财务处理的依据。

4）笔、尺、秤。

（6）检查、整理、规范盘点区

1）所有的到货立即全部上货架，这样在清点时才不会遗漏或另放他处，盘点后再入库。

2）所有的件要分类存放，一目了然，堆放的方式要便于清点，以便清点时节省时间。

3）货架的标签应与实物相符，必要时要改正和补充，不清楚的标签要换新。

4）备件号不同，而实物相同的件，要做好混库处理，做好记录和登记，要注意由此引起的库存实物与账目上的变化。

5）完整的包装放在货架的前面（或上面），已打开的包装放在后面（或下面），数量不足的包装要填充成标准包装。

6）盘点期间的出库由于特殊原因必须出库的备件要做好记录和登记，事后再统一处理。

7）对货架上不经常销售的备件进行预先清点是必要的，这样可以在最后盘点时节省时间。清点过的件要做好标记和记录。

5. 正式盘点

在规定的时间内，盘点人员对所有备件要逐一清点，不能重复也不能遗漏。一般由两人分别清点，如果结果不同，要重新清点。不便清点的小件可以用称重法求总数，即先数出一定数量的备件作为“标准件”，仔细称出这些“标准件”重量，再称出所有件的库存重量，即可算出这些件的总数。

称重法计算公式为：总数 = 总重 × 标准件的数量/标准件的重量

6. 验收及总结

盘点后，其结果应由上级有关部门检查、验收，财务部门核算出盈亏值，并由主管领导签字认可。盘点后应做出总结，对于盘点遗留的问题如变质、毁损或超储积压的配件，要查清原因；对入库、出库、仓储、财务管理系统及其他自然或人为的因素要进一步处理。

案例

丰田配件保管七原则

1. 按周转速度存放

根据仓库的布局及零件的流动频率，将经常出入库的项目存放在出入方便的近处及货架上易于取放的位置，如图 8-1 所示。

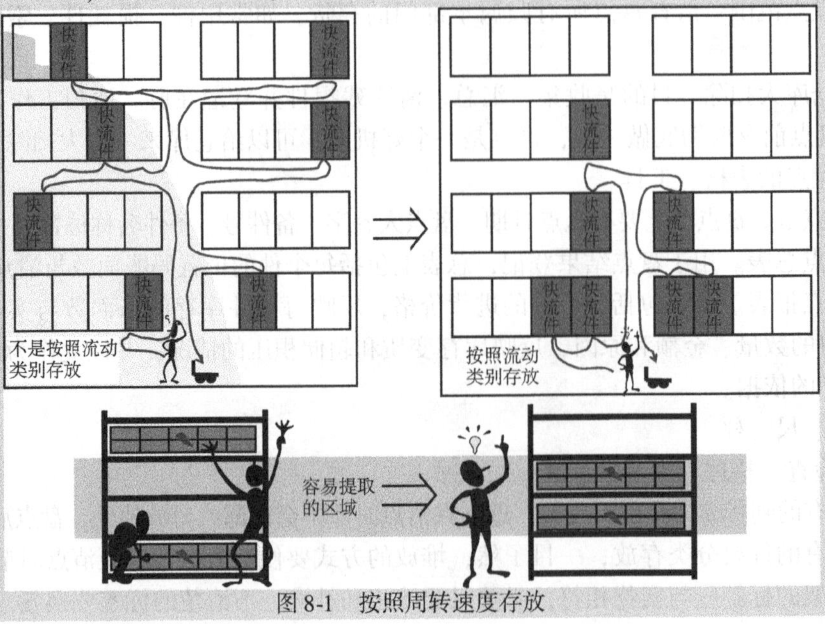

图 8-1　按照周转速度存放

这样做有以下好处。

1）常流动件存放于靠近作业的货位，缩短了出入库作业路线。

2）存放在易于取放的位置，提高了工作效率。

需要注意的是，零件的流动性不是一成不变的，随着车型使用年限的增长，原来流动并不频繁的品种的需求量会增加，反之常流动件的需求量也会随着车型的老化而趋于减少。所以，根据流动性的变化不断地调整货位也是十分重要的。

另外，当零件在市场上的需求发生变化时（增加或减少），原来设定的货位容量也会显得不合适（货位容量不足或过剩）。因此，仓库管理员应定期对上述情况进行检查并调整货位。

2. 重物下置

这是从出入库作业的安全性和高效率方面来考虑的，如图 8-2 所示。有些像半轴、缸体、轮毂等重零件，如存放在货架上方会产生如下问题。

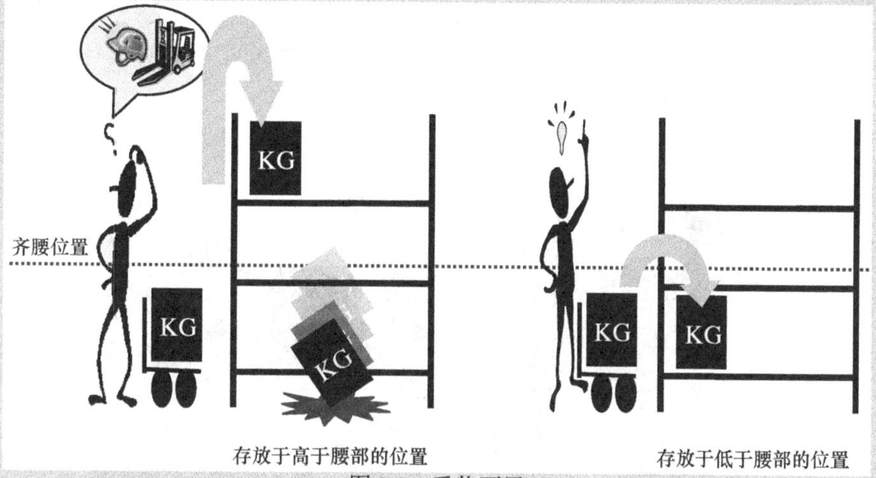

图 8-2 重物下置

1）重零件有落下伤人及损坏的危险。

2）上架、提取不便。

3. 竖置存放

有些像车门、排气管、风窗玻璃等扁平或细长形状的零件应选择竖置存放，如图 8-3 所示，如平放会产生如下问题。

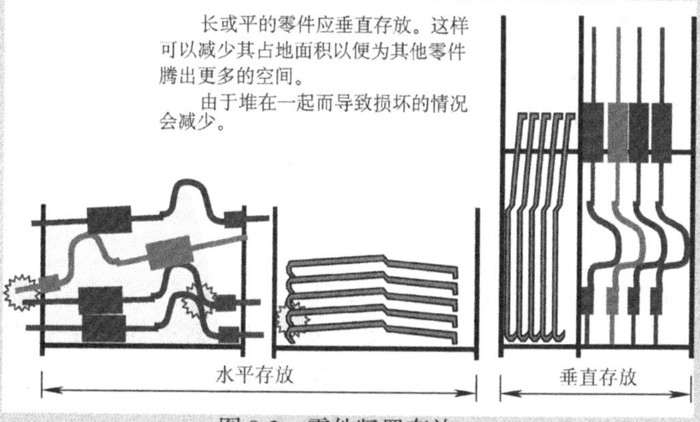

图 8-3 零件竖置存放

1）上面零件的质量会损坏下面的零件。

2）此类零件平放会浪费很大空间。

3）由于排气管一类的零件过长，如平放会从货架伸出至通道，从而影响通行且不安全。

4）难以提取。

4. 一个零件一个货位

有的零件部门通常这样做，就是简单地根据实物进行摆放，或是根据厂家编号进行摆放。由于库存经常要不断地变化，仓库管理员仅凭记忆往往很难记住几千个零件号，再就是当熟知仓库情况的管理员因某种原因不在岗位上时，其他人员也不可能顺利地找到零件。上述状况都有可能造成工作效率低下。因此要想准确、快速地从数千种零件中找出一种零件，不但要熟悉备件管理系统，还应懂得备件存储规则，即现在流行的备件位置码系统。位置码就是表明备件存放位置的代码。它是空间三维坐标形象的表现。对于空间三维坐标，任何一组数字（a，b，c）总可以找到唯一的一点与它对应，也就是一点确定一个位置，一个位置只能放置一个零件，对三维坐标（a，b，c）中的数字，即相当于说明该件的位置为过道/架号、列、层，如图8-4所示。

图8-4　根据位置码摆放

5. 按产品类型存放

众所周知，零件的形状各不相同。有的零件部门把形形色色的零件一律存放在同样大小的货位中，最后以至于为自己的库存空间不足发愁。

解决这个难题的办法是，按零件类型管理，改进货位，提高空间的使用效率，如图8-5所示。

6. 异常管理

在货物管理时常常会有这样的情况，由于订货管理不善及某些品种因市场需求增加而需要追加订货，这时原来设定的货位容量就会显得不足，新到的货没有地方放（图8-6）。每当遇到这样的问题，我们能做的往往是另找个地方先暂时存放起来，但这样做却有如下缺点。

图 8-5 按产品类型存放

图 8-6 异常管理

1）容易因为疏忽而忘记零件的存放位置。

2）有可能因疏忽了一种零件存放于两个位置而发生重复订货的情况。

3）库存空间浪费。

4）无法观察库存效率（不易发觉不良库存）。

因此，当发现货架上方出现过多的库存时，就应该及时同业务部门联系，确认是下面哪种原因造成的。

1）订货错误。

2）市场需求增加，原来的货位已不能满足要求。

如果是订货错误造成的，那么业务部门就要注意在过多库存销售之前该零件不能再订货。如果是市场需求增加，那么就有必要调整原来的货位设定，或将货位转移到容量更大的货位上。

7. 存放于手可达到的高度

这是从方便作业、提高工作效率角度考虑的。如果零件存放在过高的地方，提取及上架时就不得不使用梯子，这样会造成作业不方便、效率低下。所以，应该将零件存放在手能达到的位置，如图 8-7 所示。

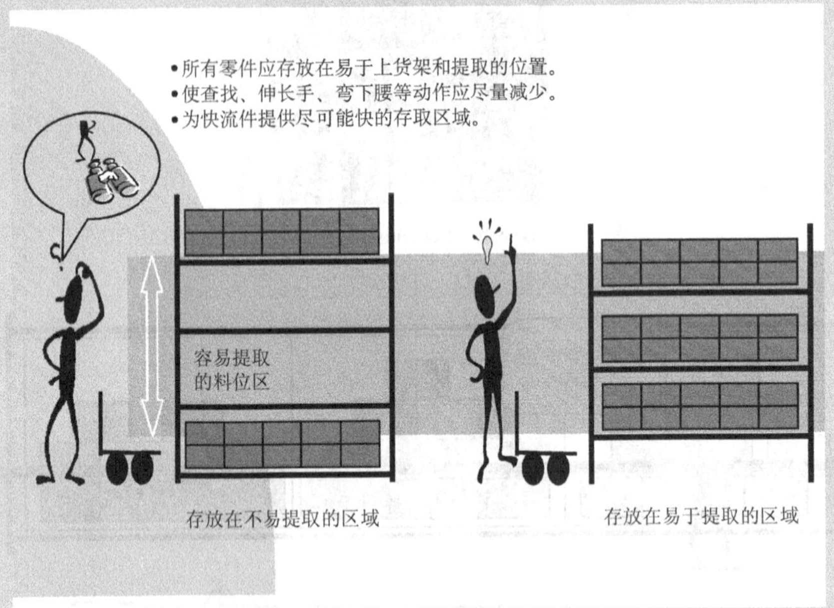

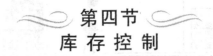

图 8-7　将零件存放于易于提取的位置

第四节 库存控制

一、库存控制的原则

1）不待料、不断料。保证生产所必需的物料。

2）不呆料、不滞料。生产所需的物料要及时购进，不需要的物料坚决不能进入库房。

3）不囤料、不积料。需要多少购进多少，储存数量要适量，减少资金积压。

二、ABC 分析法

什么是 ABC 分析法？ABC 分析法简单地说就是重要的少数，不重要的多数。

这个原理反映在存量控制上也一样，存货项目较少的数十种物料，所占的金额比例却非常大；存货项目较多的上千种物料，所占金额的比例却非常少，因此抓住“重要的少数”是成本控制的关键。

1. ABC 分析法的主要作用

（1）客户分类的管理　对客户根据年订货额的大小，按 ABC 分析法进行分类，然后进行重点分类管理。

（2）供应商分类的管理　对供应商年供货量的大小，按 ABC 分析法进行分类，然后进行重点分类管理和辅导。

（3）物料分类的管理　对使用的物料，根据使用量按 ABC 分析法进行分类，对重点的物料加强管理，并且还可以同时控制呆料。

2. ABC 分析法计算的步骤

1）物料的资料统计：将每一物料上一年的使用量、单价、金额等填入 ABC 分析表进行统计。

2）按金额大小顺序进行排列，并计算出金额占材料总金额的百分比。

3）按金额大小顺序计算出每一种物料的累计百分比。

4）根据累计百分比绘制 ABC 分析表（柏拉图）。

5）进行 ABC 物料分类（图 8-8）。

A 类物料，占物料种类 10% 左右，金额占总金额的 65% 左右；

B 类物料，占物料种类 25% 左右，金额占总金额的 25% 左右；

C 类物料，占物料种类 65% 左右，金额占总金额的 10% 左右。

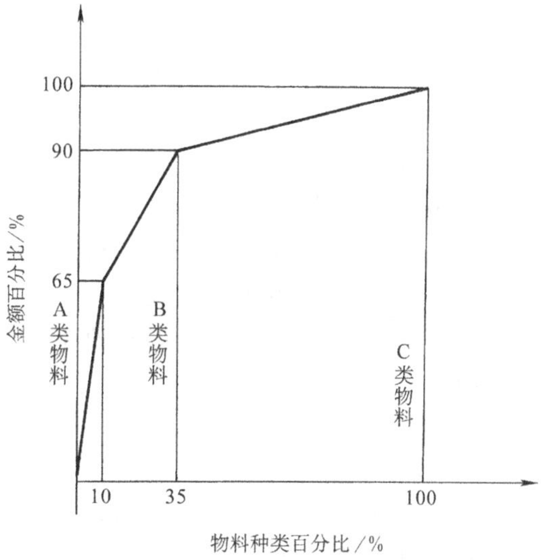

图 8-8　ABC 分析法图例

3. 如何对 ABC 三类物料进行存量控制

ABC 三类物料所占种类比例与金额比例大不相同，所以对 ABC 三类物料应采取不同的物料控制方法。

（1）A 类物料　A 类物料种类少、金额高，存货过高会产生大量的资金积压，因此对于 A 类物料要非常严格的控制。

A 类物料购备时间非常短，交期非常紧，因此最好不要有存货。对于 A 类物料要有一整套完整的记录，一定要在需求或订货时，才加以订购，并且要充分计划利用好购备时间，使交货及时，不影响生产计划，也不过早进厂。还应尽量降低存货，避免大量的资金积压在仓库。

（2）C 类物料　C 类物料种类多，金额少，可一次性订购较大的批量，以降低采购成本。

（3）B 类物料　B 类物料介于 A 类和 C 类之间，种类与金额占的比重一般，但也不能忽视。

对于B类物料可以不必像A类物料一样跟单订货，但对购备时间控制要非常严，也不能像C类物料一样一次性大批量采购，可以采取设置安全存量的方式，以经济采购量加以采购即可。

三、库存控制方法

1. 库存控制的范围

1）生产经常用到的物料。

2）品种少，批量大，购备时间比较长的物料。

3）ABC物料当中的C类物料和部分B类物料。

2. 库存控制的核心

库存控制既要降低存货的储备成本，又要充分配合生产的需要，库存控制有如下几个核心要控制。

1）最低存量，即维持多少存量是最合理的。

2）订购点，即何时补充存量是最适时的。

3）订货量，即补充多少存量是最经济的。

3. 安全存量的控制

安全存量即为防止生产发生待料停工现象，事先准备一定数量的存货。安全存量的多少根据购备时间与物料消耗量而定。

正常情况下的安全存量=每日消耗量×紧急购备时间，由于各种不确定原因，还应考虑如下因素。

1）浪费的存量。

2）呆料、废料。

3）其他因管理不善需要的存量。

4. ABC物料分类

1）物料资料统计。将上一年物料的使用量、单价、金额等填入ABC分析表进行统计。

2）按金额大小顺序进行排列，并计算出其金额占材料总金额的百分比。

3）按金额大小顺序计算每一种物料的累计百分比。

4）根据累计百分比绘制ABC分析表。

5）进行ABC物料分类。

5. 库存基准设定

（1）预估月用量

1）用量稳定的材料由主管人员依据上一年的平均月用量，并参照预测今年的销售计划来预估月用量。

2）季节性与特殊性材料由材料人员于每年各季度末以前，依前三个月及去年同期各月份的耗用数量，并参考市场状况设定预估月用量。

（2）请购点设定

请购点=购备时间×预估每日耗用量+安全存量

采购需求量=本生产周期天数×预估每日耗用量

安全存量=紧急购备时间×平均每日耗用量

最高存量 = 采购需求量 + 安全存量

(3) 物料购备时间　由采购人员依采购作业的各阶段所需日数设定。其作业流程及作业日数经主管核准，送相关部门作为请购需求日及采购数量的参考。

(4) 设定请购量　考虑项目有采购作业期间的长短、最小包装量、最小交通量及仓储容量。

请购数量 = 最高存量 − 安全存量

= 本生产周期天数 × 预估每天耗用量

(5) 存量基准的建立　保管员将以上存量基准（安全存量、预估每日耗用量、紧急购备时间、正常购备时间等）分别填入《存量基准设定表》呈主管核准并建档。

6. 用料差异反应及处理

材料人员于每月 5 日前针对前月开立《用料差异反应表》，查明与制定基准差异原因，并拟订处理措施，确定是否修正“预估月量”，如需修订，应于反应表“拟修订月用量”栏内修订，并经主管核准后，通知修改库存基准。

7. 库存控制流程（图 8-9）

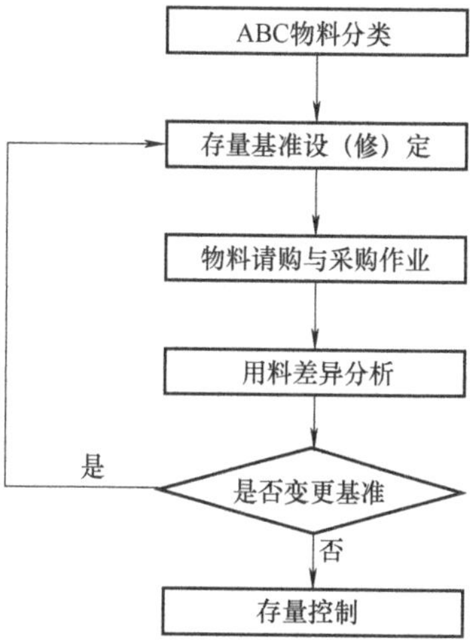

图 8-9　库存控制流程

思　考　题

1. 如何准确地提供零件？
2. 配件采购的原则是什么？
3. 如何正确选择供货方式？
4. 配件入库管理应做到什么？
5. 配件出库程序是什么？

第九章 财务管理

第一节 财务基本知识

企业经营安全问题是经营者头脑中应时刻绷紧的弦。
作为企业的管理者应掌握财务知识，以保护企业和客户利益。

一、支票的使用

支票是出票人签发的，委托办理支票存款业务的银行在见票时，需无条件支付确定金额给收款人或持票人的票据。支票无金额起点。

1. 支票的种类

支票按支付方式，可分为现金支票和转账支票。

（1）现金支票　支票上印有“现金”字样的支票，它只能用于支取现金。

（2）转账支票　支票上印有“转账”字样的支票，它只能用于转账，不能支取现金。

2. 填写支票的方法

（1）填写要求　为了防止涂改支票，必须做到标准化、规范化、要素齐全、数字正确和字迹清晰。

签发支票应使用墨汁或碳素墨水填写。

为了防止编造票据的出票日期，必须用中文大写。

（2）填写日期　填写日期时，月为壹、贰和壹拾的，日为壹至玖和壹拾、贰拾和叁拾的，应在其前加“零”。日为拾壹至拾玖的，应在其前加“壹”。填写日期时填写位置要规范，不得出现错位、挤压现象，否则就是无效支票。

（3）金额

1）大写：用正楷或行书填写。大写填写时应紧接“人民币”字样填写，不得留有空白。数字到“元”为止的，在“元”之后必须加“整”；数字到“角”“分”为止的，“角”“分”后不可以加“整”。

2）小写：使用阿拉伯数字填写时，均应在小写数字前填写人民币符号“￥”。

3. 支票的有效期

自出票日起10日内有效，超出有效期的支票为无效支票，银行不予以受理。

4. 支票的背书

1）持票人向其开户行提示付款的，不需做委托收款背书（又称主动付款，出票人主动到自己的开户行送交支票，付款给收款人）。

2）委托收款背书。要求：被背书人栏填写收款人开户银行的名称，签章栏填写“委托收款”字样并签章。

3）支票转让背书，背书应当连续，也就是指在转让中，转让支票的背书人与受让支票的背书人在支票上的签章，依次前后衔接。

5. 支票的挂失

丢失支票后，可以依据《票据法》的规定，及时通知付款人或代理付款人挂失止付。

挂失支票的条件是，支票的各项要素必须齐全。在挂失时应填写挂失止付通知书并签章。填写内容包括支票丢失的时间和事由；支票的种类、号码、金额、出票日期、付款日期、付款人名称和收款人名称；挂失止付人的名称、营业场所、住所及联系方法；交纳票面金额1%，但不低于5元的手续费；立即到人民法院办理挂失止付。银行暂停止付权限为12日，在这12日内银行没有收到人民法院的止付通知书，自第13日起，挂失止付通知书失效。

在失票人到银行办理挂失止付之前，此支票已经依法向持票人付款的，就不再办理挂失止付了。

6. 交存支票

1）收款人交存支票填写二联进账单。

2）出票人交存支票填写三联进账单。

3）收款人和出票人在同一行开户的，收款和付款都是当时入账。

4）出票人主动付款的，付款金额当时入账，收款金额提出交换；收款人交存他行支票，在过了退期没有退票的情况下入收。

7. 有效支票

出票日期、收款人名称和出票金额，这三项记载缺一不可，否则就是无效支票，银行不予以受理。

8. 禁止单位签发的支票

1）签发支票的金额不得超过付款人实有的存款金额（空头支票）。

2）支票的出票人预留银行签章是银行审核支票付款的依据。因此，出票人不得签发与其预留银行签章不符的支票。

3）银行还可以审核与出票人约定的使用支付密码，出票人不得签发密码错误的支票。

以上三种情况即签发空头支票、印鉴不符和密码错误，根据中国人民银行的规定，银行应予以退票，并收取票面金额的5%，但不低于1000元的罚款。

有个别不法分子利用禁止单位签发的支票进行诈骗活动，这应引起企业的重视。

二、银行汇票

1. 银行汇票的含义

银行汇票是出票银行签发的，由其在见票时按照实际结算金额无条件支付给收款人或者持票人的票据。银行汇票的出票银行为银行汇票的付款人。单位和个人任何款项结算，均可采用银行汇票。银行汇票可以用于转账，也可以填写“现金”字样的银行汇票用于支取现金。

2. 银行汇票的要素

要标明“银行汇票”字样、出票金额、付款人名称、收款人名称、出票日期、出票人签章、无条件支付的承诺等，欠缺诸要素之一的银行汇票无效。

3. 银行汇票的有效期

银行汇票的有效期为自出票日起一个月。持票人超过付款期限提示付款的，代理付款人不予以受理。

4. 如何办理银行汇票

申请人使用银行汇票，应向出票银行填写“银行汇票申请书”，填明收款人名称、汇票金额、申请人名称、申请日期等项目并签章，而且要预留银行的签章。若申请人和收款人均为个人，需要使用银行汇票向代理付款人（兑付行）支取现金的，申请人在“银行汇票申请书”上注明代理付款人名称，在“汇票金额”栏先填写“现金”字样，后填写汇票金额。

申请人或收款人为单位的，不得办理“现金”汇票。

签发转账银行汇票，不得填写代理付款人（兑付行）名称；签发现金银行汇票，申请人和收款人必须均为个人，在银行汇票“出票金额”栏填写“现金”字样，后填写出票金额，并填写代理付款人名称。

5. 解付银行汇票

1）收款人收到银行汇票之后，应在出售金额之内，将实际结算金额和多余金额准确、清晰地填入银行汇票和解讫通知的有关栏内。未填写实际结算金额和多余金额或实际结算金额超出票面金额的银行汇票，银行不予受理。

2）银行汇票实际结算金额不得更换，更改实际结算金额的银行汇票无效。

3）持票人向银行提示付款时，必须同时提交银行汇票和解讫通知，缺少任何一联，银行不予受理。

4）持票人向银行提示付款时，应在汇票的背面“持票人向银行提示付款签章”处签章，签章须与预留银行签章相同，并将银行汇票、解讫通知和进账单一同送交银行。

5）如果持票人是未在银行开立账户的个人，则可以向选择的任何一家银行提示付款。提示付款时，应在汇票的背面“持票人向银行提示付款签章”处签章，并填写本人身份证名称、号码及发证机关，由其本人向银行提交本人身份证及其复印件。

银行汇票的实际结算金额低于出售金额，即有多余金额的，其多余金额由出票银行退交申请人。

6）申请人因银行汇票超过付款提示期限或因其他原因要求退款时，应将银行汇票和解讫通知同时提交到出票银行，做未用退回处理。申请人为单位的，应出具该单位的证明；申请人为个人的，应出具该本人的身份证件。此证明或证件也同时提交出票银行。

7）银行汇票的背书和挂失（与支票相同）。

三、票据

1. 发票

发票是单位和个人在购销商品、提供或者接受服务以及从事其他经营活动中，开具、取得的收付款凭证。发票根据其作用、内容及使用范围的不同，可以分为普通发票和增值税专用发票两大类。

（1）普通发票

1）开具发票时有如下规定。

① 发票限于领购单位和个人自己使用，不准买卖、转借、转让、代开。向消费者个人零售小额商品，也可以不开发票，如果消费者索要发票不得拒开。

② 开具发票要按规定的时限、顺序、逐栏、全部联次一次性如实开具，并加盖单位财务印章或者发票专用章。未经税务机关批准，不得拆本使用发票。

③ 填开发票的单位和个人必须在发生经营业务确认经营收入时开具发票，未发生经营业务的一律不准开具发票。发票只能在工商行政管理部门发放的营业执照上核准的经营业务范围内填开，不得自行扩大专业发票使用范围。填开发票时，不得按照付款方的要求变更商品名称、金额。

④ 开具发票应当使用中文。民族自治地方可以同时使用当地通用的一种民族文字，外商投资企业和外国企业可以同时使用一种外国文字。

2）开具发票有如下特殊规定。

① 用票单位和个人在整本发票使用前，要认真检查有无缺页、缺号、发票联无发票监制章或印刷不清楚等现象，如发现问题应报告税务机关处理，不得使用。整本发票开始使用后，应做到按号顺序填写，填写项目齐全，内容真实，字迹清楚，填开的发票不得涂改、挖补、撕毁，如发生错开现象，应将发票各联完整保留，书写或加盖“作废”字样。

② 开具发票后，发生销货退回的，应收回原发票并注明“作废”字样，或取得对方有效证明后，可以填开红色发票；发生销售折让的，应收回原发票并注明“作废”字样，重新开具销售发票。

③ 使用计算机开具发票，须经主管税务机关批准，并使用税务机关统一监制的机打发票，开具后的存根联要按照顺序号装订成册。

（2）增值税专用发票　增值税专用发票是为加强增值税的征收管理，根据增值税的特点而设计的，专供增值税一般纳税人销售货物或应税劳务使用的一种特殊发票，增值税专用发票只限于经税务机关认定的增值税一般纳税人领购使用。

1）增值税一般纳税人在填开增值税专用发票时，必须按下列要求开具。

① 使用国家税务总局统一印制的专用发票，不得开具伪造的增值税专用发票。

② 按规定的使用范围、时限填开。

③ 字迹清楚、项目填写齐全、内容正确无误。

④ 不得涂改。如果填写有误，应另行开具增值税专用发票，并在填写错误的专用发票上注明“误填作废”四字。如果专用发票填开后因购货方不索取而成为废票的，也应按填写有误办理。

⑤ 一份发票一次填开完毕，各联内容、金额完全一致。

⑥ 发票联、抵扣联加盖开票单位的财务专用章或发票专用章。

⑦ 不得拆本使用专用发票。

2）开具专用发票有如下具体要求。

①“销售单位”和“购货单位”栏要写全称，“纳税人登记号”栏必须填写购销双方新

15 位登记号码，否则不得作为扣税凭证。

②“计量单位”栏应按国家规定的统一“计量单位”填写，“数量”栏按销售货物的实际销售数量填写，“单价”栏必须填写不含税单价，纳税人如果采用销售额和增值税额合并定价方法的，应折算成不含税价。

③“金额”栏的数字应按不含税单价和数量相乘计算填写。计算公式为

“金额”栏数字 = 不含税单价 × 数量

④“税率”栏除税法另有规定外，都必须按税法统一规定的货物的使用税率填写。

⑤“税额”栏应按“金额”栏和“税率”栏相乘计算填写。计算公式为

“税额”栏数字 = “金额” × “税率”

或　　“税额”栏数字 = 单价 × 数量 × 税率

⑥ 税务所为小规模企业代开增值税专用发票的，应在专用发票“单价”栏和“金额”栏分别填写不含其本身应纳税额的单价和销售额；“税率”栏填写增值税征收率 6%；“税额”栏填写其本身应纳税的税额，即按销售额依照 6% 征收率计算的增值税额。

3）增值税专用发票的开具时限有如下规定。

① 采用预收货款、托收承付、委托银行收款结算方式销售货物的，专用发票的开具时间为货物发出的当天。

② 采用交款提货结算方式销售货物的，专用发票的开具时间为收到货款的当天。

③ 采取赊销、分期付款结算方式销售货物的，专用发票的开具时间为合同约定收款日期的当天。

④ 采用其他方式销售货物、应税劳务或按税法规定其他视同销售货物的行为应当开具专用发票的，应于货物出库，转移或劳务提供的当天填开专用发票。

4）纳税人销售货物并向购货方开具发票后，发生退货或销售折让时，应根据具体情况来办理。

① 购货方尚未付款，并且未作账务处理。在这种情况下发生退货，销货方应收回原填开的专用发票的发票联和抵扣联，在各联上都注明“作废”字样，作为扣减当期销项税额的凭证。

② 购货方尚未付款，并且未作账务处理。在这种情况下发生销售折让，销售方收回原填开的专用发票，该折让后的货款重新填开专用发票。

③ 购货方已付货款，或者货款未付但已作账务处理。在这种情况下发生退货或销售折让、发票联及抵扣联无法退还，这时购买方必须取得主管税务机关开具的《进货退出及索取折让证明单》，送交销货方作为其开具红字专用发票的依据。红字专用发票的存根联、记账联作为销货方扣减退货当期销项税额的凭据；发票联和抵扣联作为购货方扣减进项税额的凭证。

2. 税票

税票是税务机关征收税款时所用的各种专用凭证。

（1）特点　税票是一种可以无偿收取货币资金的凭证；税票填用后将成为征纳双方会计核算的原始凭证；税票是纳税人履行纳税义务的唯一合法凭证。

（2）分类　1994 年国家税务总局制定了全国统一的税收票证式样共 21 种。按税票的征款方式不同，又可分为以下三类。

1）税收缴款书类。包括税收缴款书、出口产品税专用缴款书、固定资产投资方向调节税专用缴款书、税收汇总专用缴款书共 4 种。

2）税收完税证类。包括税收完税证、税收定额完税证、车船使用税定额完税证、代收代扣税款凭证、印花税票共5种。

3）纳入票证管理的其他票证类。包括税收罚款收据、税收收入退还书、小额税款退税凭证、出口产品完税分割单、固定资产方向调节税零税率项目凭证、税票调换证、纳税保证金收据、印花税票销售凭证、税收票证监制章、征税专用章、印花税收讫专用章、车船使用税完税和免税票共12种。

（3）填写税票　首先应了解各种票证的内容、用途及填写规定，然后逐项逐栏如实填写。

四、税收

1. 税务登记

税务登记是税务机关依法对纳税人与履行纳税义务有关的生产经营情况及其税源变化情况进行的登记管理活动。

（1）税务登记的范围和时间　凡经国家工商行政管理部门批准，从事生产、经营的纳税人，都属于税务登记的范围，均应按规定向当地税务机关申报，办理税务登记。

（2）税务登记的内容　包括开业税务登记，从事生产经营的纳税人，应当在规定的时间内向税务机关书面申报办理税务登记；变更或注销税务登记，税务登记内容发生变化时，纳税人在工商行政管理机关办理注册登记的，应当自工商行政管理机关办理变更登记30日内，持有关证件向原税务机关申报办理变更税务登记；纳税人不需要在工商行政管理机关办理注册登记的，应当自有关机关批准或者宣布变更之日起30日内，持有关证件向原税务机关申报办理变更税务登记。

2. 纳税申报

纳税人办理纳税申报时，应当如实填写纳税申报表，并根据不同情况相应报送下列有关证件、资料。

1）财务、会计报告表及其说明材料。

2）与纳税有关的合同、协议书。

3）外出经营活动税收管理证明。

4）境内或境外公证机构出具的有关证明文件。

5）税务机关规定应当报送的其他有关证件、资料。

6）纳税申报的时间和期限。

3. 适用税种与税率

我国现行使用的税种有增值税、消费税、营业税、资源税、外国投资企业和外国企业所得税、固定资产投资方向调节税、城市维护建设税、城镇土地使用税、房地产税、车船使用税、印花税、土地增值税、契税、进出口关税等。税率是应纳税额与征税对象之间的比例，是计算税额的尺度，反映了征税的深度。在征税对象数额已定的情况下，税率的高低决定了税额的多少。我国税率分为三种，即比例税率、累进税率和定额税率。

（1）比例税率　比例税率是对同一征税对象，不论数额多少，按照所需税目，都按同一个比例征税。这种税率在税额和征税对象之间的比例是固定的。

（2）累进税率　累进税率是按照征税对象的数额大小或比率高低，划分为若干等级，每个等级由低到高规定相应的税率。税率与征税对象数额或比率成正比，征税对象数额大、比率高；反之，税率就低。

(3) 定额税率　定额税率是按征税对象的一定计量单位直接规定一定数量的税额，而不是征收比例。

五、财务结算

1. 同城结算与异地结算

根据国内转账结算交易双方所处的地理位置，分为同城结算与异地结算两种。

(1) 同城结算　指同一城镇内各单位之间发生经济往来而要求办理的转账结算。同城结算有支票结算、委托付款结算、托收无承付结算和同城托收承付结算等。其中支票结算是最常用的同城结算。

(2) 异地结算　指异地各单位之间发生经济往来而要求办理的转账结算。异地结算基本方式有异地托收承付结算、信用证结算、委托收款结算、汇兑结算、银行汇票结算、商业汇票结算、银行本票结算和异地限额结算等。其中，异地托收承付结算、银行汇票结算、商业汇票结算、银行本票结算和汇兑结算是最常用的异地结算手段。

2. 现金结算与转账结算

货币结算按其支付方式的不同，可分为现金结算和转账结算。

(1) 现金结算　发生经济行为的关系人直接使用现金结清应收应付款的行为。

(2) 转账现金　发生经济行为的关系人使用银行规定的票据和结算凭证，通过银行划账方式，将款项从付款单位账户划到收款单位的账户，以结清债权债务的行为。转账结算是货币结算的主要方式。转账结算的主要信用工具有：支票、汇兑、委托受款、银行汇票、商业汇票、银行本票和信用卡等7种。支票结算是最常用的同城结算方式。

3. 支票结算流程

1) 开立账户办理结算。

2) 付款人根据商品交易、劳务供应或其他经济往来向收款人签发支票。

3) 收款人将商品发运给付款人，或向付款人提供劳务服务。有时，根据实际情况，收款人在未接到支票的情况下，也可先提供商品或劳务服务，后收取支票。

4) 收款人将支票送交开户银行入账。

5) 收款人开户银行向付款人开户银行提出清算。

6) 付款人开户银行根据有关规定计划转货款或劳务服务款。

7) 收款人开户银行给收款人收妥款项后，通知收款人入账。

8) 付款人与开户银行定期对账。

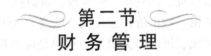

第二节　财务管理

财务管理制度是镇企之宝！

一、财务管理制度

1. 财务管理一般原则

1) 财务管理应按照国家统一的会计制度进行核算，企业的会计处理方法一经确定不得随意变更，确实需要变更的，应将变更情况、原因以及对财务状况和经营成果的影响，在财务报告中说明。

2）应以实际发生的经济业务及能证明经济业务发生的凭证为依据，如实反映财务状况和经营成果。

3）提供的会计信息应能满足各方面了解公司财务状况和经营成果的需要，以及满足公司内部经营管理的需要。

4）应在发生经济业务时及时进行会计处理，讲求时效。

5）会计记录和会计报表应简明易懂地反映财务状况和经营成果。

6）在全面反映财务状况和经营成果的同时，对影响决策的重要经济业务，应单独反映，重点列报。

7）正确确定公司的收益、成本、费用，依法合理核算可能发生的损失和费用。

8）各项资产应按其取得时所发生的实际成本记账。

2. 会计核算

1）财务部门及财会人员应按照国家有关财税、财务、会计制度进行会计核算。

2）收入、成本、费用的计算，经营成果的计算和处理，款项和有价证券的收付，债权、债务的发生和结算，财务的收发、增减和使用及其他需要办理会计手续、会计核算的，应办理会计手续，进行会计核算。

3）会计资料应真实、完整，并符合国家法律及会计制度的有关规定。

4）办理有关会计事项时，应填制或取得原始凭证，并及时交财务部门，经财务人员审核后，编制记账凭证，记入有关账簿。

5）按会计制度的规定，设置会计科目和会计账簿。

6）按会计制度的记账规则，根据已编制的会计凭证登记账簿。

7）财务部门应妥善保管会计资料。

3. 财务监督

1）财务部门及财务人员有权对公司的经营活动，实行财务监督。

2）财务人员对违反财务制度的经营业务，应不予办理。

3）财务人员对不真实、不合理的原始凭证，应不予受理。对记载不明确、不完整的原始凭证，应退回，并要求其补充、更正。

4）财务部门应定期和不定期地进行财务检查，要求做到账、实相符，账、证相符，账、账相符。如不符应查明原因，并按有关规定进行处理。

5）财务部门应如实接受税务部门、审计部门的检查。

案例

S企业是一个有七八名员工的小修理厂，老板原来干过几年修理，对维修挺感兴趣，整天带着几个修理工忙于修车，把财会结算和配件管理都交给了一个会计，只是在收工时才问问今天的收入情况，并将钱交给他。有两次老板发现小会计有几笔钱没交给他，老板问了一下，小会计都说忘了，老板也没在意。后来老板听说，会计和结算不能一个人干，这样有很多弊端，老板就想起那两次会计没及时交钱的事。他仔细将这段时间的修理业务与收入回想核对，发现五六千元钱不知去向，他问小会计，小会计就支支吾吾，第二天就不辞而别了。

所以，企业再小，会计和结算也不能一个人承担。

二、货币资金管理规定

为规范货币资金管理，规范企业货币资金的收支行为，企业应制定货币资金管理规定，具体包括以下条款。

1）任何项目的货币资金收入，必须做收入凭证，所制收入凭证（发票或收据）上必须有收缴人与收款人签章。

2）任何项目的货币资金支出，均必须取得有效的原始凭证，否则不予支付。

3）原则上所有款项的支出，均必须经主管会计审核签章后，出纳方可支付。

4）出纳付款时，原则上应做到能用银行转账的款项，就不得使用现金支出。

5）任何款项的支出凭证上，必须有收款人签章。

6）出纳必须将当日的收支，逐笔登入现金日记账或银行存款日记账上，做到账、款相符。出纳必须及时将所有的有关收支凭证，交给主管会计进行账务处理。

7）银行存款预留印鉴必须分开保管，财务专用章由主管会计负责管理，不得随意使用。

8）日库存用现金原则上不得超过公司规定限额。

9）下班前应将留存现金存入银行，不允许现金在公司过夜。

10）任何人不得以任何形式和借口挪用公款。

案例

某维修厂的结算员由于疏忽，在收款时收到一张50元的假币。他没有将假币销毁而是又找给另一位客户，结果被这位客户当场识破，并与结算员发生争吵，用户认为结算员在欺骗他，并对修理厂的信誉产生了很大的怀疑。

三、收入、费用、利润

1. 收入

收入包括主营业务收入和其他业务收入。收入不包括为第三方或者客户代收的款项。收入能导致所有者权益的增加。收入扣除相关成本与费用后，则可能增加所有者权益，也可能减少所有者权益。收入只包括本企业经济利益的流入，而不包括为第三方或客户代收的款项，如增值税、代收利息等。

（1）收入确认条件

1）企业已将商品所有权上的主要风险和报酬转移给购货方。这里的风险主要是指商品由于贬值、损坏、报废等造成的损失；报酬则是指商品中包含的未来经济利益，包括商品因升值等给企业带来的经济利益。

2）企业既没有保留通常与所有权相联系的继续管理权，也没有对已售出的商品实施控制。

3）与交易相关的经济利益能够流入企业。销售商品的货款能否有把握回收，是收入确认的一个重要条件，企业在销售商品时，如估计货款回收的可能性不大，即使收入确认的其他条件均已满足，也不应当确认收入。

4）相关的收入和成本能够可靠的计量。收入能否可靠的计量，是确认收入的基本前提。收入不能可靠计量，则无法确认收入。企业在销售商品时，销价通常已经确定，但销售过程中由于某些不确定因素，也有可能出现售价变动的情况，在新的售价未确定前，则不应确认收入。

根据收入和费用配比原则，与同一项销售有关的收入和成本应在同一会计期间予以确认，因此，如果成本不能可靠计量，相关的收入就不能确认。这时，若已收到货款，则收到的货款应确认为一项负债。

企业销售的商品只有同时满足上述4个条件，才能确认收入。

（2）销售收入的计量　销售收入的金额应根据企业与购货方签订的合同或协议金额确定。无合同或协议的，应根据购销双方都能同意或接受的价格确定，但不包括企业为第三方或客户收取的一些款项。

2. 费用

（1）费用的特点　费用是企业为销售商品、提供劳务等日常活动所发生的经济利益的流出。其特点如下。

1）费用最终会导致企业资源的减少。

2）费用最终会减少企业的所有者权益。一般而言，企业的所有者权益会随着收入的增长而增加；相反，费用的增加会减少企业的所有者权益。

（2）费用的种类　在制造类企业中，费用按照经济用途的不同，首先分为应计入产品成本的费用和不应计产品成本的费用两类。在此基础上，对应计入产品成本的费用，需进一步分为生产经营成本；对不应计产品成本的费用，需进一步分为期间费用。

1）生产经营成本。生产经营成本是指为生产产品和提供劳务所发生的各项费用，包括直接材料费、直接人工费和其他各项制造费用。

① 直接材料费，是指直接用于产品生产、构成产品实体的原料费及主要材料、外购半产品费，有助于产品形成的辅助材料及其他材料费用。

② 直接人工费，是指直接参加产品生产的生产工人工资及提取的福利费。

③ 制造费用，是指企业各生产单位为组织和管理生产所发生的各项间接费用。

2）期间费用。期间费用是指企业当期发生的、必须从当期收入中得到补偿的费用，包括管理费用、财务费用和营业费用。

① 管理费用，是指企业行政管理部门为管理和组织生产经营活动所发生的费用。

② 财务费用，是指企业为筹集资金而发生的费用。

③ 营业费用，是指企业在销售商品、产品或提供劳务过程中发生的各项费用。

3. 利润

（1）利润的特点　利润是企业在一定会计期内实现的收入减去费用后的净额，它包括营业利润、利润总额和净利润。利润有如下特点。

1）利润代表企业能用货币表现的、最终的和综合的经营成果。

2）利润的金额是通过收入减去费用之后的余额来确定的。

3）利润的许多特点都体现在收入和费用两个要素上。

（2）营业利润　营业利润是企业利润的主要来源，它主要包括主营业务利润和其他业务利润。计算公式如下：

营业利润＝主营业务利润＋其他业务利润－营业费用－管理费用－财务费用

主营业务利润＝主营业务收入－主营业务成本－主营业务税金及附加

其他业务利润＝其他业务收入－其他业务支出

（3）利润总额　企业的利润总额一般包括营业利润、投资净收益和营业外收支净额三部分。如果企业能够按规定获取补贴收入，则也应作为当期的利润总额的组成部分。计算公式如下：

利润总额＝营业利润＋投资收益＋补贴收入＋营业外收入－营业外支出

（4）净利润　净利润是指企业的税后利润。计算公式如下：

净利润＝利润总额－所得税

四、资产管理制度

1）财务部门应控制现金使用效率，满足公司现金使用需要。

2）现金收支应做到日清日结，做到账、款相符，确保库存现金的安全和完整。

3）加强现金收支凭证的管理工作。

4）根据公司业务发展需要，确定最佳现金持有量。

5）存货的发出，采用实际成本法进行会计核算。

6）低值易耗品原则上采取一次摊销法，计入当期成本、费用。

7）定期对存货情况进行清查盘点，如出现盘盈、盘亏等情况，应查明原因，及时处理。

8）根据公司业务发展需要，确定经济存货量，尽可能减少营运资金的占用。

9）固定资产的计价和折旧，按国家有关规定执行。

10）固定资产的修理费用，原则上一次计入当期费用。对数额较大的可通过待摊费用进行分摊。

第三节
经营分析

知己知彼，方能百战不殆。认识自我，认识市场，在商场中才能立于不败之地。

作为企业经营管理者，应知道如下几个问题。

1）企业的生产是增产增销还是减产少销？原因在哪里？

2）企业有多少资金？资金从哪里来？用在哪里？用得是否合理有效？

3）企业资金总感觉不够用，资金使用效果不好的原因在哪里？

4）产品成本是多少？成本升高了还是降低了？成本升降的原因是什么？

5）企业实现了多少利润？利润增加或减少的原因有哪些？

这些问题要求企业管理者根据财务报表，结合市场现状进行经营分析。整个经营分析工作由几个有机联系的步骤构成，即对比找出差距，研究查明原因，计算因素影响，总结提出建议。

1. 对比找出差距

“对比”就是将实际达到的结果同某一标准相比较。在实践中作为对比标准的主要有3种：同预定目标、计划或定额相比；同上期或历史最高水平相比；同国内外先进水平相比。

在运行对比找差距方法时，必须注意经济现象或经济指标的可比性。即被比较的现象或指标，必须符合以下3个条件。

（1）性质上同类　例如，比较企业的资金占用水平就必须在相同类型的生产企业间进行。

（2）范围上一致　例如，比较不同时期的变动费用，那么两个时期的变动费用所包括的范围就应该基本上一致，否则就不可比了。

（3）时间上相同　就是说，相比较的经济现象或指标，应当是相同时间长度的结果。例如，都采用年度资料或都采用月份或季度资料。

2. 研究查明原因

在对比找差距的基础上，研究查明差距（或差异）产生的原因，是分析工作的重要一步。

每项经营活动的结果，可能是由很多原因造成的，或者说会受到多种因素的影响。这些原因或因素有些是密切联系的，也有的是可以用一定的经济指标来反映的，因而有可能通过经济指标之间的关系来进行分析。例如，材料消耗量的多少，是决定产品成本升降的原因，或者说是影响产品成本的因素，通过材料消耗量的变化，就可以分析它对产品成本的影响。又如，劳动生产率的高低是决定产量多少的原因，或者说是影响产量的因素，由此也就是可以通过劳动生产率的变化，分析它对产量的影响。对某一经济指标发生影响的因素存在于客观事物本身之中，在分析中需要熟悉经济现象或经济指标的性质，了解经济指标的构成内容，以便借助逻辑判断，确定影响的因素。

3. 计算因素影响

计算因素影响，就是对影响经济指标的因素或原因，计算它们的变动对经济指标的具体影响，即明确的作用方向（有利或不利）和影响程度的大小。根据因素影响的方向和程度，就可在进行决策和制定措施中，抓住主要矛盾，有重点地解决问题。

4. 总结提出建议

分析企业的经营活动，要以改善企业经营管理、取得最佳经济效果为目的。因此，要根据分析的结果，总结企业的工作，提出改善企业经营管理的好建议，并将建议提供给企业的领导层作为决策的参考，以充分挖掘企业的潜力，不断提高企业经营的经济效益。

根据经营活动分析的结果总结企业的工作，可使经营者了解掌握经营状况，对工作成绩和问题的评价更为准确，经济责任更为清楚，提出的工作改进方案和经营决策更加有效，对今后努力的方向更为明确。

根据分析的资料，总结企业的工作，应当本着实事求是的态度，既要肯定成绩，又要指出问题，同时还要指出解决问题的建设性意见，要着眼于帮助企业改善经营管理，挖掘企业的内部潜力，提高经济效益。

案例

某维修厂是A、B、C三种车型的特约维修站，上年度核算各车型损益情况分别为A车型净利50万元，B车型亏损20万元，C车型净利10万元，A车型与C车型净利共为60万元，而因B车型亏损致使企业净利只有40万元（表9-1）。企业老板要财务部门做是否需要停止B车型特约维修服务的决策分析。

固定成本总额为180万元（按各车型维修金额比例分摊）。

表9-1　贡献毛益及净利计算表

车型名称	A车型	B车型	C车型	合计
维修收入总额 变动成本总额	200万元 90万元	300万元 230万元	100万元 60万元	600万元 380万元
贡献毛益总额 固定成本总额	110万元 （180万元×2/6） =60万元	70万元 （180万元×3/6） =90万元	40万元 （180万元×1/6） =30万元	220万元 180万元
净　利	50万元	-20万元	10万元	40万元

由于固定成本总额总是要发生的，若B车型停产，其原负担的180万元则要求A、C两种车型分别负担，其结果见表9-2。

表9-2　分析结果

车型名称	A车型	C车型	合计
维修收入总额 变动成本总额	200万元 90万元	100万元 60万元	300万元 150万元
贡献毛益总额 固定成本总额	110万元 （180万元×2/3）=120万元	40万元 （180万元×1/3）=60万元	150万元 180万元
净　利	-10万元	-20万元	-30万元

分析结论：如果将B车型停产，其原来所分担的固定成本改由A、C两车型分别承担，结果反而会造成企业的全面亏损。因此，B车型特约维修服务不宜停止。

思考题

1. 支票的种类有哪些？
2. 禁止单位签发的支票有哪些？
3. 如何办理银行汇票？
4. 什么是增值税专用发票？
5. 税务登记的内容有哪些？
6. 财务会计报告的组成是什么？

第十章 政府采购与保险车辆维修管理

第一节 政府采购车辆维修管理

现在很多政府机构采用政府采购方式对公务车维修进行公开招标，很多大中型企业也按政府采购招标方式进行招标，招标程序、招标文件及要求与政府采购招标基本一致，在此不再重复。

一、政府采购招标程序

政府采购招标程序如下。

1）招标方制定招标文件，发布招标邀请函。

2）投标方编写投标文件，进行投标准备。

3）投标文件的递交。

4）招标方开标，并组织专家评标。

5）与中标方签订政府采购维修合同。

二、招标文件

1. 招标文件的内容

招标文件是根据政府采购项目公务车协议维修的需要而编制的，内容主要包括招标邀请函、标的服务内容和要求、投标人须知、投标人的资质和要求、投标时间和地点、投标文件书写格式、开标方式及时间和地点、评标方式、保证金规定、中标结果的通知、中标后合同的签订、中标服务费等。

2. 招标范围和内容

1）招标范围：指政府公用车，包括轿车、旅行车、客车等车辆的协议维修。

2）招标内容：包括汽车的一、二级维护、汽车大修、总成大修、汽车小修和专项修理。

3. 投标人的基本条件

投标人是指响应招标要求，参加投标竞争，依法成立的汽车维修企业，要求具有以下条件。

1）必须具有独立的企业法人资格。

2）必须具有一、二类汽车维修资格，完善的维修设备，良好的企业管理基础和技术力量。

3）必须保证汽车维修质量符合国家有关标准。

4）必须具有从事本行业的经验和良好业绩。

5）经营场所应位于所指定的区域范围内。

4. 招标服务要求

1）协议维修的服务期限为一年或两年。

2）严格执行投标时的服务承诺。

3）应优先对协议车辆进行维修，并按期完工。

4）按委托的项目进行维修，如需要增加维修项目，需征得托修方的同意。

5）确保维修质量和质量保证期。

6）应保证使用的配件均为符合质量标准的合格品，不得以次充好和弄虚作假。

7）应严格执行投标时制定的各车型常用易耗件和通用易耗件、各车型主要维修项目人工费的收费标准，并给予政府采购优惠。

8）每月定期向政府采购中心报送上月的车辆维修统计表，并接受政府采购中心的核查。

9）应建立完整的协议车维修档案。

10）应负责免费提供市区内24小时拖车救援服务。

11）对上年度协议维修中标，而本年度未能中标的，应主动拆除政府采购定点维修的牌匾，并及时转送政府采购中心。

三、投标

1. 投标文件的组成

投标文件至少应包括下列五部分内容。

1）投标函。投标函一般由招标中心格式化，填写时应按格式进行，否则可能被视为无效投标。

2）资格证明材料。

3）投标报价。

4）对招标服务要求的响应。

5）对投标保证金的响应。投标保证金是为了保护招标机构和招标人免受因投标人的行为而带来的损失。只要符合投标规定，无论投标人中标与否，投标保证金均会退还给投标人。但若投标人违反规定，投标保证金将被没收。

2. 投标人应提交的资格证明文件

1）《营业执照》复印件。

2）《道路运输经营许可证》复印件。

3）公司简介、组织机构和主要成员。

4）经营场地简介，包括厂区地理位置图、厂区平面布置图、作业厂房平面布置图。

5）企业规章制度一览表。

6）企业人员和技术资格一览表。

7）主要维修设备一览表。

8）与汽车制造厂签订的特约维修站证明复印件。

9）近三年的维修业绩一览表。

10）近三年的维修年营业额和利润总额。

11）具有特色的维修服务项目、技术优势及其他优势。

12）与其他客户订立的长期服务项目。

13）曾受到的表彰和奖励证明。

14）服务承诺书。

15）其他有关材料。

3. 投标报价

投标报价是投标人对招标中心各种车型和修理项目的报价，报价的高低直接影响投标的评分。通常招标人要求的报价项目如下。

1）汽车维修常用件价格。

2）主要车型常用维修项目人工费价格。

3）主要车型发动机及各总成大修、二级维护人工费价格。

四、投标文件的递交

1）按要求进行投标文件的密封和标记。

2）在截止日期前投递标书，否则将视为弃权。

五、评标

评标方法目前没有统一的国家标准，各地的评标方式有所不同，但一般按下列程序进行。

1. 成立评标专家组

评标专家组是招标人组织的临时机构，负责按招标要求，对所收到的投标文件进行评审，并提交评标报告。评标专家组一般由当地专业人士组成，有时为了体现招标的公平性，也从外地聘请专业人士参加。

2. 初步评审

初步评审的目的是从投标人中筛选掉不合格的投标人，初步评审的内容如下。

1）投标文件是否齐全、有效。

2）投标文件的书写格式是否符合要求。

3）投标人的资格及证明材料审查。

4）投标人的能力审查。

5）投标人对招标服务要求和商务要求是否响应。

6）无效投标书的认定。

评标专家组通常按一票否决制剔除掉不合格的投标人。

3. 总评审

总评审对经过初步评审的投标文件进行实质性评审。评审通常采用评分方法，将评审内容分为综合条件、价格因素和信誉因素三大项，确定每项的权重，分配分数，然后对每项进行评审。

（1）综合条件　综合条件是指投标人的基本生产条件，包括以下内容：

1）占地面积及厂房面积。

2）年维修量、年营业额。

3）企业管理情况。

4）维修技术标准和工艺规范。

5）定点维修车型技术资料。

6）技术人员和工人资质。

7）质检手段。

8）服务响应。

9）服务承诺。

10）其他特色服务项目。

（2）价格

（3）信誉因素　信誉因素关系到投标人的市场可信度，信誉因素包括以下内容。

1）上年度政府采购协议维修业绩。

2）上年度获奖情况。

3）上年度投诉情况。

4）上年度资信情况。

4. 实地核查

5. 确定中标名单

对所有投标人综合总分从高到低进行排序，并出具评标报告。最后招标人按需要录取协议维修厂的数目，由高分到低分确定中标人的名单。

六、签订政府采购维修合同

1. 中标结果的通知

招标人会对评审后中标的投标人发出《中标通知书》，对未中标的投标人发出《中标结果通知书》。

2. 签订合同

中标人收到《中标通知书》后，应按指定的时间、地点、派遣授权代表与招标人签署《协议维修合同》。

招标人通常会以所有投标人的投标价格加权平均值作为新的维修材料管理费，要求中标人进行修改和重新报价。

3. 投标保证金和中标服务费

（1）投标保证金

1）中标的：中标人在规定时间内与招标人签订《协议维修合同》后，招标人将向中标人退还投标保证金。

2）未中标的：从招标人向未中标人发出《中标结果通知书》之日起，在3~5个工作日内，向未中标人退还投标保证金。

（2）中标服务费　中标人在收到《中标通知书》后应按时向招标人交纳中标服务费。

案例

某维修企业政府采购投标文件

在此重点列出投标函、服务承诺书及企业优势介绍。

1. 投标函

下面是某招标中心格式化的投标函。

××招标中心：

××汽车修理厂授权××为全权代表，参加贵方组织的汽车维修定点项目招标的有关活动，并对汽车维修定点项目进行投标，为此：

1）提供《投标人须知》规定的全部投标文件。

投标书正本1份，副本4份。

资格证明文件各2份。

2）投标方已详细审查全部招标文件，包括修改文件以及全部参考资料和有关附件。我们完全理解并同意放弃对这方面有不明及误解的权利。

3）保证遵守投标文件收费。

4）保证忠实地执行甲乙双方所签订的经济合同，并承担合同规定的责任义务。

5）愿意向贵方提供任何与该项目投标有关的数据、情况和技术资料。

6）本投标函自开标之日起90天内有效。

7）与本投标有关的一切往来通信请寄：

地址：　　　邮编：　　　电话：　　　传真：

投标单位（盖章）

全权代表（签字）

日期：

2. 汽车维修服务承诺书

（1）质量优良承诺

1）车辆维修质量保证符合GB 7258—2014《机动车运行安全技术条件》等18个国家、省标准规范（略）。

2）车辆维修实行自检、互检和专检“三检制度”，严格按照汽车维修工艺和规范。

3）依靠现代检测手段，在车辆进厂前、出厂后定时为车辆检测。

4）维修质量保证期。对因维修质量问题发生故障或提前损坏的车辆优先安排，及时排除，免费修理。

5）维修质量保证期。《机动车维修管理规定》规定，车辆整车修理或总成修理质量保证期为车辆行驶20000km或者100日；二级维护质量保证期为5000km或30天。我们执行我们企业的质量保证期规定：车辆整车修理或总成修理质量保证期为车辆行驶50000km或者300日；二级维护质量保证期为10000km或60天。

6）配件质量承诺。保证使用纯正配件，对因配件质量引起的损失，由我单位负责索赔，并承担由此造成的一切损失。

（2）时间优先承诺

1）外出故障急救时间承诺。××范围内自接到求救信号40min内到达。××范围外自接到求救信号2h内到达。本地区外以最快捷方式到达（准备时间30min加路程时间即为到达时间）。

2）在厂车日按车型另表列出。

（3）服务优质承诺

1）免费建立“客户档案”，客户可随时查阅车辆的技术档案。

2）建立24h服务电话，随时为用户提供服务。

3）建立跟踪服务制度，定期跟踪客户车辆运行情况，并提醒用户下次保养时间。

4）制定了“文明服务公约”，服务中使用文明服务用语和文明服务规范。

（4）价格优惠承诺

1）工时单价下浮15%。我企业属二类维修企业，应执行6元/工时的工时单价，现下浮15%为5.1元/工时。由于我企业内部管理严格，内耗少，维修人员技术熟练，工时单价下浮后仍能提供优良的服务。

2）材料管理费。购进不相邻省材料下浮12%，其他地区材料下浮为7%。我们建立了配件网络，有全国网络和市网络，购进配件时会做到货比三家，可购进质优、价廉的配件。

3. 投标企业维修优势

（1）专用设备及检测诊断设备特点优势

1）轿车计算机诊断仪，可对美、德、日、韩等几大车系的EFI、ABS、SRS、A/T、CRUISE等系统进行故障诊断、数据流分析、主动元件测试等。

2）发动机综合性能测试仪是引进××公司生产的具有世界先进水平的发动机诊断仪，可对汽、柴油机的功率、转矩、喷油高压分析、点火正时、点火曲线、缸平衡等30余个项目进行检测。

3）内窥镜检查仪可直接观察到发动机缸内运行情况。

4）异响分析仪可对发动机、系异响进行分析，快速判断故障。

……

（2）备品配件储备及进货渠道优势

1）配件购置形成广州、上海、深圳、北京等地购销网络，急件24h内到达。

2）定期对供应商进行选择，从中选取信誉好、质量优的商家组成新的网络。

……

（3）专业人才优势

1）专业技术人员8人，其中高级工程师1人，工程师2人，技师5人。

2）国家正规院校毕业的大专生以上人员11人。

3）有自动变速器维修专业人才，可对各种车型、自动变速器进行维修。

4）有CD音响系统的专业维修人才。

……

第二节 保险车辆维修管理

一、机动车保险基本知识

机动车保险分为商业险和交强险。

（一）商业险常用险种分析

商业基本险包括第三者责任险、车辆损失险，投保人可以选择投保其中部分险种，也可以选择投保全部险种，见表10-1。

表10-1 车辆保险险种

主险	车辆损失险	第三者责任险	主险	车辆损失险	第三者责任险
附加险	全车盗抢险 玻璃单独破碎险 自燃损失险	车上人员责任险 无过错责任险 车载货物掉落责任险	附加险	新增加设备损失险 车辆停驶损失险	车身划痕险
				不计免赔特约险	

1. 第三者责任险

在保险期间内，被保险人或其允许的合法驾驶人在使用保险车辆过程中发生意外事故，致使第三人遭受人身伤亡或财产的直接损毁，依法应由被保险人承担的经济赔偿责任，保险公司对于超过机动车交通事故责任强制保险（以下简称交强险）各分项赔偿限额以上的部分依照《道路交通事故处理办法》和保险合同的规定负责赔偿。

2. 车上人员责任险

在保险期间内，被保险人或其允许的合法驾驶人在使用保险车辆过程中发生意外事故，致使保险车辆上所载货物遭受直接损毁和车上人员人身伤亡，依法应由被保险人承担的经济赔偿责任，保险公司按照保险合同的约定负责赔偿。

3. 无过错责任险

在保险期间内，被保险人或其允许的合法驾驶人在使用保险车辆过程中，因与非机动车辆、行人发生交通事故，造成对方人员伤亡和财产直接损毁，保险车辆一方无过失，且被保险人拒绝赔偿未果，对被保险人已经支付给对方而无法追回的费用，保险公司按照保险合同的约定负责赔偿。

4. 车载货物掉落责任险

在保险期间内，被保险人或其允许的合法驾驶人在使用保险车辆过程中发生意外事故，所载货物从车上掉下致使第三者遭受人身伤亡或财产的直接损毁，依法应由被保险人承担的经济赔偿责任，保险公司按照保险合同的约定负责赔偿。

5. 车辆损失险

在保险期间内，被保险人或其允许的合法驾驶人在使用保险车辆过程中发生下列原因造成车辆的损失，保险公司按照保险合同的规定负责赔偿：①碰撞、倾覆；②火灾、爆炸；③外界物体倒塌或坠落，保险车辆行驶中平行坠落；④雷击、暴风、龙卷风、暴雨、洪水、海啸、地陷、冰陷、崖崩、雪崩、雹灾、泥石流、滑坡（地震除外）；⑤载运保险车辆的渡船遭受第 4 条所列的自然灾害。

6. 全车盗抢险

在保险期间内，保险车辆全车被盗抢、抢夺、抢劫，经县级以上公安刑侦部门立案证实，且满三个月未查明下落，或保险车辆在被盗抢、抢夺、抢劫期间受到损坏、车上零部件及附属设备丢失；或在盗抢未遂而造成的损失，需要修复的合理费用的，由保险公司负责赔偿。

7. 玻璃单独破碎险

在保险期间内，被保险人或其允许的合法驾驶人在使用保险车辆过程中发生本车玻璃单独破碎，保险公司按实际损失进行赔偿。

8. 车辆停驶损失险

在保险期间内，被保险人或其允许的合法驾驶人在使用保险车辆过程中，因发生车损险责任范围之内的事故造成车身损毁，进厂修理造成停驶而引起的营业额损失。保险公司按照保险合同的约定负责赔偿。

9. 自燃损失险

在保险期间内，被保险人或其允许的合法驾驶人在使用保险车辆过程中，因本车电器、线路、供油系统发生故障及运载货物自身起火燃烧造成的火灾，保险公司按照保险合同的约定负责赔偿。

10. 新增加设备损失险

在保险期间内，被保险人或其允许的合法驾驶人在使用保险车辆过程中，因发生车损险责任范围之内的事故造成车上新增设备的直接损毁，保险公司按照保险合同的约定负责赔偿。新增设备是指车辆出厂时原有各项设备以外，被保险人另外加装的设备。

11. 不计免赔特约险

不计免赔特约险指办理了本项特约险的机动车辆发生车辆损失险及第三者责任险事故造成赔偿，对其在符合赔偿规定的金额内按责任应承担的免赔金额，保险公司责任赔偿。

12. 车身划痕险

在保险期间内，被保险人或其允许的合法驾驶人在使用保险车辆过程中，仅车身被划，保险公司按照保险合同的约定负责赔偿。

（二）交强险

交强险是指当被保险机动车发生道路交通事故对本车人员和被保险人以外的受害人造成人身伤亡和财产损失时，依法应由被保险人承担的损害赔偿责任的，保险公司按照交强险合同的约定对每次事故在下列责任限额内予以赔偿的一种具有强制性质的责任保险。①死亡伤残赔偿限额为 110 000 元；②医疗费用赔偿限额为 10 000 元；③财产损失赔偿限额为 2000 元；④被保险人无责时，无责任死亡伤残赔偿限额为 11 000 元，无责任医疗费用赔偿限额为 1000 元，无责任财产损失赔偿限额为 100 元。

交强险的保障对象是被保险机动车致害的交通事故受害人，但不包括被保险机动车本车人员、被保险人。其保障内容包括受害人的人身伤亡和财产损失。交强险实行“无过错”赔偿。

1. 交强险的特点

1）突出“以人为本”，将保障受害人得到及时有效的赔偿作为首要目标。

2）体现“奖优罚劣”，即安全驾驶者将享有优惠的费率，经常肇事者将负担高额保费。

3）坚持社会效益原则，即保险公司经营交强险不以赢利为目的。

4）实行商业化运作，即交强险的条款费率由保险公司制定，保监会按照交强险业务总体上不盈利不亏损的原则进行审批。

2. 建立交强险制度的意义

建立交强险有利于道路交通事故受害人获得及时有效的经济保障和医疗救治；有利于减轻交通事故肇事方的经济负担；有利于促进道路交通安全，通过“奖优罚劣”的费率经济杠杆手段，促进驾驶人增强安全意识；有利于充分发挥保险的社会保障功能，维护社会稳定。

二、保险条款中的不赔责任

常见的不赔条款如下。

1）无证驾驶或超出准驾车型，或持不合格的驾驶证。

2）酒后、吸毒、药物麻醉所致车辆损失和第三者责任。

3）第三者责任险拒绝支付投保户与第三者私下协定的赔偿金额。

4）逾期报案，报案不实。

5）报案车辆发生转移、变更用途、增加危险程度而未办理批改手续。

6）发生事故未报保险公司备案。

7）发生事故时保险车辆的行驶证无效。

三、保险理赔和维修基本流程

汽车维修企业不仅应该知道保险理赔的基本流程，而且还要让客户知道。使客户在出现交通事故后能与维修厂联系，由修理厂出面帮助客户处理保险理赔。保险理赔流程如图 10-1 所示。

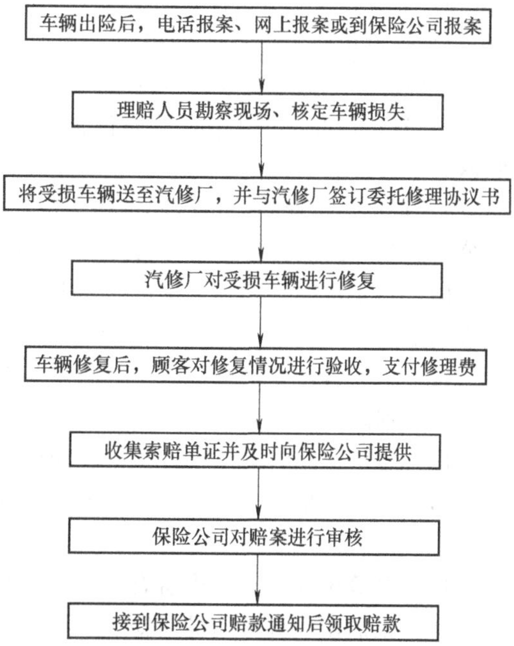
车辆出险后，电话报案、网上报案或到保险公司报案
理赔人员勘察现场、核定车辆损失
将受损车辆送至汽修厂，并与汽修厂签订委托修理协议书
汽修厂对受损车辆进行修复
车辆修复后，顾客对修复情况进行验收，支付修理费
收集索赔单证并及时向保险公司提供
保险公司对赔案进行审核
接到保险公司赔款通知后领取赔款

图 10-1　车辆保险理赔流程

1. 报案定损

出险后客户要保护现场，及时报案，除了向交通管理部门报案，还要及时向保险公司报案。

出险车辆定损的基本流程如下。

1）车主出示保险单证、行驶证、驾驶证以及被保险人身份证。

2）车主出示保险单。

3）车主填写出险报案表，详细填写出险经过、出险地点、时间、详细填写报案人、驾驶人和联系电话。

4）保险公司理赔员和车主一起检查车辆

外观，拍照定损。

5）根据车主填写的报案内容拍照核损。

6）交付维修站修理。

7）理赔员开具任务委托单确定维修项目及维修时间。

8）车主签字认可。

9）车主将车辆交予维修站维修。

以上是车主和保险公司理赔员必须做的。一定要注意做好前期工作，避免事后理赔时麻烦被动。

2. 保险车辆维修流程

为保证保险车辆的工作进度和质量，维修企业应认真抓好保险车辆维修，其中很重要的一环是保险车辆维修流程。维修企业的保险车辆维修流程一般如下。

1）保险车辆进厂后应确定是否需要保险公司进行受损车辆损伤鉴定，若需要，由业务经理负责联系保险公司进行鉴定。切不可不经保险公司而直接拆卸，以免引起纠纷。

2）要积极协助保险公司完成对车辆查勘、照相以及定损等必要工作。

3）保险公司鉴定结束后，由车间主任负责安排班组进行拆检。各班组长将拆检过程中发现的损伤件列表并通知车间主任或业务经理。

4）服务主管将损伤件列表后联系保险公司，对车辆进行全面定损并协商保险车维修工时费。定损时应由业务经理陪同，如果业务经理不在，则应提前向业务接待员交代清楚。

5）业务接待员根据保险公司定损单下达维修任务委托书。客户有自费项目，应征得客户同意，并另开具一张维修任务委托书并注明，然后将维修任务委托书交由车间主管安排生产。

6）业务接待员开完维修任务委托书后，将定损单转报给报价员。

7）报价员将定损单所列材料项目按次序填入汽车零部件报价单，报价单必须注明车号、车型、单位、底盘号，然后与相关配件管理人员确定配件价格，并转给备件主管审查。

8）报价员在备份主管确定备件价格、数量、项目后，向保险公司报价，并负责价格的回返。

9）报价员将保险公司返回价格交备件主管审核，如价格有较大出入，由业务经理同保险公司协调。报价员将协调后的回价单复印，然后将复印件转备件主管。

10）对于定损时没有发现的车辆损失，由业务经理协调保险公司，由保险公司进行二次查勘定损。

11）如有客户要求自费更换的部件，必须由客户签字后方可到备件库领料。

12）保险车维修完毕后应严格检验，确保维修质量。

13）维修车间将旧件整理好，以便保险公司或客户检查。

14）检验合格后，维修任务委托书转业务接待员审核，注明客户自费项目。审核后转结算处。

15）结算员在结算前将所有单据准备好。

16）最后由业务接待员通知客户结账，业务经理负责车辆结账解释工作。

案例

案例1：某企业维修了一辆奥迪A6保险事故车，该车车顶棚变形严重，更换了前风窗玻璃、右前车门、右后车门。维修人员在打腻子时由于不仔细导致水进入驾驶室内，造成自动变速器计算机进水损坏。修理厂找到保险公司要求理赔，保险公司以自动变速器计算机非事故造成拒绝了修理厂的要求，修理厂只得赔偿用户自动变速器计算机，使得企业白白损失了四五千元。

案例2：一辆捷达轿车发生倾翻事故后被拖至一修理厂维修。车辆在钣金整形过程中，维修人员曾多次想起动车辆，但感觉发动机转动无力，起初以为是蓄电池亏电，更换蓄电池后发现还是转动无力。后来发现车辆倾翻时机油进入气缸内，维修人员多次强行起动车辆将大部分气门顶弯。保险公司认为事故系人为造成拒绝赔偿，维修厂因此损失了2000多元。

3. 赔付规定

（1）全部损失

1）保险车辆发生全部损失后，如果保险金额等于或低于出险当时的实际价值，将按保险金额赔偿。

2）保险车辆发生全部损失后，如果保险金额高于出险当时的实际价值，将按出险时的实际价值赔偿。

（2）部分损失

1）保险车辆局部受损失，其保险金额达到承保时的实际价值，无论保险金额是否低于出险当时的实际价值，发生部分损失均按实际修理费用赔偿。

2）保险车辆的保险金额低于承保时的实际价值，发生部分损失按照保险金额与出险当时的实际价值比例赔偿修理费用。

3）保险车辆损失最高赔偿金额以保险金额为限。

4）保险车辆按全部损失的一次赔款等于保险金额全数时，车辆损失险的保险责任即行终止。但保险车辆在保险有效期内，不论发生一次或多次保险责任范围内的损失或费用支出，只要每次赔偿未达到保险金额，其保险责任依然有效。

5）保险车辆发生事故遭受全损后的残余部分，应协商作价归被保险人并在赔款中扣除。

4. 赔付时间

在车辆修复或自交通事故处理结案之日内，车主应持保险单、事故处理证明、事故调解书、修理清单及其他有关证件到保险公司领取赔偿金。保险公司支付赔款一般在10天以内。赔款一般在一年内领取，否则将按放弃处理。

5. 争议

如与保险公司争议不能达成协议，可向经济合同仲裁机关申请仲裁或向人民法院提出诉讼。

案例

在美国，除了以汽车专业化维修和快速养护服务为主的汽车养护中心连锁网络，保险事故车维修中心也是另一个重要的连锁网络。保险事故车维修中心以事故车维修、保险理赔及处理车辆突发紧急事故为主，它已全面引进连锁经营的理念，在这个连锁体系中，同样是大型汽配经销企业如NAPA、AUTOZONE等充当连锁网络的“盟主”，向单独的事故车维修中心供应配件，提供技术支持，统一协调与保险公司的合作。在这种经营模式下，保险公司可以有效地监督几家事故维修网络的服务质量，并能通过计算机网络的信息平台掌握零部件的价格水平，从而有效减少理赔中心的资金流失；而维修中心依托“盟主”的配件库存、进货渠道、配送能力和技术支持，能在较少库存的经济模式下，实现及时、高质量的维修服务，从而满足客户需求。

思考题

1. 招标服务有哪些要求？
2. 机动车保险的种类有哪些？
3. 保险条款中常见的不赔条款有哪些？
4. 请叙述保险车辆维修流程。

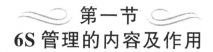

第十一章　6S管理和安全生产管理

6S指整理、整顿、清扫、清洁、素养和安全。

第一节
6S管理的内容及作用

一、6S管理的内容

6S管理由日本企业的5S扩展而来，是现代工厂行之有效的现场管理理念和方法，其作用是提高效率，保证质量，使工作环境整洁有序，预防为主，保证安全。6S的本质是一种执行力的企业文化，强调纪律性的文化，不怕困难，想到做到，做到做好，作为基础性的6S工作落实，能为其他管理活动提供优质的管理平台。

6S的内容见表11-1。因前5个内容的日文罗马标注发音和后一项内容（安全）的英文单词都以“S”开头，所以简称6S现场管理。

表11-1　6S的内容

6S	内　容	描　述
整理 SEIRI	将工作场所的任何物品区分为有必要和没有必要的，除了有必要的留下来，其他的都消除掉。目的：腾出空间，空间活用，防止误用，塑造清爽的工作场所	要与不要，一留一弃
整顿 SEITON	把留下来的必要物品依规定位置摆放，并放置整齐加以标识。目的：工作场所一目了然，消除寻找物品的时间，整整齐齐的工作环境，消除过多的积压物品	科学布局，取用快捷
清扫 SEISO	将工作场所内看得见与看不见的地方清扫干净，保持工作场所干净、亮丽的环境。目的：稳定品质，减少工业伤害	清除垃圾，美化环境
清洁 SEIKETSU	将整理、整顿、清扫进行到底，并且制度化，经常保持环境外在美观的状态。目的：创造明朗现场，维持上面3S成果	形成制度，贯彻到底
素养 SHITSUKE	每位成员养成良好的习惯，并遵守规则做事，培养积极主动的精神（也称习惯性）。目的：培养有好习惯、遵守规则的员工，营造团队精神	养成习惯，以人为本
安全 SECURITY	重视成员安全教育，每时每刻都有安全第一观念，防患于未然。目的：建立起安全生产的环境，所有的工作应建立在安全的前提下	安全操作，生命第一

二、6S 管理的作用

想象一下作为一个客户，你走进一家汽修企业并发现以下现象。

1）业务接待厅：业务接待有礼貌地向你问好，并迅速为你办完登记手续。客户休息室舒适、明亮，生活接待为你倒上茶水，听着优美的音乐。

2）厂区：厂区规划合理，生产车间、货仓、宿舍、餐厅、球场、停车区、草地等，这些映入你的眼帘，你顿时觉得心旷神怡。

3）办公室：各个写字间宽敞明亮，办公人员各司其职，办公用品摆放整齐，电话铃声井然有序，没有半点喧闹嘈杂。

4）生产车间：生产现场工作区、通道、物料区、总成维修区、废料区、工具柜等合理规划，各种物品摆放整齐并有明显的标识，地面上干干净净没有配件、工具放在地上，车辆的维修进度表及时反映生产进度等。

5）员工：员工穿着整洁的工作服，每个人情绪看起来非常饱满，维修工人动作熟练，维修车间忙而不乱，车间主任或主管不时进行巡查。

你到这样一个环境优美、管理有序、员工状态佳的汽修企业，首先就有相当好感，对这家企业会产生充分的信心，会很愿意同这样的企业进行合作。这一切，首先是推行 6S 的效果。这些只是表面能看到的 6S 的作用，归纳起来 6S 具有以下作用。

1. 提升公司形象

1）整洁的工作环境，饱满的工作情绪，有序的管理方法，使客户有充分的信心，容易吸引客户。

2）6S 做得好，原来的客户会不断地免费进行宣传，会吸引更多的新客户。

3）在客户、同行、员工的亲朋好友中相传，产生吸引力，吸引更多的优秀人才加入公司行列。

2. 营造团队精神，创造良好的企业文化，加强员工的归属感

1）共同的目标拉近员工的距离，建立团队精神。

2）容易带动员工积极上进的思想。

3）取得良好的效果，员工对自己的工作有一定的成就感。

4）员工养成了良好的习惯，容易塑造良好的企业文化。

3. 增加工作效率，减少浪费，降低成本

1）经常习惯性地整理整顿，不需要专职整理人员，减少人力。

2）对物品进行规划分区，分类摆放，减少场所的浪费。

3）物品分区分类摆放，标识清楚，找物品的时间短，节约时间。

4）物品摆放整齐，不用花时间寻找，工作效率自然就提高了。

5）减少人力、减少场所、节约时间就是降低成本。

4. 保障工作质量

工作养成认真的习惯，做任何事情都一丝不苟，不马虎，工作质量自然有保障。

5. 改善情绪

1）清洁、整齐、优美的环境带来美好的心情，员工工作起来更认真。

2）上司、同事、下级谈吐有理、举止文明，给你一种被尊重的感觉，容易融合在这种大家庭的氛围中。

3）工作环境优美，工作氛围融洽，工作自然得心应手。

6. 保证生产安全

1）工作场所宽敞明亮，通道畅通。

2）地上不会随意摆放、丢弃物品，墙上不悬挂危险品，这些都会使员工人身、企业财产有相应的保障。

案例

某修理厂管理混乱，物品随意摆放，就连客户的车钥匙也随意乱放。这次终于出事了，一辆丰田佳美轿车来厂大修，一连几天钥匙都放在桌子上，这事被一个近几天常来厂的大宇车驾驶员发现了，就趁人不备拿着钥匙出去配了一把。丰田佳美轿车大修出厂的第二天就被盗了，公安机关组织人力、物力侦察此案，三天下来一点线索也没有。后来有人提出，车晚上停在居民区内，日夜有警卫值班，佳美轿车的车门锁、点火开关锁都很坚固，若是破锁不大可能，他认为此案还应从车钥匙入手，一是查找开锁高手，二是查找配钥匙的业户。于是，公安人员拿着佳美轿车的钥匙进行调查，最后在一配钥匙店找到了线索，店主记得前几天有一人开着大宇车来配过钥匙，车号记不清了。公安人员一查配钥匙的日期正好车辆在某大修厂大修，这又找到了修理厂，很容易查到了大宇车车主，破了此案。修理厂管理混乱给了不法分子可乘之机，在大家街谈巷议中，该修理厂的信誉越来越差。

第二节 6S 管理的实施及检查

一、6S 管理实施应注意的问题

6S 管理推行容易，在较短的时间内就可收到明显的效果，但要坚持下去，持之以恒，不断改进，却不容易。很多企业实行过 6S 管理，但不少半途而废。

在开展 6S 管理的过程中，要始终贯彻自主管理和优化管理的原则，从我做起，从优化做起，并注意以下问题。

1）6S 管理要长期坚持，整理、整顿不能平日不做，而靠临时突击将物品整理摆放一下；创造良好的工作环境，不能靠购置几件新设备、刷刷墙面；素养形成更不能靠一个会议解决问题。

2）6S 管理要依靠全体员工自己动手，持之以恒来实施，并在实施过程中不断培养全体员工的 6S 意识，提高 6S 管理水平。

二、6S 实施的场所

6S 实施的场所包括企业里每一个工作场所，主要有厂区、办公室、生产车间、仓库、工具库和其他地方（包括宿舍、餐厅、停车场等）。

三、6S 实施步骤

6S 的推行主要有以下几个步骤。

1. 成立组织

企业领导必须重视此项工作，把 6S 管理纳入议事日程，企业一把手任组长，车间、配件、服务主管任组员，可根据需要设立副组长或秘书。小组主要负责如下工作。

1）制定 6S 推行的方针目标。

2）制定 6S 推行的日程计划和工作方法。

3）负责 6S 推行过程中的培训工作。

4）负责 6S 推行中的考核及检查工作。

2. 制定 6S 管理规范、标准和制度

成立组织后，要制定 6S 规范及激励措施。根据企业的实际情况制定发展目标，组织基层管理人员进行调查和讨论活动，建立合理的规范和激励措施。

1）6S 规范表的内容将在后面具体介绍。

2）制度制定标准、工作场所必要物品定位标准、工作场所清扫标准和清洁制度、检查考评制度、岗位责任制和奖惩条例等。

3. 宣传和培训工作

很多人认为维修工作的重点是质量和服务，将人力放在 6S 上，纯粹是在浪费时间；或认为工作太忙，搞 6S 是劳民伤财；或认为搞 6S 是领导的事，与我无关等。因此，要推行 6S 管理，就应做好宣传和培训工作，宣传和培训包括如下内容。

1）6S 基本知识，各种 6S 规范。

2）为什么要推行 6S，6S 有什么功效。

3）推行 6S 与公司、与个人有什么关系等。

4）将 6S 推行目标、竞赛办法分期在宣传栏中刊出。

5）将宣传口号制成标语，在各部门显著位置张贴宣传。

6）举办一些内容丰富的活动，例如，编辑一些对 6S 有教育意义的结合实践的节目，举办 6S 知识问答比赛等。

宣传和培训的对象是全体干部和员工，培训的方法可采取逐级培训的方式。

4. 推行

1）由最高管理层做总动员，企业正式执行 6S 各项规范，各办公室、车间、货仓等对照适用于本场所的 6S 规范严格执行，各部门人员都清楚了解 6S 规范，并按照规范严格要求自身行为。

2）此阶段为推行 6S 活动的实质性阶段，推行的具体办法可以是样板单位示范办法：选择一个部门做示范部门，然后逐步推广；也可以是分阶段或分片实施：按时间分段或按位置分片区的办法；还可以是 6S 区域责任和个人责任制的办法。

5. 实施

1）整理：区分需要使用和不需要使用的物品。主要有工作区及货仓的物品；办公桌、文件柜的物品、文件、资料等；生产现场的物品。对于经常使用的物品：放置于工作场所近处；对于不经常使用的物品：放置于储存室或仓库；不能用或不再使用的物品：废弃处理。

2）整顿：清理掉无用的物品后，将有用的物品分区分类定点摆放好，并做好相应的标识。整顿的方法是清理无用品，腾出空间，规划场所；规划放置方法；物品摆放整齐；物品贴上相应的标识。

3）清扫：将工作场所打扫干净，防止污染源。清扫的方法是将地面、墙上、天花板等处打扫干净；将机器设备、工模夹制具清理干净；将有污染的物品处理好。

4）清洁：保持整理、整顿、清扫的成果，并加以监督检查。

5）素养：人人养成遵守6S的习惯，时时刻刻记住6S规范，建立良好的企业文化，使6S活动更注重于实质，而不流于形式。

6）安全：制订安全培训教育计划，改进设备存在的隐患，培养员工安全生产的良好习惯。

6. 检查

检查分为定期检查和非定期检查。

（1）定期检查

日检：由各部门主管负责，组织班组长利用每天下班前的10min对辖区进行6S检查，重点是整理和清扫。

周检：由各部门经理负责，组织主管利用周末下班前的30min，对辖区进行6S检查，重点是清洁和素养。

月检：由总经理牵头，组织部门经理利用月底最后一个下午，对全厂进行6S检查。

（2）非定期检查一般是企业中、上层在维修工作繁忙，或接到客户、员工投诉或下情上达的渠道受阻时，临时对基层进行的6S检查。

以上检查，不论是定期的还是不定期的，都必须认真做好记录，及时上报和反馈，与6S标准比较，凡不合格项必须发出整改通知，限期整改验收。

7. 考核

1）早会考评：利用每天上午上班前的早会时间，简明扼要地对前一天或前一周6S检查情况进行小结，表扬做得好的，指出存在的问题和改进方法。

2）板报考评：利用统计图表，鲜明直观地将每天、每周、每月的检查评比结果公布于众，让每个员工都知道自己所在的部门、班组的6S做得是好还是差。

3）例会考评：利用每周或每月的生产例会，把6S检查的结果作为一个议题在会上进行讲评，重点是树立典型，推广经验，解决带普遍性或倾向性的问题，提出下周或下月6S活动的重点和目标。

4）客户考评：利用客户问卷表、座谈会、意见箱等形式广泛收集、征求客户对本企业6S活动的意见，让客户来考评哪个部门、班组做得好，哪个部门、班组做得差。

5）奖惩考评：按6S奖惩制度，对6S做得好的部门、班组或个人进行表扬和奖励，对做得差的进行批评和处罚。并把6S活动的考评结果与员工的加薪、晋级和聘用直接挂钩。

8. 6S实施中常见的问题

习惯是相当难以改正的，在执行的过程中，容易碰到以下问题。

1）6S 规范制定不太完整。

2）检查时仅作一些形式上的应付。

3）借口工作太忙不认真执行规范。

4）检查完毕后又恢复原样。

9. 坚持 PDCA 循环，不断提高 6S 水平

PDCA 循环又称戴明循环，是质量管理的基本方法之一。PDCA 循环也就是“计划”、“执行”、“检查”和“处理”循环，其主要特点是循环是转动的，每转动一周就提高一步。6S 活动的目的是要不断改善生产现场，6S 活动的坚持不可能总在同一水平上徘徊，而是要通过检查，不断发现问题，不断解决问题，要在不断提高中去坚持。因此，在推行 6S 活动后，要检查，要考评，要针对存在问题和企业发展的需要，提出改进的措施和计划，并组织实施，通过 PDCA 循环，使 6S 活动得以坚持和不断提高。

四、6S 实施的办法

1. 检查表

1）根据不同的场所制定不同的检查表，即不同的 6S 操作规范，如《车间检查表》、《货仓检查表》、《厂区检查表》、《办公室检查表》、《宿舍检查表》等。

2）通过检查表，进行定期或不定期的检查，发现问题，及时采取纠正措施。

2. 红色标签战略

制作一批红色标签，红色标签上的不合格项有整理不合格、整顿不合格、清洁不合格，配合检查表一起使用，对 6S 实施不合格物品贴上红色标签，限期改正，并且记录，公司内分部门别，部门内分个人别绘制“红色标签比例图”，时刻起警示作用。

3. 目标管理

目标管理即一看便知，一眼就能识别，在 6S 实施上运用，效果也不错。

案例

6S 管理是一个环环相扣的工作。如一位员工在车间滑了一跤。

问：员工为什么滑了一跤？

答：地上有机油。

问：地上为什么有机油？

答：废油收集桶太满了，一位员工在推桶时机油洒出来了。

问：为什么废油收集桶太满了？

答：值日员工早上忘倒了。

采取措施：在废油收集桶上画上标线，每天早上必须倒掉或到标线必须倒掉。在废油收集桶旁，列出值日表。车间主管每天检查。

效果：以后再没发生废油收集桶太满洒到地上的情况。

五、6S 管理规范表（表 11-2）

表 11-2　6S 管理规范表

序　号	项　目	规范内容
1	整理	工作现场物品（如旧件、垃圾）区分要用与不用的，定时清理
2		物料架、工具柜、工具台、工具车等正确使用与定时清理
3		办公桌面及抽屉定时清理
4		配件、废料、余料等放置清楚
5		量具、工具等正确使用，摆放整齐
6		车间不摆放不必要的物品、工具
7		将不立即需要（3 天以上）的资料、工具等放置好
1	整顿	物品摆放整齐
2		资料、档案分类整理入卷宗、储放柜、书桌
3		办公桌、会议桌、茶具等定位摆放
4		工具车、工作台、仪器、废油桶等定位摆放
5		短期生产不用的物品，收拾定位
6		作业场所予以划分，并加注场所名称，如工作区、待修区
7		抹布、手套、扫帚、拖把等定位摆放
8		通道、走道保持畅通，通道内不得摆放任何物品
9		所有生产使用工具、零件定位摆放
10		划定位置收藏不良品、破损品及使用频度低的东西，并标识清楚
11		易燃物品定位摆放
12		计算机电缆绑扎良好、不凌乱
13		消防器材要容易拿取
1	清扫	地面、墙壁、天花板、门窗清扫干净、无灰尘
2		过期文件、档案定期销毁
3		公布栏、记事栏内容定时清理或更换
4		下班前，确实打扫和收拾物品
5		垃圾、纸屑、烟蒂、塑料袋、破布等扫除
6		工具车、工作台、仪器及时清扫
7		废料、余料、待料等随时清理
8		地上、作业区的油污及时清理
9		清除机器油之破布或沙围等
1	清洁	每天上下班 5min 做 6S 工作
2		工作环境随时保持整洁干净
3		设备、工具、工作桌、办公桌等保持干净无杂物
4		花盆、花坛保持清洁
5		地上、门窗、墙壁清洁之保持
6		墙壁油漆剥落或地上画线油漆剥落修补

（续）

序号	项目	规范内容
1	素养	遵守作息时间，不迟到、早退、无故缺席
2		工作态度端正
3		服装穿戴整齐、不穿拖鞋
4		工作场所不干与工作无关的事情
5		员工时间观念强
6		使用公物时，用后保证能归位，并保持清洁
7		使用礼貌用语
8		礼貌待客
9		遵守厂规厂纪
1	安全	维修通道畅通，不停放车辆
2		消防设施良好
3		设备安全保护装置良好
4		员工无违章作业现象
5		使用举升机和千斤顶时支撑牢靠
6		电线无裸露，插座无破损
7		汽车烤漆房不堆放油漆、稀料等危险品及其他易燃品
8		危险品存放于专用区域

第三节 6S管理改善实务

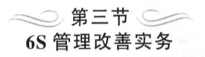

以某汽车4S店售后服务部6S改善前后对比，说明6S管理改善的要点。

一、整理：清理杂乱（要与不要，一留一弃）

1. 意义

将要与不要的物品加以区分，工作场所不摆放不需要的物品。

2. 原则

不要的物品立即处理。

3. 方法

1）对现场进行全面检查，将要与不要的物品加以明确界定，见表11-3。

表11-3 物品的使用频率与处理方式的关系

使用频率	次数	处理方式
高（经常使用）	每小时使用 每天至少使用一次 每周至少使用一次	放在作业区附近或身边（由个人保管）

（续）

使用频率	次　数	处理方式
平均（偶尔使用）	一个月用1～2次 2～6个月用1～2次	放在一个固定区域如工具室（统一保管）
低（很少使用）	一年使用1～2次 或一年也用不到1次	放在仓库内归还原保管单位或放在较远的地方（由专人负责）
无（从来不用）	已经无法使用的物品或被淘汰的旧物	丢弃或报废（依公司规定处理）

2）进行整理时当场做判断，立即处理，不拖拉或舍不得。

3）不要的物品不带进工作场所或设立放置不要物品的存放场所。

4. 目的

透过整理，处理不要的物品，腾出空间，如图11-1所示。

改善前

改善后

改善前

改善后

图11-1　整理前后比较

二、整顿：定位定容（科学布局，取用快捷）

1. 意义

将要的物品适当摆放，并作标示，员工取放方便，建立良好工作环境，提高工作效率。

2. 原则

建立功能性的放置地点后并加标示，消除寻找东西的时间。

3. 方法

1）现场规划：摆放必要物品（最低数量）并作标示。

2）决定物品放置场所：要便于取放，靠近作业处。

3）决定物品放置方法：架式、箱子、工具栏、悬吊等方式。

4）整顿三要素：场所、放置方法、标示方法。

5）整顿三原则：定位、定容、定量。

4. 目的

通过整顿，物品定置存放，取用方便，塑造一目了然的工作场所，消除寻找物品的时间，如图 11-2 所示。

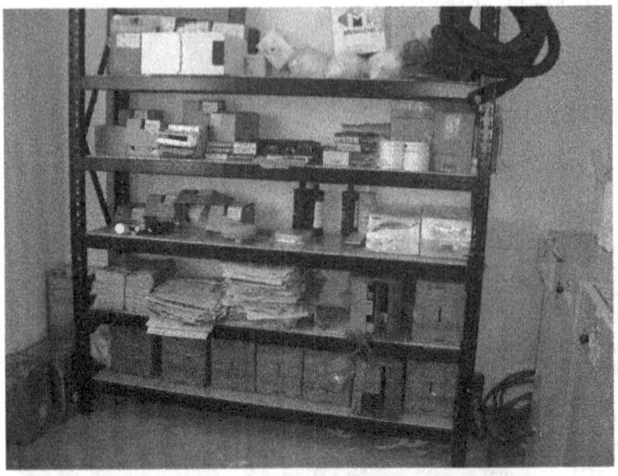

改善前

改善后

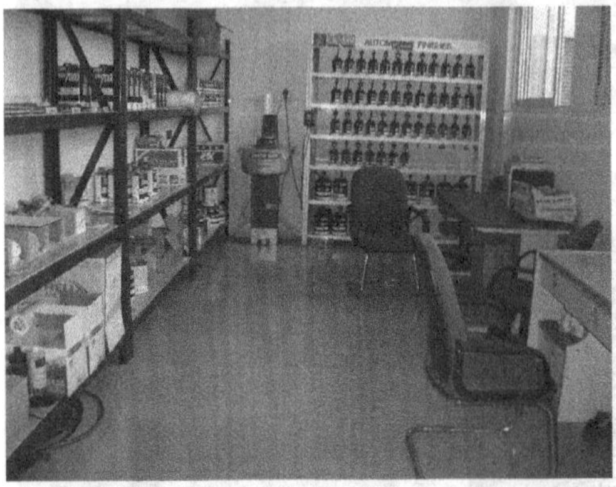

改善前

改善后

图 11-2　整顿前后比较

三、清扫：无污无尘（清除垃圾，美化环境）

1. 意义

经常打扫，常保清洁，使工作场所保持无垃圾，无脏东西，无污秽的状态。

2. 原则

找出脏乱根源并彻底消除，以便取出的物品能够使用。

3. 方法

1）清除污秽：保持物品在最佳可用状态。

2）清扫中发现不良地方，便予以整修。
3）追查污秽的根源：从源头根除。
4）制定清扫基准：大家共同遵守实施。

4. 目的

通过清扫保持岗位与物品之干净，塑造高效工作场所，如图 11-3 所示。

图 11-3 清扫后的工作环境

四、清洁：保持清洁（形成制度，贯彻到底）

1. 意义

将整理、整顿、清扫的工作彻底执行以维持和巩固其成果，成为公司制度，贯彻到底。

2. 原则

明确界定标准化与正确工作程序，建立目视管理系统。

3. 方法

1）定期考核：维持整洁卫生与有效的工作环境。
2）不断探讨与完善标准化制度，持续改善。
3）明确告知全体员工，推行 6S 的动机与现况。

4. 目的

透过清洁，创造明朗、清爽与舒适工作环境，提升公司形象。

五、素养：遵守规范（落实执行，养成习惯）

1. 意义

让每位员工都能自觉遵守并养成把 6S 作为日常生活与工作的良好习惯。

2. 原则

持续考核且让员工能发自内心养成遵守规定并以正确方法去做。

3. 方法

1）透过不断宣导、考核与激励等措施，使6S的推行能持续下去。

2）工作场所中规定事项，员工都能遵守且正确去实施。

3）积极认真，敬业乐业，营造良好团队精神。

4. 目的

养成遵守6S的良好工作习惯（图11-4），取得客户信赖与满意。

图11-4　采用保护装置防止划伤车漆

六、安全：遵守规范（落实执行，养成习惯）

1. 意义

让每位员工都能自觉遵守安全操作的规章制度，养成良好的设备使用习惯，保证人身安全。

2. 原则

通过持续考核，养成习惯并以正确方法去做。

3. 方法

1）制定严格的安全操作规章制度，通过不断的宣导、考核与激励等措施，使员工能够安全操作，注意人身安全。

2）工作场所中规定事项，员工都能遵守且正确实施。

4. 目的

养成遵守6S的良好工作习惯，提高工作效率，保证人身安全。图11-5为改善前后的对比。

七、推动6S的工具

将信息转化成图表、照片、标志，再加上文字说明，使员工能容易明白所传达内容。

改善前

改善后

图 11-5　改善前后的对比

1. 看板管理

1）物品经过标示，使工作场所一目了然，易于取放。

2）放置场所的标示与品目的标示。

3）其他：6S 看板、颜色标示、人员动态标示等。

2. 定点照相

1）利用相机作定点定向拍照，将改善前后照片于公布栏张贴对比、展示。

2）将工作场所中所发现的缺失进行拍照，作为展示和检讨题材。

3）现场缺失包括作业、设备、流程与工作方法，都可用拍照方式。

3. 红单作战

1）使用张贴红单方式，让人一目了然知道缺点在哪里。

2）利用填写红单（表11-4），贴于问题发生处，要求改善。

3）贴红单对象包括机具、设备、空间、库存等。

表11-4 红单表 填表人________ 日期________

责任单位		贴示地点	
需改善事项			
处理方法			
改善期限		审核	
备注			

4. 颜色管理

1）将复杂管理问题转化成不同色彩，区分不同程度。

2）使每一个人对问题有相同的认识和了解。

第四节 安全生产管理

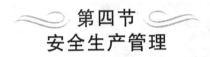

安全生产必须警钟长鸣、常抓不懈，丝毫放松不得，否则就会给国家和人民带来不可挽回的损失。

一、安全生产的重要性

安全生产工作是指在生产过程中保障人身和设备安全的工作，要消除危害人身安全健康的一切不良因素，保障职工的安全和健康。设备安全是消除损坏设备、产品和其他财产的一切危险因素，保证生产正常进行。

安全生产事关人民群众生命财产安全，党的十八大以来，习近平同志针对安全生产问题做了一系列重要论述。深入学习贯彻习近平同志关于安全生产的重要论述，企业应全面强化红线意识，实施安全发展战略。抓紧建立健全安全生产责任体系，强化企业主体责任落实。所有企业都必须认真履行安全生产主体责任，善于发现问题、及时解决问题，采取有力措施，做到安全投入到位、安全培训到位、基础管理到位、应急救援到位。加快安全监管方面改革创新，建立安全生产检查工作责任制，实行谁检查、谁签字、谁负责。全面构建长效机制，安全生产要坚持标本兼治、重在治本，建立长效机制，坚持“常、长”二字，经常、长期抓下去。要建立隐患排查治理、风险预防控制体系，做到防患于未然。

安全生产是对任何一个维修企业最基本的要求，如果没有安全保障，企业的维修质量、客户满意度，以及企业的经济效益就都无从谈起，在目前的维修企业里，由于不重视安全生产管理而吃亏的企业不在少数。例如，一个企业因没有根据电控燃油喷射车辆的特点制定安全生产规程，结果一个维修工在测试汽油泵时引起火灾，使得企业的大半个厂房被烧毁。

二、维修生产中的不安全因素及安全措施

1. 与维修场地有关的不安全因素及安全措施

对维修车间的一般要求如下。

1）维修企业建筑布局合理，维修车间与员工宿舍有一定的安全距离并在建设时考虑留下便于消防车进出的通道。

2）维修车间的平面布局合理，维修工位和车辆通道有合理的搭配，使维修车辆进出方便。

3）对安全设施进行验收合格后，方可投入生产和使用。

4）每个维修工位要有足够的面积和高度，一般轿车维修工位的面积不小于4m×7m，高度不小于4m。

5）维修车间的通风应良好。机修车间如果需要应配备专用汽车尾气排放设备。喷漆车间应有专用的通风装置。

6）维修车间采光应良好，灯光应齐全，达到一定亮度，避免出现死角。

7）维修车间的地面应采用水泥或水磨石，不要采用光滑的瓷砖地面。

8）维修车间的车辆通道上不要停放车辆，不要摆放任何物品。

9）维修车间的消防设施应齐全良好。

10）维修车间应有合理的供排水系统。

11）对于面积较大的维修车间还应设有可供人员逃生的紧急疏散安全通道。

案例

H修理厂厂房面积很大，但没有划分作业区域。一天，一位维修工在车间的通道内躺在地上修车，一位检验员倒车时没注意到躺在地上的修理工，结果车轮压在修理工的一条腿上，造成修理工粉碎性骨折。像这种通道维修造成的事故在全国有很多例，因此应引起每一位修理厂管理人员的注意。

2. 与维修人员有关的不安全因素及安全措施

1）维修企业的特种作业人员，必须按国家的有关规定经专门的安全作业培训，取得特种作业操作资格证书后，方可上岗作业。

2）维修企业应当教育和督促全体人员严格执行本单位的安全生产规章制度和安全操作规程，并向全体员工如实告知作业场所和工作岗位存在的危险因素、防范措施以及事故应急措施。

3）维修企业与维修人员订立的劳动合同，应当写明有关保障从业人员劳动安全、防止职业危害的事项，以及依法为从业人员办理工伤社会保险的事项。

4）维修人员应了解其作业场所和工作岗位存在的危险因素、防范措施以及事故应急措施，并及时对维修企业的安全生产工作提出建议。

5）维修人员在维修作业过程中，应严格遵守本企业的安全生产规章制度和操作规程，服从管理，正确使用劳动防护用品。

6）维修人员应接受安全生产教育和培训，掌握安全生产知识，提高安全意识，增强事故预防和应急处理能力。

7）维修人员发现事故隐患或不安全因素，应及时向现场管理人员汇报，接到报告的人员应及时处理。

8）企业管理人员不得违章指挥，不能违反安全生产法律、法规，侵犯维修人员合法利益。

案例

G修理厂是当地一家很有名的汽修厂，经营业绩很好。一天，一个员工在使用汽油试验汽油泵时，由于油泵接线柱产生火花，引起油箱里的汽油燃烧，而现场没有放置灭火器，等员工到远处拿来灭火器时，火势已不可控制，当场将一辆凯迪拉克轿车烧毁，大半厂房化为灰烬。从此，这个企业一蹶不振。

3. 与维修设备有关的不安全因素及安全措施

1）维修企业必须对安全设备进行经常性维护，并定期检测，保证设备正常运行。

2）对危及生产安全的工具、设备应当停止使用、及时淘汰。

3）选购设备时应优先考虑是否配置有自动控制安全保护装置，如汽车举升机的自锁防坠落装置，轮胎平衡机的安全防护罩等。

4）维修车间的设备应布置有序，各设备使用时不得有干涉现象。

5）各设备的总用电量应小于维修车间设计用电容量，以防发生火灾。

案例

某汽车维修厂的烤漆工在烤漆房内乱拉电线，结果在一次喷漆时，因线路短路引起大火，大火将在烤漆房烤漆的一台皇冠车烧毁，幸亏消防队及时赶到才避免了损失的扩大。但是，即便如此，这次火灾也使企业损失了50多万元。

4. 与维修操作过程有关的不安全因素及安全措施

1）维修手册中规定的安全注意事项和操作规程，要求维修人员都要熟知并严格遵守。

2）当进行车辆检修时，要拔下点火钥匙，以防他人起动车辆。

3）检修电喷发动机的供油系统时，必须先对油路进行泄压处理，以防汽油泄漏飞溅到漏电的高压线或高温物体上引起燃烧。

4）发动机温度高时，不可拧开散热器盖，以防有压力的高温冷却液烫伤人员。

5）制动系统放气时，应在放气螺栓上接上专用的储液瓶，以防制动液飞溅损伤眼睛或飞溅到轮胎、油漆上，造成损失。制动系统维修后应进行制动系统放气或踩几下制动踏板，当制动踏板高度合适时方可挂档行驶。

6）检修安全气囊时必须断开蓄电池负极线，拆装安全气囊时必须轻拿轻放。

7）检修汽车电路时，不可乱拉电线。对于经常烧断熔丝的故障，应查明故障原因，不可贸然换上大容量的熔丝或用铜丝代替熔丝。

8）在烤房烤漆时，汽车烤漆的时间一般为30～40min，温度一般为60～70℃，防止时间过长或温度过高引起车用计算机损坏或线路老化。

9）对车身进行电焊作业时，应断开蓄电池负极，以防损坏车用计算机。

5. 与维修车辆试车或移动有关的不安全因素及安全措施

1）维修车辆试车或移动时，应有专门的规定，从制度上消除不安全因素。

2）维修车辆试车或移动应由安全意识和驾驶技术好的人员担任，不允许未经批准的人员随意移动车辆或试车。

3）维修车间进行规划设计时应考虑车辆的专用通道、车辆的移动路线并设置必要的限速牌、转弯处的反光镜等交通设施。

案例

企业里都有规章制度，未经允许不得私自开车。可B企业里的维修工小吉刚参加工作，对开车很感兴趣，经常偷偷摸摸地学开车。这天，大客户张老板的皇冠轿车来厂维修。修理完毕后，车停在竣工处。小吉趁人不备，钻进驾驶室开车就跑。这时，对面突然驶来一辆汽车，他急忙踩制动踏板，谁知由于紧张，竟把加速踏板当制动踏板，结果车速急剧提升，小吉忙打转向盘躲过了来车，皇冠却重重撞在墙上，损失3万多元，大客户张老板暴跳如雷，非让维修厂赔他一辆新车。小吉苦苦哀求，最后修理厂花钱将车修好，并赔付张老板2万元。小吉被开除，大客户张老板再也不愿将单位的车开到管理不善的该厂来修了。

6. 与危险品有关的不安全因素及安全措施

1）汽车维修企业的危险品主要有汽油、柴油、燃油添加剂、发动机油、变速器油、制动液、油漆、稀料、乙炔气等。

2）危险品应存放于专用的危险品库，且有专人负责管理。危险品库内应有消防器材。

3）危险品在运输、使用、存放时应注意密封良好、轻拿轻放，避免强光照射，避免高温，远离火源。

4）用不完的危险品应及时回收，不得临时存放在车间里。

三、安全操作规程

1. 汽车维修人员通用安全操作规程

1）工作时应佩带、使用安全防护用品，不得穿凉鞋、短裤、背心等，女工不得留长发、穿高跟鞋等。

2）工作场地不得吸烟，若发现客户吸烟应及时制止。

3）不得喝酒后上班。

4）严禁无证驾车。

5）作业时应注意保护汽车漆面及驾驶室内卫生。

6）维修用工作灯应不超过36V安全电压。

2. 汽车维修工安全操作规程

1）熟悉汽车维修应注意的问题和操作方法。

2）正确使用工具、设备。

3）熟悉安全用电要求和消防器材的使用。

4）使用举升机和千斤顶时，应确保车辆固定牢固和支撑牢固，确保车辆、人员和设备的安全。

5）拆卸作业时应使用合适的工具和专用工具，严禁野蛮拆卸。

6）废油、废水应倒入指定容器，禁止倒入排水沟内。

3. 汽车电工安全操作规程

1）熟悉安全用电要求和消防器材的使用。

2）严格遵守汽车电器维修的操作规程和注意事项。

3）维修时所有用电线路、熔丝必须符合安全容量。

4）电器线路或设备发生火灾时应立即切断电源，采取消防措施。

5）进行蓄电池充电作业时，要将蓄电池盖打开，并保持室内通风良好。

6）进行空调作业时，制冷剂应远离明火及灼热金属，制冷剂瓶要轻拿轻放。

4. 汽车钣金工安全操作规程

1）电、气焊工必须经特种作业培训，持证上岗。

2）焊接场地应通风良好，并备有消防器材，10m 内不得有燃油和其他易燃、易爆物品。

3）氧气瓶和乙炔瓶应符合安全要求，两者分开放置，不得倒置，避免曝晒，5 ~ 10m 不得接近烟火。

4）使用钻床、电焊机时必须检查各部件及焊机接地情况，确保无异常时，方可进行工作。

5）电焊条要干燥防潮，工作时应根据具体情况选择适当的电流及焊条，电焊时操作者必须戴面罩及劳动防护用品。

5. 汽车烤漆工安全操作规程

1）烤漆工必须经特种作业培训，持证上岗。

2）油漆和溶剂及其他化工原料应储存于阴凉通风室内，严禁接近烟火。

3）喷漆作业必须严格遵守操作规程，戴好防毒口罩、护目镜及其他防护用品。

4）烤漆车辆进入烤房前应清洁干净。

5）作业前应检查供油泵烤炉不漏油。

6）进行保温烘干时，不得将温度调节器设定在 80℃ 以上。

6. 汽车举升机安全操作规程

1）操作者要熟悉所用举升机操作要领。

2）举升车辆的质量要小于举升机的额定举升质量。

3）举升前要检查确认设备各部位技术状况正常。

4）按车辆使用说明书的要求选择正确的车辆支撑位置。

5）车辆举升离地约 10cm 时，应停止举升并从车辆侧面晃动车辆，确认平稳可靠后方继续举升。

6）对液压举升机，当举升到工作高度后，要确认锁止块锁止是否有效，确认有效后方可进行维修作业。

7）举升机落地前，必须将托架下方台面清理干净，防止因有异物垫起托架影响下端限位开关的正常工作而导致托架产生“落空”现象。

8）对螺旋传动举升机，每周要检查螺母磨损指示线的位置，防止因螺母磨损超限而产生意外。

9）及时加注润滑油和润滑脂，以保证丝杠、丝母得到正常润滑。

10）发现异常情况要立即停机检修。

案例

H修理厂的一名维修工，在晚上更换奔驰500SEL轿车的汽油滤芯时，使用一个220V的白炽灯泡来照明，结果，拆汽油滤芯时飞溅出的汽油喷到灯泡上，引起火灾，当场将汽车烧毁。

四、安全生产达标考评

汽车维修企业应按照交通运输部制定的《交通运输企业安全生产标准化建设实施方案》，以科学发展观为统领，坚持“安全第一、预防为主、综合治理”的方针，牢固树立以人为本、安全发展的理念，全面贯彻国发〔2010〕23号和安委〔2011〕4号文件精神，以落实企业安全生产主体责任为主线，以强化安全生产“双基”（基层、基础）为重点，通过开展企业安全生产标准化建设，全面提升交通运输企业安全生产水平，企业应对照《机动车维修企业安全生产达标考评指标》制定安全目标、建立安全管理机构、健全责任制、进行科学的安全管理，杜绝安全事故的发生。

交通运输企业安全生产标准化建设评价机构负责交通运输企业安全生产标准化建设评价活动的组织实施和评价等级证明的颁发。评价包括初次评价、换证评价和年度核查三种形式。交通运输企业安全生产标准化建设等级证明应按照交通运输部规定的统一样式制发（图11-6），有效期3年。评价等级分一级、二级、三级3个级别。

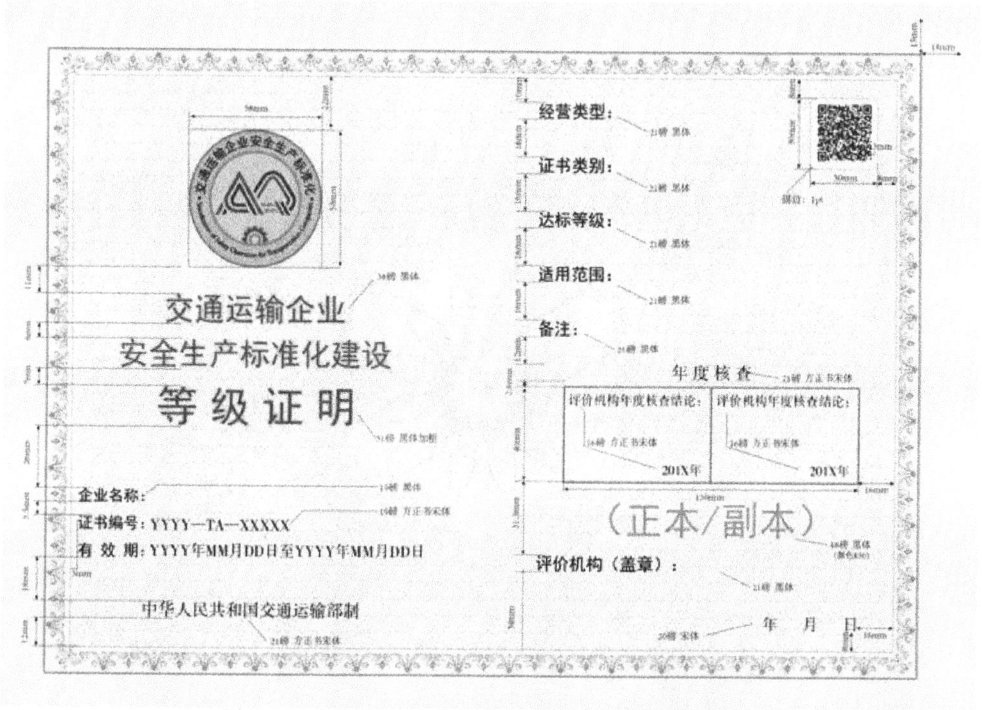

图11-6　交通运输企业安全生产标准化建设等级证明

思 考 题

1. 6S 的内容是什么？
2. 6S 的作用是什么？
3. 6S 实施的场所有哪些？
4. 推动 6S 的工具有哪些？
5. 6S 实施的步骤是什么？
6. 什么是安全生产工作？包括的内容有哪些？

第十二章　汽车维修合同管理

第一节　汽车维修合同管理概述

合同是构筑企业诚信的基础。

汽车维修，是承修方（维修业户）根据托修方（车主）的要求完成一定的维修作业、托修方接受承修方所完成的工作成果并给予相应的报酬的一种加工承揽经营活动。双方在确立承、托修关系时，必须依法签订汽车维修合同，以维护汽车维修经营活动的正常秩序，保障双方的合法权益。

汽车维修合同是承修、托修双方当事人之间设立、变更、终止民事法律关系的协议。它是一种法律文书，通过合同条款来确定双方当事人之间的权利、义务，而所发生的法律后果，是当事人所要求的。签订汽车维修合同是承修、托修双方意思表示一致的法律行为。

一、汽车维修合同的主要内容

根据交通运输部和国家工商行政管理局发布的《汽车维修合同实施细则》的规定，汽车维修合同包括以下主要内容。

1）承修、托修双方名称。

2）签订日期及地点。

3）合同编号。

4）送修车辆的车种车型、牌照号、发动机号、底盘号。

5）送修日期、地点、方式。

6）交车日期、地点、方式。

7）维修类别及项目。

8）预计维修费用。

9）托修方所提供材料的规格、数量、质量及费用结算原则。

10）质量保证期。

11）验收标准和方式。

12）结算方式及期限。

13）违约责任和金额。

14）解决合同纠纷的方式。

15）双方商定的其他条款。

二、汽车维修合同的签订

汽车维修合同必须按照平等互利、协商一致、等价有偿的原则依法签订，并在承修、托修双方签章后生效。

1. 汽车维修合同签订的范围

凡办理以下维修业务的单位，承托修双方必须签订维修合同。

1）汽车大修。

2）汽车总成大修。

3）汽车二级维护。

4）维修预算费用在1000元以上的汽车维修作业。

2. 汽车维修合同签订的形式

汽车维修合同签订的形式一般有两种：第一种是长期合同，即最长在1年之内使用的合同；第二种是即时合同，即一次使用的合同。承修、托修双方根据需要也可以签订单车或成批车辆的维修合同，还可以签订一定期限的包修合同。如果是代签合同，必须要有委托单位证明，并根据授权范围，以委托单位的名义签订，这也将对委托单位直接产生权利和义务。

三、汽车维修合同的填写

1. 汽车维修合同示范文本

为了规范汽车维修合同的使用与管理，国家工商行政管理局和交通运输部联合发布了专门通知，在全国范围内统一了汽车维修合同示范文本，并且规定汽车维修合同文本由国家工商行政管理局监制，由各省交通厅（局）统一印制发放、管理，汽车维修业户必须使用该合同文本。汽车维修合同示范文本（GF-92-0384）如下。

汽车维修合同

托修方__________签订时间__________合同编号__________

承修方__________签订地点______________________________

一、车辆型号

车　种		牌照号		发动机	型　号	
车　型		底盘号			编　号	

二、车辆交接期限（事宜）

送　修				接　车			
日　期		方　式		日　期		方　式	
地　点				地　点			

三、维修类别及项目

预计维修费总金额（大写）＿＿＿＿＿＿（其中工时费＿＿＿＿）

四、材料提供方式

五、质量保证期

维修车辆自出厂之日起，在正常使用情况下，＿＿＿＿天或行驶＿＿＿＿km 以内出现维修质量问题承修方负责。

六、验收标准及方式＿＿＿＿＿＿

七、结算方式及期限

现金＿＿＿＿转账＿＿＿＿银行汇款＿＿＿＿期限＿＿＿＿

八、违约责任及金额＿＿＿＿＿＿＿＿

九、如需提供担保，另立合同担保书，作为本合同副本

十、解决合同纠纷的方式：经济合同仲裁＿＿＿＿＿法院起诉＿＿＿＿＿

十一、双方商定的其他条款＿＿＿＿＿＿＿＿＿＿＿＿

托修方单位名称（章）	承修方单位名称（章）
单位地址	单位地址
法人代表	法人代表
代表人	代表人
电　话　传真	电　话　传真
开户银行　账号	开户银行　账号
邮政编码	邮政编码

说明：

1. 承修、托修方签订书面合同的范围：汽车大修、主要总成大修、二级维护及维修费在 1000 元以上的。

2. 本合同正本一式二份，经承修、托修方签章生效。

3. 本合同维修费是概算费用。结算时凭维修工时费、材料明细表，按实际发生金额结算。

4. 承修方在维修过程中，发现其他故障需增加维修项目及延长维修期限时，承修方应及时以书面形式（包括文书、传真）通知托修方，托修方必须在接到通知后＿＿＿＿天内给予书面答复，否则视为同意。

5. 承、托修双方签订本合同时，应以《汽车维修合同实施细则》的规定为根据。

注：本合同一式＿＿份。承、托修双方各一份，维修主管部门各＿＿份。

监制　　　　印制

2. 汽车维修合同填写规范

根据《道路运政管理规范》的规定，应按以下要求填写汽车维修合同。

1）“托修方”栏填写送修车辆单位（个人）的全称。

2）“签订时间”栏填写托修方与承修方签订汽车维修合同时的具体时间（年、月、日）。

3）“合同编号”由省级道路运政管理机构和地级道路运政管理机构核定，前两位数为地域代号，后六位数为自然序号。

4）“承修方”栏填写汽车维修企业的全称和企业类别。

5）“签订地点”栏填写承、托修双方实际签订合同文本的地点。

6）“车种”栏按货车（重、中、轻）、客车（大、中、轻、微）填写。

7）“车型”栏填写车辆型号，如“东风1091”、“桑塔纳2000”等。

8）“牌照号”栏按交警部门发放的车辆牌照号填写。

9）“底盘号”栏按生产厂家编号填写。

10）“发动机编号”栏按汽、柴油机生产厂家编号填写。

11）“送修日期、方式、地点”栏填写送修车辆时间、车辆独立行驶或拖拉进厂及托修车辆的交接地。

12）“接车日期、方式、地点”栏填写车辆维修竣工出厂的交接车时间、交接车方式和地点。

13）“维修类别及项目”栏填写托修方报修项目及附加修理项目。

14）“预计维修费总金额”栏填写承修方初步估计的维修费（包括工时费、材料及材料附加费等）总金额。

15）“工时费”栏填写工时单价和定额工时数。

16）“材料提供方式”栏按“托修方自带配件”、“承修方提供需要更换的配件”等填写。

17）“质量保证期”用大写填写质量保证的天数和行驶里程数。

18）“验收标准及方式”栏填写所采用的标准编号和双方认同的内容、项目及使用的设备等。

19）“结算方式”栏在双方认同的一栏中打钩。

20）“结算期限”栏在双方认同的一栏中打钩。

21）“违约责任及金额”栏填写双方认同的各自责任和应承担的金额数。

22）“解决合同纠纷的方式”栏在双方认同的一栏中打钩。

23）“双方商定的其他条款”栏填写双方未尽事宜。

24）“托修方单位名称（章）”栏盖托修方单位或个人的印章，没有印章的填写单位全称或个人姓名及身份证号。

25）“单位地址”栏填写单位或个人所在地详细地址。

26）“法人代表”栏填写承修方或托修方法人代表的姓名。

27）“代表人”栏填写承修方或托修方法人代表指定的代表人姓名。

28）“承修方单位名称（章）”栏盖承修方单位的印章。

四、汽车维修合同的履行

汽车维修合同的履行是指承、托修双方按照合同的规定内容全面完成各自承担的义务，实现合同规定的权利。

维修合同的履行是双方的法律行为。但是，双方当事人中如果有一方没有履行自己的义务在前，另一方则有权拒绝履行其义务。

维修合同签订后，承修、托修双方应严格按合同规定履行各自的义务。

1. 托修方的义务

1）按合同规定的时间送修车辆和接受竣工车辆。

2）提供送修车辆的有关情况（包括送修车辆基础技术资料、技术档案等）。

3）如果提供原材料，必须是质量合格的原材料。

4）按合同规定的方式和期限缴纳维修费用。

2. 承修方的义务

1）按合同规定的时间交付修竣车辆。

2）按照有关汽车修理技术标准（条件）修理车辆，保证维修质量，向托修方提供竣工出厂合格证，在保证期内应尽保修义务。

3）建立承修车辆维修技术档案，并向托修方提供维修车辆的有关资料及使用的注意事项。

4）按规定收取维修费用，并向托修方提供票据及维修工时、材料明细表。

五、汽车维修合同的变更与解除

1. 汽车维修合同变更和解除的含义

（1）变更　指合同未履行或完全履行之前由双方当事人依照法律规定的条件和程序，对原合同条款进行修改或补充。

（2）解除　指合同在没有履行或没有完全履行之前，当事人依照法律规定的条件和程序，解除合同确定的权利义务关系，终止合同的法律效力。

2. 汽车维修合同变更、解除的条件

（1）双方协定变更、解除维修合同的条件　必须双方当事人协商同意；必须不因此损害国家或集体利益，或影响国家指令性计划的执行。

（2）单方协定变更、解除维修合同的条件

1）发生不可抗力。

2）企业关闭、停业、转产、破产。

3）双方严重违约。

除了双方协商和单方决定变更、解除合同的法定条件，任何一方不得擅自变更或解除合同。发生承办人或法定代表人的变动，当事人一方发生合并或分立，或违约方已承担违约责任等情况，均不得变更或解除维修合同。

3. 变更、解除维修合同的程序及法律后果

汽车维修合同签订后，当事人一方要求变更或解除维修合同时应及时以书面形式通知对方，提出变更或解除合同的建议，并取得对方的答复，同时协商签订变更或解除合同的协议。例如，承修方在维修过程中发现其他故障需增加维修项目及延长维修期限时，应征得托修方同意并达成协议后方可承修。

因一方未按程序变更或解除合同，使另一方遭受损失的，除依法可以免除责任外，责任方应负责赔偿。

六、汽车维修合同的担保与鉴证

1. 汽车维修合同的担保

汽车维修合同的担保是合同双方当事人为了保证合同切实履行，经协商一致采取的具有法律效力的保证措施。其担保的目的在于保障当事人在未受损失之前即可保障其权利的实现。

汽车维修合同一般采取的是定金担保形式，即一方当事人在合同未履行之前，先行支付给对方一定数额的货币。这种形式是在没有第三方面参加的情况下，由合同双方当事人采取的保证合同履行的措施。定金是合同成立的证明，托修方预付定金违约后，无权要求返还定金；如接受定金的承修方违约应加倍返还定金。定金的制裁作用，可以补偿因不履行合同而造成的损失，促使双方为避免制裁而认真履行合同。

汽车维修合同的担保也可以另立担保书作为维修合同的附本。内容包括抵押担保、名义担保和留置担保等。

不履行或不完全履行合同义务的结果是承担违约责任。承、托修双方中任一方不履行或不完全履行义务时就会发生违约责任问题，对违约责任处理的方式一般为支付违约金和赔偿金两种。

2. 汽车维修合同的鉴证

鉴证是汽车维修合同管理的一项主要内容。通过鉴证，可以证明维修合同的真实性，使合同的内容和形式都符合法律要求；可以增强合同的严肃性，有利于承修、托修双方当事人认真履行；便于合同管理机关监督检查。

汽车维修合同鉴证实行自愿原则。在承修、托修双方当事人请求鉴证的情况下，约定鉴证的合同只有经过鉴证程序才能成立。

经审查符合鉴证要求的，国家工商行政管理机关应予以鉴证，鉴证时应制作维修合同鉴证书。

七、汽车维修合同的调解与仲裁

如果汽车维修合同发生纠纷，承、托修双方当事人应及时协商解决。协商不成，可向当地交通运政管理部门申请调解。由主诉方填写申请书，交通运政管理部门通过调查取证，做出调解意见书，并监督双方当事人执行。当事人一方或双方对调解不服的，可向国家工商行政管理部门及国家规定的仲裁委员会申请调解或仲裁，也可直接向人民法院起诉。纠纷费用原则由责任方负担，一般根据承、托修双方责任的大小分别负担。

当发生了合同纠纷调解失败后，当事人可采用仲裁方式解决纠纷。双方当事人应当自愿达成仲裁协议。

仲裁协议包括合同订立的仲裁条款和以其他书面方式在纠纷发生前或者纠纷发生后达到的请求。如果没有书面仲裁协议，或一方申请的，仲裁委员会不予受理。如果达成仲裁协议后，一方向人民法院提出起诉，人民法院将不予受理，但仲裁协议无效的除外。

仲裁委员会应当由当事人协议选定。仲裁委员会应当根据事实、符合法律规定、公平合理地解决纠纷。

仲裁不实行级别和地域管辖，应依法独立进行，并且不受行政机关、社会团体和个人干涉。

仲裁实行一裁终局的制度。裁决做出后，当事人就同一纠纷再申请仲裁或向人民法院起诉的，仲裁委员会或者人民法院不予受理。裁决被人民法院依法裁定撤销或者不予执行的，当事人就该纠纷可以根据双方重新达成的仲裁协议申请仲裁，也可以向人民法院提出起诉。

当事人对仲裁协议的效力有异议的，可以请求仲裁委员会做出决定或者请求人民法院做出裁定。一方请求仲裁委员会做出决定，一方请求人民法院做出决定的，由人民法院裁定。

仲裁委员会认为维修问题需要鉴定的，可以交由当事人约定的鉴定部门鉴定，也可以由仲裁庭指定的鉴定部门鉴定。

经仲裁委员会或者人民法院仲裁，仲裁委员会或者人民法院应向双方当事人下达裁决书。

已经裁决当事人申请撤销裁决的，应当自收到裁决书之日起 6 个月内提出。人民法院应当在受理撤销申请之日起 2 个月内做出撤销裁决或者驳回申请的裁决。

当事人应当履行裁决。一方当事人不履行的，另一方当事人可以依照民事诉讼法的有关规定向人民法院申请执行。

仲裁费用原则上由败诉方承担。但在实践中也可以考虑各种因素由当事人分摊仲裁费。

第二节 汽车定点维修合同管理

在汽车维修经营过程中，经常有企业或个人在汽车维修企业定点维修汽车，双方需要签订汽车定点维修合同，履行各自的义务。签订这样的合同，要让托修方体会到企业的优势和优惠，同时要明确双方的责任和义务。特别指出的是，对付款方式要特别明确，以保护自己的权益。下面以某维修企业为例说明汽车定点维修合同包括的内容。

车辆维修协议

甲方：（送修人）

乙方：（修理厂）

经过双方友好协商，甲方车辆在乙方维修保养，为简化程序，规范手续，方便结算，减少纠纷，经甲乙双方协商一致，就车辆维修达成如下协议。

一、车辆送修

甲方车辆到乙方维修，需持甲方负责人签字并加盖公章的《车辆维修保养通知单》，维修保养完毕，经甲方员工验收合格后签字确认。

二、车辆维修

1. 乙方应严格按照《车辆维修保养通知单》的要求对送修车辆进行认真的保养维修。

2. 乙方在维修过程中发现其他故障或需要增加维修项目，乙方应及时通知甲方。只有在甲方同意的情况下，乙方方可进行维修。

三、收费标准

1. 工时费：在乙方正常价格基础上××折优惠（事故车除外）。

2. 材料费：维修配件价格在正常销售价格的基础上××折优惠（事故车除外）。

四、维修质量

1. 在乙方进行二级维护、小修质量保证期60天或行驶里程10 000km；进行大修的车辆质量保证期一年或行驶里程50 000km。

2. 因乙方修理质量出现的返修，由乙方应承担相关的维修费用。因配件质量的问题，乙方负责包退包换。

五、服务优质承诺

1. 乙方承诺在××范围内24h为甲方提供免费清障、救援服务；紧急救援30min内到达现场，××市所属其他区县紧急救援3h内到达现场。

2. 乙方提供免费上门接送维修车辆服务。

3. 乙方免费代办事故车辆的定损、理赔、咨询及协调事宜。

4. 乙方利用计算机进行档案管理，以备甲方进行维修分析，档案查询。

六、付款方式

甲方车辆维修保养费达到5000元或累计维修时间达到三个月（二者以先达到者为准），甲方应到乙方结清维修保养费用。

七、其他未尽事宜，双方友好协商解决。协商不成由××市××区人民法院处理。

甲方：	乙方：
代表人：	代表人：
日　期：	日　期：

第三节 道路救援合同管理

汽车维修企业机构经常会遇到客户车辆需要道路救援的情况。有的企业备有道路救援车辆，有的需要请专业的道路救援公司。不管是汽车维修企业自有的救援车辆还是专业的道路救援公司，救援时与客户签订道路救援合同是避免发生纠纷的前提。合同应包括如下内容。

（1）车辆状况检查单　现场救援人员应将车辆仔细检查，将损坏的部件或部位记录在车辆状况检查单上。

（2）车辆现场照片　道路救援时携带照相机，从车辆左前、左后、右前、右后四个角度进行拍摄，并仔细拍摄损坏部位。

下面以某道路救援公司为例详细说明。

汽车道路救援合同

白天/夜间　非雨雪天/雨雪天　干净/脏

请在上述适合的状况画上 O

请在损坏的部位标上 Δ，在有刮蹭痕迹的部位标上～～

并以①②③...进行编号，在右侧单元格中记录具体情况。

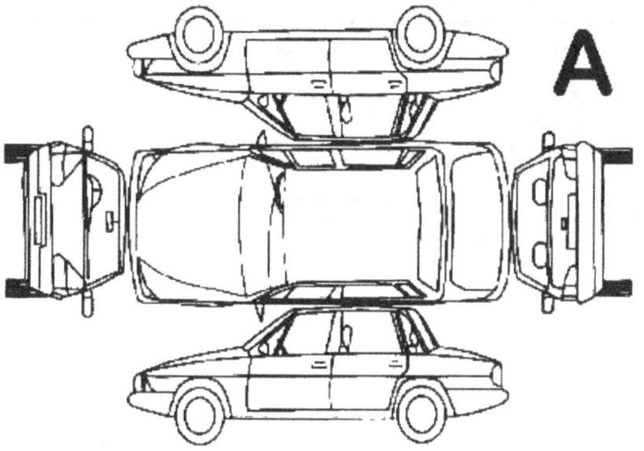

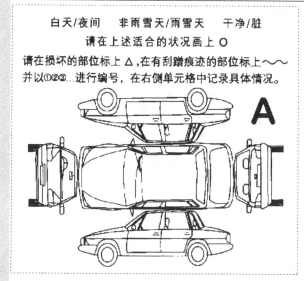

轮毂罩	完好/否	燃料	升
天线	完好/否	顶棚	完好/否
遥控车锁/钥匙	有/无	后排座位	完好/否
内部状况	完好/否	备用车胎	完好/否
前排座位	完好/否	工具	完好/否
车前(仪表台)	完好/否	其他	完好/否
音频系统	完好/否		

请在此处详细描述损坏程度及具体情况：

①

②

③

供应商名称：

救援人员签字：

本人对以上服务前的车辆状况确认无异议，而且我已阅读并同意下面的服务须知。

1）开始服务前客户应配合服务人员检查车辆状况，并仔细阅读服务须知后签字确认。

2）客户车辆应手续、保险齐全，如因客户隐瞒真实情况对救援造成损失的，救援公司保留申诉的权利。

3）服务过程中客户不得干扰服务人员正常工作，不得要求违反交通法规操作和行驶；如客户提出违法、超出服务范围等不合理要求，服务人员有权拒绝。

4）对于需要强行进入客户车内才能继续进行的服务（含开锁），客户本人需确认服务的必须性并许可服务人员强行进入，因此有可能产生的损坏将视为客户本人的责任，后续修理费用由客户自行承担。

5）服务完成后客户接收车辆时，应再次签字确认服务完成及车辆无损，救援公司不接受客户已在服务完成记录中签字后的任何索赔和投诉；若接车方为维修站，且服务站接车员签字确认车辆无损，则事后发生的任何车辆损伤及相关责任应由维修站承担。

6）任何路边救援都是临时性的，建议客户应尽快将救援车辆送至授权维修站检查。

7）在客户事先未明确告知或发生交通事故等情况下，对于服务延误造成客户误机、商务活动等经济及其他损失，救援公司不承担责任；由于恶劣天气、自然灾害、战争或政府法规等不可抗力造成服务无法完成、延误或服务质量下降，救援公司可免除责任。

8）客户应对自行要求的服务负责，如果与合同规定的服务范围不符，客户有责任支付服务范围外的救援费用。

9）请客户务必妥善保管车内贵重物品及其他可移动物品，如发生丢失，救援公司将不承担相关责任。

10）本合同一式三联：道路救援单位、客户、维修企业各执一联。

11）以上条款的最终解释权归救援公司所有。

如需拖车服务，无论我是否跟车，均授权以上指派供应商拖拽以上牌号车辆至以下指定维修站：

B

维修站地址：……

维修站名称：…… 客户签字：……

本人对服务完成情况无异议，所接收车辆状况如前所述：是□/否□，如为"否"，请具体描述不同之处：

C

…… 客户签字：……

如为拖车服务，请继续填写（由维修站接车的，以上车辆接收检查由维修站填写，留空视作车辆无损）

运送至维修站处日期：…… 时间：…… 接车员签字：……

汽车道路救援合同填写说明如下。

1. 重点区域的填写

（1）"A"区域

1）供应商到达现场后，应对车辆车身进行详细检查，包括前后左右及车顶。如发现有损坏，应将损坏位置用"△"在车辆状况检查表中小车的相应位置标注，并以①②③进行编号，在右侧单元格相应编号中详细描述损害程度及具体情况；如发现有剐蹭痕迹，则用"～"标注，具体操作同上；如损坏情况无法用文字描述，可现场拍照保留车况凭证。

2）对车辆其他状况进行检查，包括轮毂罩、燃料、天线等。检查燃料时要记录剩余燃料数量；检查轮毂罩时如状况完好，则在右边"完好"处打钩，如否亦然；检查其他车况时操作同上。

（2）"B"区域

车辆状况检查完后，供应商救援人员应让客户仔细阅读服务须知并在右侧"客户签字"栏上签字确认，如需拖车服务应让客户填写"维修站地址"及"维修站名称"并在右侧"客户签字"栏上签字确认，之后将第二联交给客户保管。

（3）"C"区域

1）如为拖车服务且客户不跟车，救援人员在将车运送至指定维修站后，应由救援人员将车卸下，让维修站接车人员检查车况；如接车人员检查情况与车况表上所述一样，则在"是"右侧方框打钩，如否亦然，并在"具体描述不同之处"栏上填写具体情况且马上通知救援公司，最后填写"运送至维修站处日期"、"时间"并在"接车员签字"栏签字。

2）如为拖车服务且客户跟车，应由客户及接车人员一同检查车况，操作同上，且客户要在"C"区域中的"客户签字"栏上签字确认，接车人员也要在"接车员签字"栏签字。接车人员应拿到车辆状况检查表第三联并保存。

3）如为非拖车服务，救援人员也应在提供服务前仔细检查车况，并仔细填写此表让客户签字确认，服务完成后，要求客户在"C"区域中的"客户签字"栏上再次签字确认车况。

2. 其他区域的填写

1）接到救援电话后，准确记录服务日期及接令时间；填写客户信息，包括客户姓名、客户车辆位置、车辆型号、车牌号码及里程表读数。

2）到达现场后，供应商应记录服务相关信息，包括到达现场时间、里程表读数。

3）服务完成后，供应商应记录“现场完成时间”、“卸车里程表读数”（在拖车服务时填写）及“救援车辆行驶单程公里数”。

第四节 赊账的种种骗局

有一首《赊账歌》确实道出了账好赊归还难之实情。歌词是这样的：“百业经营利为先，分分厘厘皆血汗，告诫消费诸君子，若要赊账莫开言。如果诸人来赊账，本小利薄周转难，众人添柴火焰高，我助众人如担山。赊账如同三结义，要账如同上梁山。一次要账红了脸，二次要账把脸翻，朋友之情全忘记，多年好友变了脸，你推我搡互指责，就是不想把账还。欠账还钱古来理，为人着想莫添烦。日常生活要节俭，最好不要来赊欠。”

说起来做生意是一件非常难的事，可是这里面也有一些技巧，也有一定的原则，处理恰当效果还是挺不错的。

首先，做生意不要太贪利，往往倒霉就倒在这个贪上，君子生财取之有度，不可能得的不要勉强，愿买愿卖，公平交易，为了三分的利丢掉十万的本，那是得不偿失。

其次，不要爱面子，不能烂忠厚。做生意本身就是一个计价还价的事，该争的争，该讲的讲，绝不能不讲原则，说什么时候还钱就什么时候还钱。不仅讲好，还要落实在字据上。只有这样才能减少后遗症，才能去掉不必要的麻烦。如若厚道不好意思，不讲条件，那可真是神鬼难救了。

第三，要及时要。要账绝对是一个挺重要的活，要求有专门的学问和能力。做生意一旦发生业务就要按合同执行，说哪天去要就哪天去要，不给不行。

第四，做生意要看准人，看看他有没有归还的能力，若没有，那干脆别做这没把握的生意。

第五，人的品性也是决定赊欠的一个很重要的依据。有些人十几年如一日，非常规矩，最后竟发展成朋友，互惠互利，这样的赊欠多少都有保障。

做生意最好不要赊欠，对中小型维修企业尤其如此，赊账减少流动资金，讨债所花费的时间费用是一笔很大的开支，另外赊账还有陷入骗局的危险。赊账的种种骗局要引起大家的注意，以下是常见的几种骗局。

1. 吹毛求疵赖账

这种赖账人的特点是吹毛求疵，寻找债权人的缺点。比如，你某次修的车总有一种声音存在或总感觉动力有差别等，用这种似是而非的说法抵赖，或者说你修的车在外地坏了又花了多少钱等。

2. 故意拖欠

故意拖欠人的特点是总寻找各种理由，今天说没钱，明天说出差，后天又说款刚给别人了。

3. 无力偿还

这种无力偿还的人还要继续骗下去，去找他，他就说还有多少家没付钱，还有欠的更多的。

4. 替身赖账

这种赖账人的特点是车修好了找理由说自己忙，找替身去取，好长时间后不承认这笔账。对付这种人一定要有原始记录，找替身不要紧，签账单上要托修人签字或有托修人的车辆维修委托书。

5. 蓄意诈骗

这种人以诈骗钱财为目的，主要手法有三种：一是修车钱欠你的，又从你那儿借钱；二是修车钱给的痛快，又借你钱干别的；三是开始时修车钱给的及时，慢慢地欠起账来，突然一次和你借钱说有笔买卖或家有急事，然后就没了踪影。

6. 保险骗局

有些客户车辆发生事故后到维修厂维修，要求维修企业代办理赔，有的维修企业见车辆有保险就答应了，车辆维修完毕后客户将车开走。这其中隐藏巨大的风险，有的甚至会陷入骗子的圈套。比如，这台车发生事故时驾驶人喝酒了或者车辆没年审等，保险公司就可能拒赔；有的客户明知有风险却将风险转嫁给维修企业。

案例

H先生开了一家修理厂，主营钣金烤漆，生意还算不错。这天一位客户找到他，说自己的途锐轿车发生事故，问他能不能协调保险公司处理，并要H先生代办理赔。H先生问清情况并到停车场看了事故车，初步估计维修费要四五十万元，他认为有利可图就满口答应了，协调保险公司定损，最后保险公司核定了46万元。车修好，客户将车开走。H先生到保险公司理赔，保险公司调查这台途锐车在事故时更换了驾驶人，怀疑原来驾驶人属酒后驾驶，要调查清事故的原因后才决定是否理赔。这一拖就是一年多，可怜H先生大量的资金押在这台车上，最后资金链断了，竟无钱给工人发工资，厂子倒了。

思考题

1. 汽车维修合同签订的范围是什么？
2. 维修合同签订后，承修方应按合同规定履行的义务有哪些？
3. 道路救援合同应该一式几份？
4. 赊账的骗局有哪些？

第十三章　三包、召回和保修

第一节　三 包 管 理

历经十多年漫漫长路，家用汽车产品“包修、包换、包退”，终于走进现实。国家质量监督检验检疫总局《家用汽车产品修理、更换、退货责任规定》（简称三包规定）（总局令第150号）自2013年10月1日起施行。目前的三包规定主要针对为生活消费需要而购买和使用的乘用车，有些单位为汽车营运、生产经营活动而购买使用的汽车产品，没有纳入新规的调整范围。

一、本规定下列用语的含义

1）家用汽车产品——指消费者为生活消费需要而购买和使用的乘用车。

2）乘用车——指相关国家标准规定的除专用乘用车之外的乘用车。

3）生产者——指在中华人民共和国境内依法设立的生产家用汽车产品并以其名义颁发产品合格证的单位。从中华人民共和国境外进口家用汽车产品到境内销售的单位视同生产者。

4）销售者——指以自己的名义向消费者直接销售、交付家用汽车产品并收取货款、开具发票的单位或者个人。

5）修理者——指与生产者或销售者订立代理修理合同，依照约定为消费者提供家用汽车产品修理服务的单位或者个人。

6）经营者——包括生产者、销售者、向销售者提供产品的其他销售者、修理者等。

7）产品质量问题——指家用汽车产品出现影响正常使用、无法正常使用或者产品质量与法规、标准、企业明示的质量状况不符合的情况。

8）严重安全性能故障——指家用汽车产品存在危及人身、财产安全的产品质量问题，致使消费者无法安全使用家用汽车产品，包括出现安全装置不能起到应有的保护作用或者存在起火等危险情况。

二、生产者的义务

1）生产者应当向国家质检总局备案生产者基本信息、车型信息、约定的销售和修理网点资料、产品使用说明书、三包凭证、维修保养手册、三包责任争议处理和退换车信息等家用汽车产品三包有关信息，并在信息发生变化时及时更新备案。

2）家用汽车产品应当具有中文的产品合格证或相关证明以及产品使用说明书、三包凭证、维修保养手册等随车文件。产品使用说明书应当符合消费品使用说明等国家标准规定的要求。家用汽车产品所具有的使用性能、安全性能在相关标准中没有规定的，其性能指标、工作条件、工作环境等要求应当在产品使用说明书中明示。三包凭证应当包括以下内容：产品品牌、型号、车辆类型规格、车辆识别代号（VIN）、生产日期；生产者名称、地址、邮政编码、客服电话；销售者名称、地址、邮政编码、电话等销售网点资料、销售日期；修理者名称、地址、邮政编码、电话等修理网点资料或者相关查询方式；家用汽车产品三包条款、包修期和三包有效期以及按照规定要求应当明示的其他内容。

3）维修保养手册应当格式规范、内容实用。随车提供工具、备件等物品的，应附有随车物品清单。

三、销售者的义务

1）销售者应当建立并执行进货检查验收制度，验明家用汽车产品合格证等相关证明和其他标识。

2）销售者销售家用汽车产品，应当符合下列要求。

① 向消费者交付合格的家用汽车产品以及发票；

② 按照随车物品清单等随车文件向消费者交付随车工具、备件等物品；

③ 当面查验家用汽车产品的外观、内饰等现场可查验的质量状况；

④ 明示并交付产品使用说明书、三包凭证、维修保养手册等随车文件；

⑤ 明示家用汽车产品三包条款、包修期和三包有效期；

⑥ 明示由生产者约定的修理者名称、地址和联系电话等修理网点资料，但不得限制消费者在上述修理网点中自主选择修理者；

⑦ 在三包凭证上填写有关销售信息；

⑧ 提醒消费者阅读安全注意事项、按产品使用说明书的要求进行使用和维护保养。

⑨ 对于进口家用汽车产品，销售者还应当明示并交付海关出具的货物进口证明和出入境检验检疫机构出具的进口机动车辆检验证明等资料。

四、修理者的义务

1）修理者应当建立并执行修理记录存档制度。书面修理记录应当一式两份，一份存档，一份提供给消费者。

2）修理记录内容应当包括送修时间、行驶里程、送修问题、检查结果、修理项目、更换的零部件名称和编号、材料费、工时和工时费、拖运费、提供备用车的信息或者交通费用补偿金额、交车时间、修理者和消费者签名或盖章等。

3）修理者应当保持修理所需要的零部件的合理储备，确保修理工作的正常进行，避免因缺少零部件而延误修理时间。用于家用汽车产品修理的零部件应当是生产者提供或者认可的合格零部件，且其质量不低于家用汽车产品生产装配线上的产品。

4）在家用汽车产品包修期和三包有效期内，家用汽车产品出现产品质量问题或严重安全性能故障而不能安全行驶或者无法行驶的，应当提供电话咨询修理服务；电话咨询服务无法解决的，应当开展现场修理服务，并承担合理的车辆拖运费。

五、三包责任

1）家用汽车产品包修期限不低于3年或者行驶里程60 000km，以先到者为准；家用汽车产品三包有效期限不低于2年或者行驶里程50 000km，以先到者为准。家用汽车产品包修期和三包有效期自销售者开具购车发票之日起计算。

2）在家用汽车产品包修期内，家用汽车产品出现产品质量问题，消费者凭三包凭证由修理者免费修理（包括工时费和材料费）。

3）家用汽车产品自销售者开具购车发票之日起60日内或者行驶里程3000km之内（以先到者为准），发动机、变速器的主要零件出现产品质量问题的，消费者可以选择免费更换发动机、变速器。发动机、变速器的主要零件的种类范围由生产者明示在三包凭证上，其种类范围应当符合国家相关标准或规定，具体要求由国家质检总局另行规定。

4）家用汽车产品的易损耗零部件在其质量保证期内出现产品质量问题的，消费者可以选择免费更换易损耗零部件。易损耗零部件的种类范围及其质量保证期由生产者明示在三包凭证上。生产者明示的易损耗零部件的种类范围应当符合国家相关标准或规定，具体要求由国家质检总局另行规定。

5）在家用汽车产品包修期内，因产品质量问题每次修理时间（包括等待修理备用件时间）超过5日的，应当为消费者提供备用车，或者给予合理的交通费用补偿。

6）修理时间自消费者与修理者确定修理之时起，至完成修理之时止。一次修理占用时间不足24h的，以1日计。

7）在家用汽车产品三包有效期内，符合本规定更换、退货条件的，消费者凭三包凭证、购车发票等由销售者更换、退货。

8）家用汽车产品自销售者开具购车发票之日起60日内或者行驶里程3000km之内（以先到者为准），家用汽车产品出现转向系统失效、制动系统失效、车身开裂或燃油泄漏，消费者选择更换家用汽车产品或退货的，销售者应当负责免费更换或退货。

9）在家用汽车产品三包有效期内，发生下列情况之一，消费者选择更换或退货的，销售者应当负责更换或退货。

① 因严重安全性能故障累计进行了2次修理，严重安全性能故障仍未排除或者又出现新的严重安全性能故障的。

② 发动机、变速器累计更换2次后，或者发动机、变速器的同一主要零件因其质量问题，累计更换2次后，仍不能正常使用的，发动机、变速器与其主要零件更换次数不重复计算。

③ 转向系统、制动系统、悬架系统、前/后桥、车身的同一主要零件因其质量问题，累计更换2次后，仍不能正常使用的；转向系统、制动系统、悬架系统、前/后桥、车身的主要零件由生产者明示在三包凭证上，其种类范围应当符合国家相关标准或规定，具体要求由国家质检总局另行规定。

10）在家用汽车产品三包有效期内，因产品质量问题修理时间累计超过35日的，或者因同一产品质量问题累计修理超过5次的，消费者可以凭三包凭证、购车发票，由销售者负责更换。

11）下列情形所占用的时间不计入前款规定的修理时间。

① 需要根据车辆识别代号（VIN）等定制的防盗系统、全车线束等特殊零部件的运输时间；特殊零部件的种类范围由生产者明示在三包凭证上。

② 外出救援路途所占用的时间。

12）在家用汽车产品三包有效期内，符合更换条件的，销售者应当及时向消费者更换新的合格的同品牌同型号家用汽车产品；无同品牌同型号家用汽车产品更换的，销售者应当及时向消费者更换不低于原车配置的家用汽车产品。

13）在家用汽车产品三包有效期内，符合更换条件，销售者无同品牌同型号家用汽车产品，也无不低于原车配置的家用汽车产品向消费者更换的，消费者可以选择退货，销售者应当负责为消费者退货。

14）按照本规定更换或者退货的，消费者应当支付因使用家用汽车产品所产生的合理使用补偿，销售者依照本规定应当免费更换、退货的除外。

合理使用补偿费用的计算公式为［（车价款（元）×行驶里程（km））/1000］×n。使用补偿系数 n 由生产者根据家用汽车产品使用时间、使用状况等因素在0.5%～0.8%确定，并在三包凭证中明示。

家用汽车产品更换或者退货的，发生的税费按照国家有关规定执行。

15）在家用汽车产品三包有效期内，消费者书面要求更换、退货的，销售者应当自收到消费者书面要求更换、退货之日起10个工作日内，作出书面答复。逾期未答复或者未按本规定负责更换、退货的，视为故意拖延或者无正当理由拒绝。

六、三包责任免除

1）易损耗零部件超出生产者明示的质量保证期出现产品质量问题的，经营者可以不承担本规定所规定的家用汽车产品三包责任。

2）在家用汽车产品包修期和三包有效期内，存在下列情形之一的，经营者对所涉及产品质量问题，可以不承担本规定所规定的三包责任。

① 消费者所购家用汽车产品已被书面告知存在瑕疵的。

② 家用汽车产品用于出租或者其他营运目的的。

③ 使用说明书中明示不得改装、调整、拆卸，但消费者自行改装、调整、拆卸而造成损坏的。

④ 发生产品质量问题，消费者自行处置不当而造成损坏的。

⑤ 因消费者未按照使用说明书要求正确使用、维护、修理产品，而造成损坏的。

⑥ 因不可抗力造成损坏的。

3）在家用汽车产品包修期和三包有效期内，无有效发票和三包凭证的，经营者可以不承担本规定所规定的三包责任。

七、争议的处理

1）家用汽车产品三包责任发生争议的，消费者可以与经营者协商解决；可以依法向各级消费者权益保护组织等第三方社会中介机构请求调解解决；可以依法向质量技术监督部门等有关行政部门申诉进行处理。家用汽车产品三包责任争议双方不愿通过协商、调解解决或者协商、调解无法达成一致的，可以根据协议申请仲裁，也可以依法向人民法院起诉。

2）省级以上质量技术监督部门可以组织建立家用汽车产品三包责任争议处理技术咨询人员库，为争议处理提供技术咨询；经争议双方同意，可以选择技术咨询人员参与争议处理，技术咨询人员咨询费用由双方协商解决。

3）质量技术监督部门处理家用汽车产品三包责任争议，按照产品质量申诉处理有关规定执行。

第二节 召回管理

汽车召回制度（Recall），是指投放市场的汽车，发现由于设计或制造方面的原因存在缺陷，不符合有关法规、标准，有可能导致安全或环保问题，厂家必须及时向国家有关部门报告该产品存在的问题、造成问题的原因及改善措施等，提出召回申请，经批准后对在用车辆进行改造，以消除事故隐患。同时，厂家还有义务让用户及时了解有关情况，维护消费者的合法权益。目前实行汽车召回制度的国家主要有中国、美国、日本、加拿大、英国、澳大利亚等。

一、汽车召回制度简介

汽车召回制度始于20世纪60年代的美国，美国的律师拉尔夫·内德发起运动，呼吁国会建立汽车安全法规，于是《国家交通及机动车安全法》诞生。该法律规定，汽车制造商有义务公开发表汽车召回的信息，且必须将情况通报给用户和交通管理部门，进行免费修理。

我国的汽车召回制度《缺陷汽车产品召回管理规定》于2004年3月15日正式发布，2004年10月1日起开始实施。这是我国以缺陷汽车产品为试点首次实施召回制度，《缺陷汽车产品召回管理规定》由国家质量监督检验检疫总局、国家发展和改革委员会、商务部、海关总署联合制定发布。《缺陷汽车产品召回管理规定》的实施，维护了消费者的合法权益。2012年10月10日《缺陷汽车产品召回管理条例》经国务院第219次常务会议通过，2013年1月1日起开始施行。2015年12月22日，国家质量监督检验检疫总局根据《缺陷汽车产品召回管理条例》公布了《缺陷汽车产品召回管理条件实施办法》，该管理办法于2016年1月1日起正式实施。

二、汽车召回的相关术语

1）汽车产品——指在中国境内生产、销售的汽车和汽车挂车

2）汽车缺陷——指由于设计、制造、标识等原因导致的在同一批次、型号或者类别的汽车产品中普遍存在的不符合保障人身、财产安全的国家标准、行业标准的情形或者其他危及人身、财产安全的不合理的危险。

3）召回——指汽车产品生产者对其已售出的汽车产品采取措施消除缺陷的活动。

4）生产者——指在中国境内依法设立的生产汽车产品并以其名义颁发产品合格证的企业。从中国境外进口汽车产品到境内销售的企业，视为生产者。

三、国内外汽车召回的情况介绍

1. 国外汽车召回的情况介绍

汽车召回在美国、欧洲、日本、韩国等国家和地区早已不是一件新鲜事儿。其中，美国的召回历史最长，相关的管理程序也最严密。美国早在 1966 年就开始对有缺陷的汽车进行召回了，至今美国已总计召回了 2 亿多辆整车，2400 多万条轮胎。涉及的车型有轿车、卡车、大客车、摩托车等多种，全球几乎所有汽车制造厂在美国都曾经历过召回案例。日本从 1969 年开始实施汽车召回制度，1994 年将召回写进《公路运输车辆法》，并在 2002 年做了进一步修改和完善。截至 2001 年日本共召回缺陷车辆 3483 万辆，仅 2001 年就召回 329 万辆。其中，大多数是由企业依法自主召回。

2. 国内汽车召回的情况介绍

在我国《缺陷汽车产品召回管理规定》实施之前，许多厂家常常以一个含混隐晦（如“免费保养”“回馈行动”等）的名义，把汽车缺陷问题消弭于无声无息之中。自召回制度颁布后，关于解决汽车缺陷召回问题，有了明确的制度保障，但在庆贺成绩的同时，我们亦不得不意识到消费者保护制度仍不尽完善，维权意识不够强，这也许正是日本丰田公司于 2010 年的召回门事件中，对待中国市场和美国市场采取不同措施的原因之一。在美国只要是有问题车辆都列入了召回范围，而中国市场销售的有问题的凯美瑞汽车却不予召回；美国的车主可以享受丰田提供的“上门召回”和同型号车辆使用的服务，并得到相应的交通补贴费用，但在中国却只字未提，甚至明确表示不给予中国消费者补偿。

我国的汽车缺陷产品召回工作，在 2010 年的“丰田召回门”事件后发生了改变。

2015 年我国汽车召回数量达历年最高，召回涉及缺陷汽车 554.85 万辆，召回次数同期增长 29%，召回数量同期增长 17%，创历史新高。

案例

规模最大的高田气囊日系车召回

在 2015 年总计 554.85 万辆召回汽车总量中，日系车因高田气囊安全问题引发的召回超过了 253 万辆，使日系车高居汽车召回数量榜首。

此前，美国国家公路交通安全管理局（NHTSA）指出，高田安全气囊召回的原因在于，部分搭载高田气囊的车辆副驾驶席气囊展开时可能发生气体发生器壳体破损、壳体碎片飞出等情况，可能伤及车内乘客，存在安全隐患。据媒体报道，自 2008 年以来，高田爆炸气囊在全球已经造成 8 人死亡 100 多人受伤，最终导致日、美、德等多国使用高田气囊的汽车产品召回总数超 4000 万辆。

作为高田气囊在全球范围最大的客户，本田汽车受影响最大。包括广汽本田和东风本田在内，同样因为气体发生器壳体破损、壳体碎片等安全隐患，在华总计召回包括飞度、思迪、锋范、思威在内超过 133 万辆汽车。由此可见，高田气囊问题给日系车所带来的负面影响在中国市场逐渐蔓延。

受此影响，气囊安全问题导致的召回总数激增，国家质量监督检验检疫总局统计，因气囊和安全带总成问题，历年来共召回 134 次，涉及数量 441.08 万辆，在 11 年来召回的缺陷汽车总数中排名第二。

四、召回流程及召回通告

1. 汽车召回的流程及影响

汽车召回的流程如图 13-1 所示。

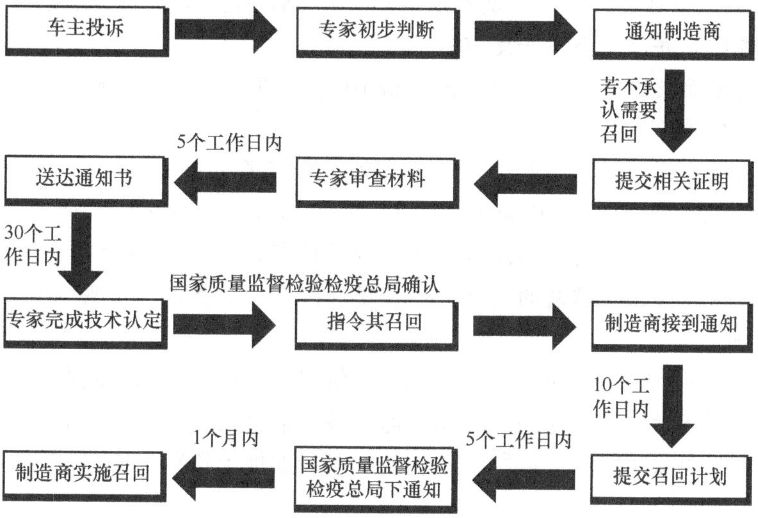

图 13-1　汽车召回的流程

在实际操作过程中，政府很少通过发布政令的方式来进行强制性的汽车召回，而是鼓励生产厂商自行进行汽车召回。当有缺陷的汽车对消费者构成严重威胁，或生产厂商对存在的安全问题没有给予应有的重视时，才会通过法律手段强制生产厂商实行召回。

实际上，许多被召回的汽车未必存在很大的安全问题，有时召回也是为了改进车的机动性能和配置，目的是让汽车的质量更高，让消费者更加满意。一次成功的召回不会对厂商及其产品的形象造成危害，反而有利于提高人们对生产厂商的信任度和忠诚度。

案例

速腾断轴门　缺陷调查史上投入最多

2014 年初，销量众多的一汽大众新速腾车型，因后轴纵臂断裂问题被媒体频繁曝光，众多车主声讨。2014 年 8 月，国家质量监督检验检疫总局正式对此事启动缺陷调查。

两个月后，大众和一汽大众向国家质量监督检验检疫总局提请召回，宣布自 2015 年 2 月 2 日起，一汽大众和大众中国在中国召回 2011 年 5 月至 2014 年 5 月生产的新速腾汽车和 2012 年 4 月 24 日至 2013 年 7 月 17 日生产的甲壳虫汽车，涉及车辆分别为 563605 辆和 17485 辆。

当时，大众方面对召回处理的措施是在后轴纵臂上安装金属衬板。这种方式被民间戏称为“打补丁”，车主情绪越来越激烈，大众方面这种安装金属衬板的解决方式，并不能从根本上解决新速腾车型断轴问题，也无法完全保证车主的行驶安全。

2015 年 9 月 11 日，国家质量监督检验检疫总局发布关于一汽大众新速腾“断轴门”的权威调查报告，认定“装配耦合杆式后轴的新速腾汽车存在纵臂断裂导致的安全隐患，构成缺陷”，同时，国家质量监督检验检疫总局还表示，大众方面“打补丁”的解决方式虽然能保证速腾车辆在断轴后仍能行驶一定里程，但也存在断轴未能及时发现，金属衬板又断裂导致的车辆失控风险。

针对新速腾汽车缺陷调查是国家质量监督检验检疫总局“迄今为止投入人力、物力最多的缺陷调查工作”，在中国科学院院士为组长的专家队伍带领下，共整理分析有效投诉信息4468例，回访车主3万余名，收集分析故障案例457例，开展143次缺陷工程分析试验，形成了缺陷调查结果并向社会公开发布。

随后，大众方面及时反应，立即推出包括10年无事故可换车、赠送三次保养及开放后悬架检测技术支持等承诺。

国家质量监督检验检疫总局甚至以此为契机，公布了新汽车召回管理办法并于2016年1月1日起正式实施，进一步明确和强化了生产者召回责任主体义务，增加了对汽车零部件生产者的义务，对监管部门的工作流程以及地方质检部门参与召回管理的内容进行了细化，增加了向社会发布风险预警信息的内容，丰富了缺陷产品调查工作手段。

2. 召回通知书

生产厂商在发现汽车缺陷时，会首先拟定一份召回通告，说明产品存在的问题和可能导致的危险，要求消费者尽快送还问题商品。通过各种信息渠道发布召回通告，对于汽车和大型家用电器，由于商家一般都会保留消费者的姓名和地址等资料，因此也可以直接通过投寄信件的方式进行通知。

案例

上海大众召回部分帕萨特领驭

制造商：上海大众

召回时间：2007-11-15至2007-12-14

涉及数量：2440辆

车型型号年款VIN范围：帕萨特领驭基本型（Trendline）及豪华型（Luxury）（2.0、1.8T车型）SVW7183LJD（豪华型）、SVW7183LJi（豪华型）、SVW7183MJD（豪华型）、SVW7183MJi（豪华型、基本型）、SVW7203EPD（基本型）、SVW7203EPi（基本型）、SVW7203FPD（基本型）、SVW7203FPi（基本型）。

缺陷情况：在产品升级过程中，部分帕萨特领驭轿车由于中央集控控制器的软件参数设置问题，导致遥控钥匙单独开启行李箱再关闭后，行李箱自动锁闭功能不能正常启用。

可能后果：如用户按上述方式操作，没有通过集控闭锁按钮锁闭行李箱，行李箱存在可以被打开的风险，可能造成不必要的财产损失。

维修措施：免费对上述车辆中央集控控制器软件参数进行重新设置。在参数重新设置之前，用户可通过集控闭锁按钮锁闭行李箱。

投诉情况：车主通知上海大众将通过客户服务中心及特约服务站分别以挂号信及电话的形式通知召回范围内的车主，请用户将车辆送到上海大众特约服务站进行召回检修。用户可致电上海大众客户服务中心“1010-6789”售后服务热线进行咨询。

其他信息：用户也可以登录中国汽车召回网，或拨打国家质量监督检验检疫总局缺陷产品管理中心的热线电话了解本次召回的详细信息。

第三节 保修管理

车辆保修的意义在于维护消费者合法权益与保护企业的自身利益。汽车销售商必须在交付车辆的同时，向客户说明其保修制度及适用条件。因为即使是处于保修期限内的车辆，也可能出现不能享受保修的情况，例如，某些由于用户使用或保养方法不当而造成的问题。因此，保修制度不仅是能否免费修理车辆的问题，更具有促使用户安全、正确使用车辆的重要意义。

一、保修、保修期的定义

1. 保修的定义

保修是指产品（或元件、系统）的生产者与经销商根据保修条款，为确保产品在正常使用的情况下，一定时期内性能充分满足所规定的要求，而做出的一种承诺。它要求生产者与经销商在规定的条件下，于一定时期内，必须对产品出现的故障向客户进行补偿。这些条件根据产品的不同而不同，属于对制造过程的一种补充费用。它可以看作买卖双方之间的一种契约协议，自产品出售之日起生效。

保修是指消费者向厂商购买商品（车辆）的同时，从厂商处得到的一种服务。该服务是指厂商针对该车辆在一定期限内因产品质量问题而出现的故障提供免费维修及保养的服务。

2. 保修期

保修期是指厂商向消费者卖出商品（车辆）时，所承诺的对该商品因质量问题而出现的故障提供免费维修及保养的时间段。一般在消费者与商家完成交易的同时，商家随产品为消费者办理保修卡来作为保修凭证。保修凭证上一般会明确消费者信息、购买日期、产品型号、出厂日期、保修期限和范围、维修记录等。保修分为有一定期限的保修和终身保修两种。

各国家或地区的保修条件及保修期均有所不同，但是作为一个规划，同一国家或地区内的所有经销店遵循相同的保修条件及保修期。

案例

广州本田汽车保修期限为24个月或60 000km，两者以先到期限者为准。保修期限是指保修证中指定的广州本田汽车以“购车日期”算起的指定期间或行驶里程内，广州本田对由材料缺陷或制造缺陷造成的损坏提供保修。

二、保修的任务

1. 恢复并保持客户的信任

售出产品出现问题，将会危害客户对公司的信任与信心，但是通过适当的保修，可使客户恢复对公司的信任，而且如果做得好，还将会提高客户满意度。确保客户满意程度及持久的信任，必然会带动车辆销售额的增长。

2. 收集市场的技术反馈信息

从市场收集全部的技术反馈，以不断地提高产品的品质，增强企业的市场竞争力。其中的保修申请数据是得到这种“提高车辆品质的技术反馈”的非常有效的途径之一。

三、保修制度的种类

根据保修内容的不同，保修制度主要有以下三种。

1. 汽车制造公司的保修（新车保修）制度

按汽车制造公司的保修制度规定，若由于汽车制造公司制造上的责任，产品出现了问题，汽车制造公司将根据保修说明书所列期限和条款，进行无偿修理。

2. 用品保修制度

用品大致分为在生产汽车时安装的用品（汽车制造公司选装件）和在其后安装的用品（特约店选装件）。相关保修说明书中会明确规定对各种用品的具体保修条款。

3. 汽车维修保修制度

汽车维修保修制度与汽车制造公司保修制度不同，它是指，在特约店（服务部门）进行维修（定期保养）的部分如果再次出现问题，相关部门将根据保修条款负责对该部分实行再次修理的制度，配发维修保修证。汽车维修保修与汽车制造公司保修和用品保修一样，具有一定的时间或行驶里程限制等条件，需要对其进行充分的理解。

案例

广州本田的保修分类及定义（表 13-1）

表 13-1 广州本田的保修分类及定义

保修分类	定义
标准保修	标准保修适用于所有广州本田产品，任何零部件的失效出现在保修说明中所规定的保修时间和行驶里程内，广州本田保证将根据其自身的责任予以修理或更换
返回保修	返回保修是广州本田由国家的返回法律而要求的特殊保修项目。广州本田保证对根据广州本田指示而进行修理或更换的费用对特约销售服务店给予补偿。这种保修包括广州本田标准保修中所不予保修的零部件质量上的缺陷
特殊条件保修	特殊条件保修包括了上述保修项目中所不包含的零部件缺陷问题。由特约销售服务店执行这项特殊条件保修 作为市场安排的一部分，根据具体情况，广州本田可能会对特约销售服务店特殊条件保修费用给予部分补偿。特约销售服务店提交此类保修之前，必须征得广州本田的同意

四、保修须知

1. 保修申请

特殊条件下，经销店可以根据具体情况向总公司提出保修申请，但此类申请是有权限的。公司不会对所有的保修申请做出支付其费用的保证。某些情况下，如没有准确地表述信息、采用不正当的修理方法或申请流程不符合标准等，即使在开始修理之前已经误得批准，公司仍保留不受理该申请的权利。

案例

广州本田所需要的事先批准的保修申请项目：发动机整机更换、用户的额外赔偿要求、不适用标准保修政策的项目（PDI 项目、保养项目等）、超过保修期限的修理（根据广告进行特别服务活动以及改进保修产品除外）、使用非纯正广州本田零部件、有关锈蚀的全部修理、超过 2000 元人民币的修理（包括工时费和零件费用）等。

在进行需要事先得到批准的保修时，应首先填写好保修申请单，递交给广州本田保修负责人进行登记，经批准后，将批准意见填写好再传送给特约销售服务店。特约销售服务店接到批准的答复后，开始修理，修理结束后将保修申请单全部填写好，放入保修汇总表。每月按规定的日期提交给广州本田汽车有限公司售后服务科。

2. 不予保修的项目

经销店必须对由制造缺陷引起的问题予以保修。然而，经销店无须对不属于制造商责任的问题予以保修。

案例

丰田公司针对下列情况，并不进行产品的保修。任何由非一汽丰田采取的维修、改装；使用非正品一汽丰田零件；由事故、错误使用、滥用及环境造成的损坏；正常的噪声、振动、损坏或磨损；交货前不当存储及不定期保养；非保修的零件或材料及偶然或间接的损失等，都不进行产品的保修。

3. 有限保修条款

在正确使用条件下，有限保修期间内，公司对所有被诊断为含材料和工艺缺陷的产品或产品的硬件组成部分进行免费维修。

案例

一汽丰田规定，轮胎、蓄电池、无线电接收装置及其他有限保修项目通常包括在它们的供应商各自的保修范围内，可以在一汽丰田发布的保修政策及程序手册上确认保修期限及申请方法。

4. 服务零件保修

在特定的条件下，由经销店（包括保修、免费或客户付款的维修）更换零件引起的故障可包括在服务零件保修内。经销店可以咨询公司，以获得关于此种保修条件的详细情况。如果产品在保修期限内，且问题是由保修包括的零件更换引起的，则维修费用将包括在产品保修内。

5. 特殊维修业务

当汽车生产商预见到一个可能发生的重大缺陷时，可对指定的零件以保修的形式进行检查、维修或更换。经销店应迅速地依照该汽车生产商的指示进行这些维修。

6. 其他保修制度

除了以上保修业务，可能还存在其他一些需由汽车生产商或经销店提供的保修。当存在这种情况时，服务经理应全面了解相关制度，明确保修条款和客户付费的扩展保修。

五、保修管理

1. 基本流程

保修管理的基本流程包括如下内容：判断保修适用性、准备保修申请单、存放与发送换下的保修零件、保留保修记录。一汽丰田保修的基本流程如图 13-2 所示。

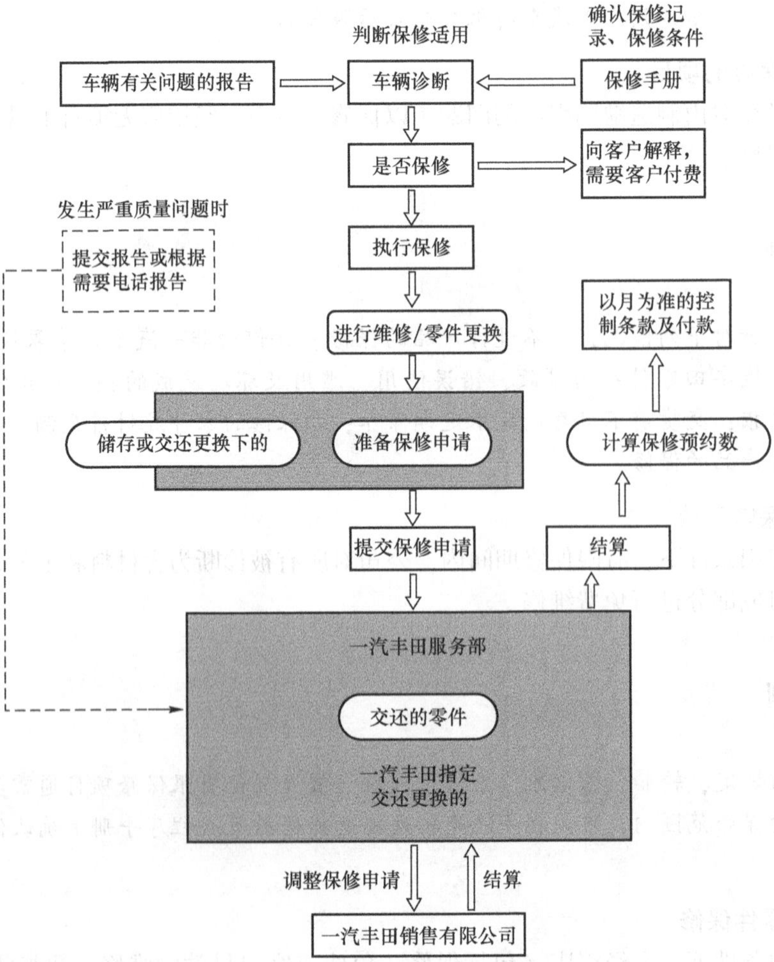

图 13-2　一汽丰田 4S 店保修的基本流程

值得注意的是，保修服务的管理，必须保留记录，而更换零配件，必须有专门的维修业务。

2. 保修判断

当客户对一个需要维修的问题提出抱怨时，由服务顾问判断问题是否包括在保修范围内，如果是，则迅速进行保修。这样使客户的不满降至最低，同时防止问题由于维修不及时而扩大。

如果服务客户接受了车辆的保修要求，而后发现问题不在保修范围之内，此时想再说服客户必须为维修付款是非常困难的。因此，必须尽可能正确地判断保修的适用性，避免此类问题的发生。

（1）保修适用性的基本政策

1）在客户要求的基础上进行保修。

2）保修对以下情况不适用：保修期限已到；保修所不包括的项目；由客户的错误使用或缺乏适当的保养而引起的问题等。

（2）方法及重点

1）认真听取客户的抱怨。询问问题是如何发生的，并参照客户的客户档案、保修手册等，核实维修记录和保养情况。

2）核实车辆的问题。如果有必要，保修专员或服务顾问与客户一起对产品进行测试，并得出相关诊断结果。

3）判断车辆是否包括在保修范围。根据诊断结果，咨询保修专员做出决定：当车辆不属于保修范围时，详细说明理由，以便客户理解并接受；在符合保修政策的条件下，即便产品是在公司的另一个经销店购买的，服务站也应对产品予以保修。

3. 准备保修申请

（1）相关人员　保修专员、技术员或服务顾问。

（2）书面程序　根据汽车生产商提供的保修政策及程序手册上的指示，在指定的表格上，填写维修菜单的细节。

（3）向汽车生产商提交保修申请　在填写完保修申请表格及获得服务经理的批准后，负责人必须及时并定期将表格上交至汽车生产商的服务部门。

（4）汽车生产商的决定　保修回复将由来自汽车生产商服务部门的指定员工详细检查，并做出全部、部分或不予以保修的决定。在此回复的基础上，经销店可对部分或不予以保修的决定做必要的修改，并再次向汽车生产商提交保修申请。

4. 存放与发送换下的保修零件

按照之前提到的保修政策及程序手册，每个被换下的保修零件都必须贴上保修申请标签后进行存放。预先指定的标准零件必须定期送回至汽车生产商。其他零件必须在预先确定时间结束后（如维修进行后 90 天）恰当地处理。

（1）回收零件的存放

1）保修换下的零部件必须保持拆下时的状态，不能清洗、拆解或挪作他用。

2）零部件必须储存在适当的仓库内，不能让零部件质量退化。

（2）回收零件的发送　销售服务店必须在规定的时间内，将更换下来的零部件随同质量信息报告发往公司售后服务科。特约店要选择值得信赖的托运商，保证将这些零部件按时送抵公司，并保持原样。

案例

广州本田回收零件处理流程（图 13-3）

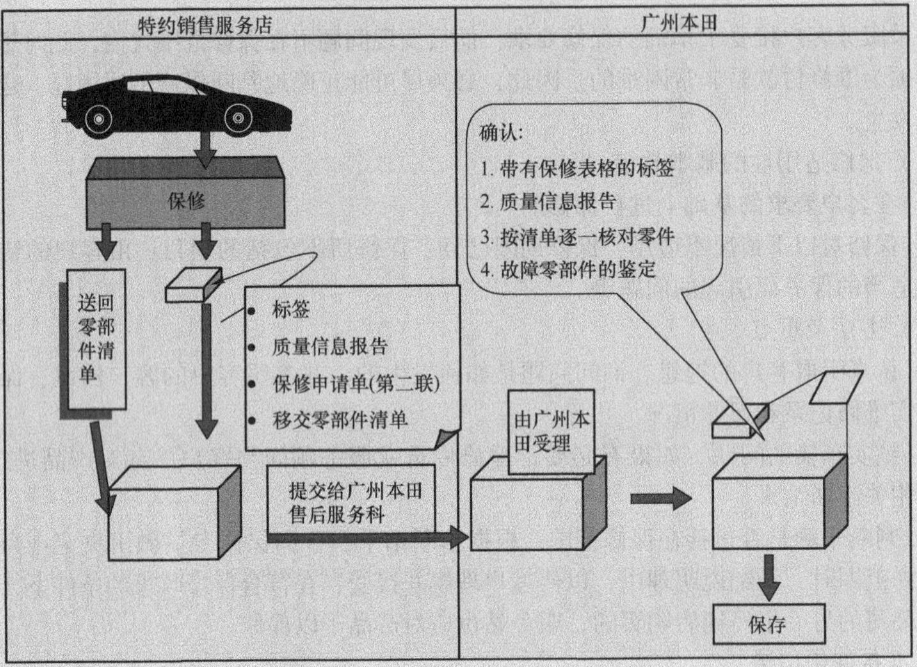

图 13-3　广州本田回收零件处理流程

5. 保留保修记录

依照汽车生产商的要求，保修记录必须在经销店处保留一定时间，该时间长度由汽车生产商提供的保修政策及程序手册上的说明确定。

通常需要保存如下文件。

1）特约销售服务店有关保修的文件。

2）特约销售服务店为保修工作向汽车生产商索取修理费用而提交文件的复印件。

3）文件清单和电子编辑的保修文件目录。

4）质量信息报告。

关于需要保存的保修记录，不同的汽车生产商也许还会有不同的要求，要具体情况具体对待。例如，一汽丰田保修记录保留期限见表 13-2。

表 13-2　一汽丰田保修记录保留期限

项　目	期　限
保修登记卡	2 年
送货前维修单	1 年
保修订单	2 年
外部维修发票	2 年
保修申请书	2 年

思　考　题

1. 修理者的义务是什么？
2. 汽车召回制度（Recall）的定义是什么？
3. 保修和保修期的定义是什么？
4. 保修管理的基本流程是什么？
5. 汽车缺陷和召回的定义是什么？

第十四章　服务绩效的分析和改进

企业形成良性循环的闭环系统：

客户满意度高→企业效益好→员工条件得以改善→员工忠诚度提高

企业信誉度高←维修、服务质量提高←工作效率提高←

企业要形成良性循环，关键要控制以下几个指标，并对其评价分析：

1）客户满意度；

2）经营指标；

3）一次修复率；

4）工作效率。

服务绩效的分析方法有三种。

1. 对比分析法

对比分析法就是将两个以上的可比因素进行比较，在规定的时间或确定的范围内，对相关数据进行对比分析，确定服务成效的好坏。一般的分析内容如下。

（1）计划的完成程度　实际完成情况与计划情况之比。

（2）服务发展情况　本期有关指标与历史同期的指标比。

（3）结构对比　在某一时期内，某个单项指标占整个指标的比例变化。

2. 评比分析法

评比分析法就是把评价对象的主要因素进行分解，按照确定的标准进行打分，用来表示各因素对于服务活动的重要程度。

3. 比率分析法

先计算出数值比率，然后进行分析比较。一般有构成比率分析法、趋势比率分析法和相关比率分析法。

第一节
客户满意度分析及改进

一、客户满意度的评价指标

客户满意度是衡量企业客户对服务水平的满意程度的综合性指标，通过对满意度调查可以估计和了解客户在整个关键问题上对企业表现的看法。

1. 客户满意度的调查方法

1）选定一家独立的第三方商业咨询机构或企业成立专门组织负责调查。

2）确定在一个时间段内来企业接受服务的客户。

3）制定调查方法，如电话询问、发放调查问卷、登门拜访等。

4）制作调查问卷，并对问卷内容的不同项目设定加权值。

5）进行问卷调查。

6）对问卷结果分析整理。

7）计算客户满意度值。

8）分析企业的服务状况和潜在风险。

2. 调查应注意的问题

1）在抽取调查样本时，被调查的对象必须是亲身经历了服务过程的消费者本人。

2）样本的数量应能代表企业的实际工作状况，一般不低于服务客户数量的5%。

3）样本的个体应采取随机抽取的方法。

4）在确定加权系数时对核心项目的加权值设定应稍高。

3. 客户满意度调查表

客户满意度调查内容如下。

（1）维修质量（加权系数设为0.3）

1）正确诊断车辆故障能力。

2）车辆一次修复率。

3）按照客户要求提供服务的水平。

（2）待客（加权系数设为0.25）

1）乐于满足客户要求。

2）为客户提供中肯的建议和信息。

3）电话回访。

4）服务流程。

5）重视客户抱怨。

（3）价格（加权系数设为0.20）

1）维修费用合理。

2）事先说明维修费用。

3）解释维修过程。

4）解释维修费用。

（4）配件（加权系数设为0.15）

1）配件是否缺货。

2）配件质量。

（5）时效性（加权系数设为0.10）

1）快速登记来厂车辆。

2）遵守维修时间。

3）接待人员准确估算时间。

4）遵守预约服务。

二、客户满意度分析

某企业根据客户满意度调查统计出客户不满意项，客户不满意项统计表见表14-1。

表14-1 客户不满意项统计表

序号	客户不满意项	项 次	百 分 比	序号	客户不满意项	项 次	百 分 比
1	维修质量	60	30%	4	配件	15	15%
2	待客	50	25%	5	时效性	10	10%
3	价格	29	20%				

三、改进

提高客户满意度可采取以下措施。

1. 经常开展服务问卷活动

企业可制定一些与企业服务有关的信息调查表，以适当的方式让客户加以评论，通过对客户意见的分析对服务加以改进。

2. 设立投诉电话和投诉信箱

服务过程中客户的投诉不可避免，如果处理不当，客户就可能转向其他企业；而处理得当，不仅对改进服务大有帮助，而且投诉客户可以成为忠诚客户。企业设立投诉电话和投诉信箱，建立投诉流程，处理好每一件投诉事件。注意：企业应及时将投诉处理结果告诉客户，并表示感谢。

3. 飞行检查或神秘检查

为真实评价企业内部服务质量情况，企业可委托第三方在内部人员不知道的情况下，扮成客户参与维修，感受服务情况，对企业的服务情况进行评估，以利于企业改进工作。

案例

某品牌汽车特约服务站在客户满意度调查中发现，客户不满意项中有53%是反映服务站不允许客户进车间，客户对维修情况缺乏了解，从而产生不信任感。

针对此情况，服务站采取了以下措施。

1）在客户休息室宣传栏，宣传客户不进车间的好处。

2）对有抱怨的客户，由业务接待员进行解释。

3）请示总公司在客户休息室设立可视电视，让客户在休息室就可看到车辆的维修情况。

宣传和解释客户不进车间的好处如下。

首先是为了您的安全。维修车间有很多潜在的危险，维修人员经过专门培训有防范意识，而您对车间整体情况不了解，不知道哪些地方不能停留，哪些物品不能接触。车间里的燃油、电解液、飞溅的铁屑可能伤害您的眼睛或皮肤，坠落的重物可能对您的身体造成伤害。

第二是为了您车上物品的安全。维修人员在维修车辆时，车门是不上锁的，若客户都进入车间，难免有个别不法分子趁乱盗窃财物。

第三是为了提高工作效率。车间人员太多，势必影响维修人员的工作，也会影响您的完工时间。

经过宣传和解释工作，客户对服务站不允许客户进车间有了新的认识。后来，服务站在客户休息室设立可视电视，两月后的客户满意度调查中，客户不满意项中反映服务站不允许客户进车间的抱怨，由53%下降到20%。

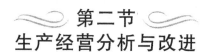

第二节 生产经营分析与改进

一、生产经营指标

生产经营指标主要包括维修台次、维修收入和配件指标。

1. 维修台次

维修台次是指报告期内维修车辆的总数。

2. 维修收入

维修收入是指企业提供汽车维修劳务等所取得的营业收入，它由汽车维修工时收入、材料配件收入和其他收入三部分组成。

3. 配件指标

（1）库存品种和数量百分比　计算A、B、C三类配件占全部配件品种的百分比及占配件收入总额的百分比。

（2）配件及时供应率　配件及时供应率是指充分供应的配件项目数与当期实际需求配件数之比。

二、维修台次和维修收入分析与改进

（一）维修台次和维修收入分析

为便于分析，维修台次和维修收入又可进行细分。

1）按车型分：例如，可分为国产车、进口车或奥迪、桑塔纳、捷达等。

2）按维修类型分：可分为日常保养、一般维修、事故车等。

3）按项目分：可分为配件收入、工时收入等。

维修台次和维修收入表见表14-2。

表14-2　维修台次和维修收入表

维修总台次									收入		
	车型				维修类型						
月份	A	B	C	小计	日常保养	一般修理	事故车	小计	配件收入	工时收入	合计
1月											
2月											
3月											
一季度累计											
4月											
5月											

（续）

维修总台次									收　入		
	车　型				维修类型						
月份	A	B	C	小计	日常保养	一般修理	事故车	小计	配件收入	工时收入	合计
6月											
二季度累计											
7月											
8月											
9月											
三季度累计											
10月											
11月											
12月											
四季度累计											
合计											

（1）按车型分　维修台次表见表14-3，分析图如图14-1所示。

表14-3　按车型分维修台次表　（单位：台次）

月　份	车　型			月　份	车　型		
	A	B	C		A	B	C
1月	65	23	10	7月	87	21	13
2月	70	30	11	8月	86	20	12
3月	78	31	15	9月	98	27	16
4月	80	24	16	10月	92	26	16
5月	89	25	18	11月	70	22	12
6月	90	26	12	12月	75	21	10

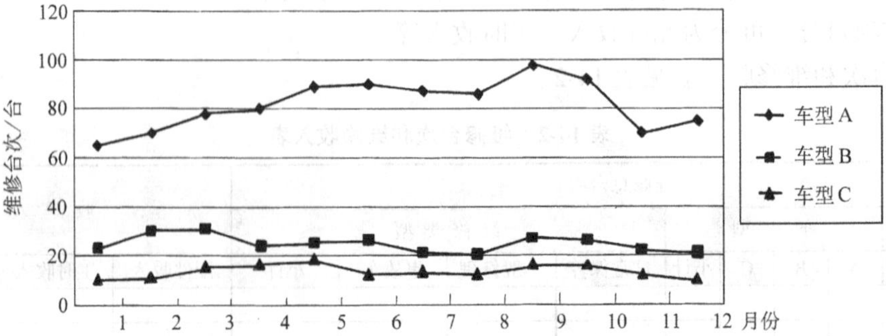

图14-1　按车型分维修台次分析图

（2）按维修类型分　维修台次表见表14-4，分析图如图14-2所示。

表 14-4 按维修类型分维修台次表 （单位：台次）

月 份	日常保养	一般修理	事故车	月 份	日常保养	一般修理	事故车
1 月	55	33	10	8 月	76	30	12
2 月	60	40	11	9 月	88	37	16
3 月	68	41	15	10 月	82	36	16
4 月	70	34	16	11 月	60	32	12
5 月	79	35	18	12 月	65	31	10
6 月	80	36	12	合 计	870	406	161
7 月	87	21	13				

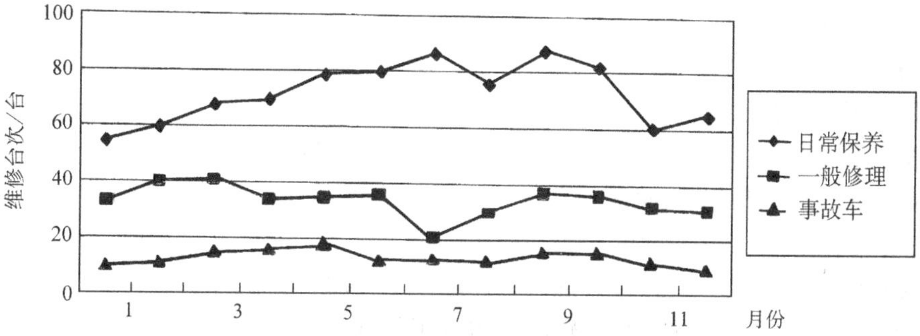

图 14-2 按维修类型分维修台次分析图

（3）维修收入表及分析图 维修收入表见表 14-5，分析图如图 14-3 所示。

表 14-5 维修收入表 （单位：万元）

月 份	配件收入	工时收入	合 计	月 份	配件收入	工时收入	合 计
1 月	57	15	72	8 月	54	22	76
2 月	61	17	78	9 月	72	14	86
3 月	64	18	82	10 月	71	13	84
4 月	65	16	81	11 月	59	11	70
5 月	66	14	80	12 月	58	10	68
6 月	70	13	83	合 计	761	178	939
7 月	64	15	79				

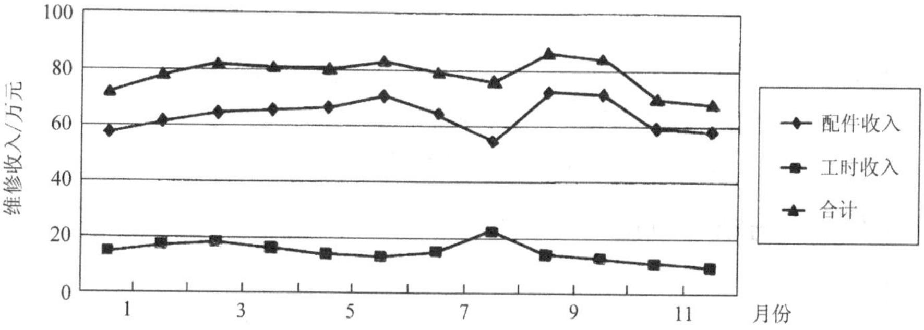

图 14-3 维修收入分析图

（二）工作改进

维修台次不足会造成员工劳动利用率降低和维修工位的闲置，从而造成金钱的浪费。因此，应当非常注意使车间生产能力持续地得到充分发挥。当发现实际维修台次下降时，应立即采取适当的行动。

如果发现实际维修台次下降，首先对照维修台次和维修收入图表，找出维修台次下降的原因，看是哪种车型下降了，还是哪种维修类型的车下降了，然后才可有针对性地采取措施。根据调查，维修台次减少即客户流失主要有以下五个方面的原因。

1）对工作质量/维修质量不满意。

2）对服务不满意。

3）对维修价格不满意。

4）与其他企业有感情。

5）搬迁及其他原因。

后两项原因造成客户流失较难挽回，但前三项原因通过改进可以补救。

1. 客户对工作质量/维修质量不满意

可采取以下措施。

1）接车时若有疑问，必须进行准确的诊断，必要时进行试车。

2）加强质量检验，确保客户车辆故障得到了排除。

3）不断通过培训来促进员工的技能提高。

2. 客户对服务不满意

可采取以下措施。

1）应尽可能由业务接待员来交付车辆和解释发票，实行“一站式维修服务”。

2）客户应受到友好接待，尽量在客户进入业务接待厅时称呼客户姓名。

3）若预订的维修时间要推迟，应及时向客户通报。

4）持续不断检查客户的满意程度，对客户进行问卷调查和电话回访，发现问题及时解决。

3. 客户对维修价格不满意

可采取以下措施。

1）做好发票解释工作，使客户认可维修项目和费用。

2）展示和解释拆下的部件，使客户产生信任。

3）维修中增加维修项目必须与客户进行口头或电话协商，征得客户同意，并在订单上做记录。

4）企业应悬挂常用配件及工时费价格表，价格表应挂在显眼位置。

5）按照严格核算的固定价格收费，不能随意变更。

6）对于一些简单的小故障，可免工时费为客户维修。

三、配件指标分析与改进

1. 配件指标分析

缺货配件分析见表 14-6。

表 14-6　缺货配件分析表

月　份	A　类		B　类		C　类	
	缺货数量	所占百分比	缺货数量	所占百分比	缺货数量	所占百分比
1 月	1	14%	2	28.60%	4	57.10%
2 月	0	0	3	37.50%	5	62.50%
3 月	1	12.50%	2	25%	5	62.50%
4 月	2	18.20%	3	27.30%	6	54.50%
5 月	1	12.50%	3	37.50%	4	50%
6 月	0	0	2	28.60%	5	71.40%
7 月	1	8.40%	4	33.30%	7	58.30%
8 月	0	0	4	40%	6	60%
9 月	2	15.40%	5	38.50%	6	46.10%
10 月	1	12.50%	2	25%	5	62.50%
11 月	1	9.10%	5	45.45%	5	45.45%
12 月	0	0	3	33.30%	6	66.70%
合计	10	8.90%	38	33.90%	64	57.20%

从表中可以看出 9 月、11 月 B、C 类缺货配件比例不合理，主要原因是 B 类配件缺货数量较大。从整个年度缺货数量看，B 类配件缺货数量也较大。B 类配件可以不必像 A 类配件一样跟单订购，对购备时间控制非常严；也不能像 C 类配件一样一次性大批量采购，所以可以采取设置安全存量的方式，到了请购点时以经济采购量加以采购即可。

2. 库存品种和数量百分比

A、B、C 三类配件占全部配件品种的百分比及占配件收入总额的百分比，应符合 A、B、C 三类配件存量控制要求，具体内容见第八章。

3. 配件及时供应率

配件及时供应率低的原因和应采取的措施如下。

1）配件不备货。按规律，一些配件较少使用或价值很高，不备货属正常情况。

2）备货不及时。查找原因，属配件管理部门责任的，要追究责任。

3）备货不足。及时调整安全存量。

案例

某维修厂厂长在分析维修台次和维修收入图表时发现，A 车型的维修台次在逐月升高，查阅配件分析表发现 A 车型的缺货数量却在逐月上升。

该维修厂长又通过市场调研得知 A 车型今年的销售情况良好，A 车型为 10 万元左右的家庭轿车，很多客户从经济性出发，在车辆过保修期后，不再进特约服务站。

通过调研，该维修厂长制定了如下措施。

1）调整库存结构，增加 A 车型配件库存。

2）组织 A 车型的技术培训，提高维修人员技术水平。

3）组织 A 车型车主联谊会，吸引客户。

结果，该维修厂 A 车型的维修量不断提升，当然这也给企业带来了可观的经济效益。

第三节 一次修复率的控制

一、一次修复率指标

$$一次修复率 = 1 - \frac{当期返修台数}{当期进厂台数}$$

二、一次修复率分析

说到一次修复率，可能有人会想到传统的考核指标：返修率，从公式上看，好像是

$$一次修复率 = 1 - 返修率$$

其实，一次修复率与传统的考核指标返修率中的返修台次是不一样的，两者之间有较大的差别。

传统的考核指标返修率对返修台次的定义：在统计期内竣工出厂的车辆在一定里程内，由于维修工艺责任或因材料配件质量不合要求等原因回厂再次进行修理的台次数。从定义上看，引起返修的原因如下。

1）维修工艺不合要求。

2）材料配件质量不合要求。

3）配件缺货引起的返修。由于配件缺货或发运来的配件与规格、型号不符。

4）误诊断引起的返修。一些正常的问题，如轮胎噪声，由于不能准确判断故障而让客户三番两次地进厂检修。

5）第二方案引起的返修。对一些偶发故障，由于没有确定的方案，只是临时采取一个方案让客户试试看，而导致客户返修。

通过一次修复率与传统的考核指标返修率中的返修台次相对比，可以发现一次修复率更能体现以客户满意为中心的思想。

通过一次修复率的月份趋势曲线图，可以找出一次修复率降低的原因。

某企业上年度一次修复率统计表见表 14-7。

表 14-7　一次修复率统计表

月　份	一次修复率	月　份	一次修复率
1 月	98.70%	7 月	98.50%
2 月	98.50%	8 月	98.00%
3 月	98.10%	9 月	97.80%
4 月	98.10%	10 月	98.80%
5 月	99.10%	11 月	98.90%
6 月	98.60%	12 月	98.50%

一次修复率的月份趋势曲线图如图 14-4 所示。

对年度返修台次进一步分析，在 258 台次的返修中，维修工艺责任 84 台次，占 32.55%；配件质量 66 台次，占 25.6%；配件缺货 76 台次，占 29.45%；其他 32 台次，占 12.4%。对维修工

艺引起的返工进一步分析，维修工艺返工表见表 14-8，维修工艺返工分析图如图 14-5 所示。

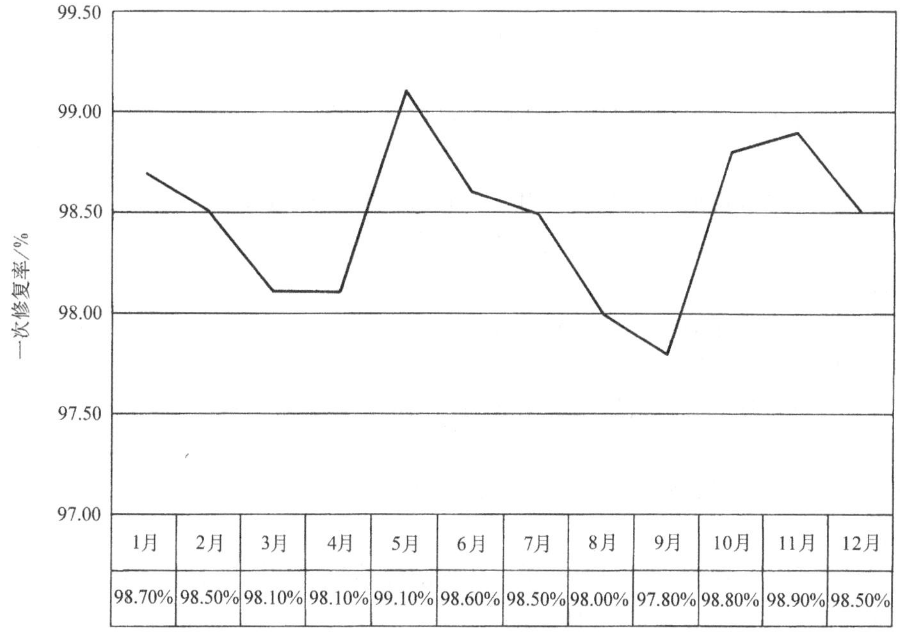

图 14-4　一次修复率月份趋势曲线图

表 14-8　维修工艺返工表

序　　号	项　　目	频　　次	频率/%	累计频率/%
1	调整不当	26	31	31
2	装配失误	23	27. 3	58. 3
3	紧固不当	19	22. 6	81
4	作业漏项	11	13. 1	94
5	其他	5	6	100
6	合计	84	100	100

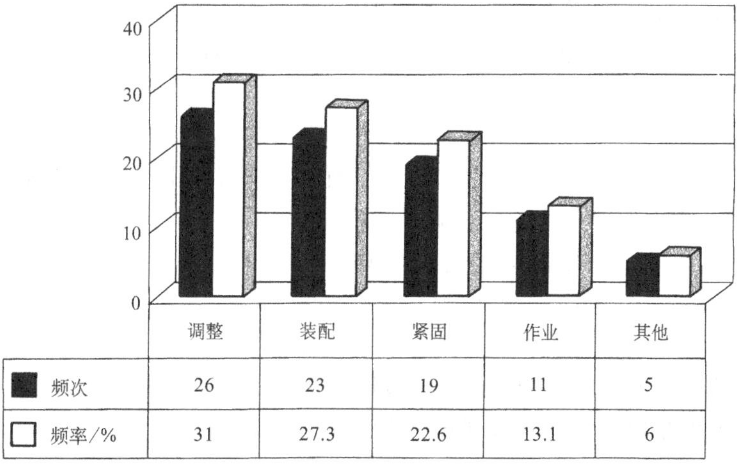

图 14-5　维修工艺返工分析图

三、一次修复率的控制

一次修复率的控制应贯穿在整个维修过程中。

1. 接车

1）必须充分记录客户关心的问题重点与要求，业务接待员详细记录客户车辆问题是修复成功的第一步。

2）接车时业务接待员应详细询问用户车辆故障发生时的现象、车辆日常使用条件、故障发生频率及条件等重要信息等，并作好相应记录。

2. 诊断

1）对于可重现的车辆故障，业务接待员应陪同客户实车检查，以便了解实际情况分析故障原因，制定维修方案。

2）对于较难重现的故障或暂时难以准确判断的故障，业务接待员应查阅维修档案、维修技术资料，仔细分析可能的故障原因。对新问题、疑难杂症或暂时难以准确判断的故障，应组成专家小组共同会诊分析故障原因，制定维修方案。

3. 维修

1）维修施工前，维修人员应全面了解车辆故障信息（故障内容、故障发生的条件等）。

2）维修施工中，应做到以下几点。

① 维修人员应严格按照维修技术规范完成维修工作。

② 维修员工应重视维修的质量，树立质量第一的思想，争取在第一时间将客户的车修好。

③ 维修中必须采用上下道工序互相检验的方式，如有多工种维修，在本人负责项目结束后，应完成与下道工序的交接。

④ 维修工作应在预计时间内完成。

⑤ 不能用其他工具代替专用工具，以免造成车辆部件的变形或损坏。

⑥ 不能擅自改变技术资料规定的拆装顺序和拧紧力矩。

⑦ 在维修过程中如发现维修方案有偏差或有其他的故障隐患，应及时和车间主管联系，以便及时纠正错误方案，以及对未被发现的隐患进行及时修理。

⑧ 在完成每一步维修作业后，需对该维修部位进行检查。

4. 质检

1）在维修过程中应严格执行三检制度，即自检、互检、专检。

2）对疑难杂症的车辆及一次未能修复的车辆，除了按照正常的质检规范进行，车间主管还应组织专家小组对车辆最终检验，确保车辆完全修复。

3）车间应建立抽验制度，由车间主管对各种完工车辆进行抽验，加强维修质量的监督。

5. 厂内返工

1）对于在质检中发现问题的车辆，应按厂内返工处理。

2）返工车辆的维修要重新进入维修质检流程。

6. 返修

1）车间主管分析返修原因，区别属于何种问题，如配件、技术生产质量或工作态度。

2）返修如属于非人为原因，应交给原维修人员优先安排维修；如属于人为原因，则应将此维修交于更高水平人员完成。

3）返修车辆应优先安排维修，完成后，经严格检查没有问题后才可交车。

四、一次修复率控制的工作改进

1）返修车处理记录表应存档，内容包括车辆信息、故障现象、故障原因、返修的原因、改进措施等。

2）厂长应定期与车间主管/技术主管共同分析返修原因及采取的对策。

3）车间主管应及时召集相关人员对未能一次修复的案例进行专项技术交流，逐步提高员工的维修技术水平和工作责任心，避免类似故障重复发生。

4）厂长应每月召集所有员工开会，讨论一次修复与准时完工的绩效、管理、返修及改善的措施。

5）设置一次修复率的月份趋势曲线图表，公告一次修复率情况。

6）车辆一次修复率应作为管理人员考核的重要依据，奖励维修质量优良的维修人员，处罚造成返修的员工。

案例

A地一家一汽大众服务站在电话回访中发现一辆捷达车客户连续四次抱怨他的空调不好用。查阅返修记录中没有该车的情况，后经调查得知情况是这样的：

顾客购置的捷达前卫轿车，行驶了30000km。该车打开空调连续行驶1～2h后，出风口的冷风变成了自然风。这时关闭空调开关停2～3min再打开空调，出风口又吹出冷风。维修人员曾检查过制冷系统压力、膨胀阀、干燥器等，但每次都没解决问题。

实际上此问题是由于空调低压管、蒸发器结霜引起的。此类捷达2V电喷车空调压缩机为可变排量压缩机，空调控制系统中无恒温开关。当打开空调，鼓风机开关在1档，内外循环开关打在内循环位置，车辆连续行驶1～2h后，可能会出现此故障。出现此故障客户可将鼓风机开关打在2档，内外循环开关打在外循环位置工作一会，就不会出现上述故障了。这样解释大多数客户能接受，对小部分不能接受的客户，也可在蒸发器上加装恒温开关解决这一问题。

后来应客户要求加装了恒温开关，问题解决。

在讨论该车应不应该计为返修车辆时，有人认为按传统考核指标，此类捷达2V电喷车有此问题，不应作为返修。因为它不是在统计期内竣工出厂的车辆在一定里程内由于维修工艺或因材料配件质量不合要求等回厂再次进行修理的。也有人认为按照现代一次修复率的概念，此车辆应为返修，由于误诊断和没有合理的解释，而让客户三番两次进厂检修，会引起客户抱怨。讨论的结果是该车应计为返修，最后厂长决定，按照现代一次修复率的概念统计返修。

在年底的客户满意度统计时，企业管理者发现客户满意度比上年度提高了，而主要原因是误诊断和没有合理的解释等造成的二次进厂减少了。

第四节 工作效率分析与改进

一、指标

1. 出勤率

$$出勤率=\frac{出勤工时}{总工作工时（付薪工时）}\times 100\%$$

$$出勤工时=为实际维修工作花费的生产性工时+为W_1至W_4类工作花费的非生产性工时$$

其中　W_1——车间进行设备的维护和保养、清理工作等花费的时间；

W_2——闲置时间；

W_3——学徒工在岗培训时间等；

W_4——车辆返修花费的时间。

$$付薪工时=出勤工时+带薪缺勤工时$$

带薪缺勤工时为 W_5 至 W_8 所花费的时间，

其中　W_5——带薪休假和节日；

W_6——培训（内部和外部培训）；

W_7——带薪病假；

W_8——其他。

2. 劳动利用率

$$劳动利用率=\frac{实际生产性工时}{出勤工时}\times 100\%$$

其中　实际生产性工时=为实际维修工作花费的生产性工时；

非生产性工时=为 W_1 至 W_4 而花费的工时。

3. 工作效率

$$工作效率=\frac{标准工作工时}{实际生产性工时}$$

标准工作工时由行业管理部门或企业制定，标准工作工时应尽量核算准确。

二、出勤率低分析

员工出勤率低的原因除了特殊情况，如结婚、家庭装修等，还有员工缺乏积极性。

（1）员工缺乏积极性的表现　员工缺乏积极性有如下表现。

1）有些员工常常一天或几天缺勤，而这样的员工比例比较高。

2）有些员工生病的原因常常是“轻度感冒、胃肠不好”等。

3）有些员工常常迟到或早退。

（2）对员工缺乏积极性的分析　检查一下是否有人对以下内容进行批评，批评得是否有道理。

1）报酬。

2）工作条件/工作环境。

3）与上级和同事矛盾频繁。

4）上级的领导风格。

（3）对出勤率低采取的措施

1）确定问题由谁负主要责任。

2）领导者应表明对按时上班的重视，并立即对个别反常情况做出反应。

3）查找员工缺乏积极性的原因，并应注意倾听员工独立性和自我负责的要求。

4）员工中开展团队工作/团队精神建设。

三、劳动利用率提高

保证尽可能高的劳动利用率是企业管理人员最重要的任务之一。如果劳动利用率低，车间的人员和设备往往就得不到完全利用，使得非生产性工时数量太高。劳动利用率低的原因和改进措施如下。

（1）货源少导致车间劳动利用率低　可采取以下措施增加货源。

1）通过赢得新客户来检查和改善每日车间订单的数量。

2）客观地审视维修的性能价格比是否合理，这其中包括维修质量、对客户的友善程度、乐于助人、服务项目的多样性、工时费率等。

3）扩展服务项目，如快修服务、上门取车、送车服务、提供备用车辆等。

4）调整营业时间使其尽可能地符合客户的要求，并为此做宣传。

5）通过广告定期向人们提醒自己的服务。

6）以固定价格定期向客户提供特别服务/季节性服务项目。

7）向客户提供质量承诺。

8）改善车间的形象。

9）认真听取客户的负面意见和投诉。

10）始终如一地实施电话回访。

（2）派工不合理导致车间劳动利用率低　可采取以下措施。

1）合理派工。

2）实行预约服务。

（3）返工过多　可采取以下措施。

1）加强维修三检制度。

2）由有经验的维修技师进行作业指导。

四、工作效率提高

劳动利用率本身只是表明员工在多大程度上从事了生产性工作。而他们到底做了些什么，只有通过考察工作效率才能知道。工作效率表明了生产性员工工作时间有效利用的程度如何，规定时间是否得到了遵守。

如果工作效率低于100%，说明实际使用的生产性工时比标准工时要多。这就导致了收入的减少。此时应仔细查找原因，并采取相应的措施。

1）维修工单填写不清楚，出现反复性的工作。这要求在填写工单时一定要明确所要进行的维修工作。

2）进行了维修但没有收钱。主要原因是增加的维修项目没有得到客户认可，这要求保证增加的维修项目得到客户认可，车间领班和业务接待员应当为此达成明确的约定。

3）员工技术水平差。可采取以下措施。

① 采取必要的培训措施。

② 发扬团队精神。

4）没有工作指导或指导不够。

5）设备或专用工具缺少或保养不良。可采取以下措施。

① 配备必需的设备或专用工具。

② 将设备或专用工具放在容易取到的地方。

③ 加强设备日常保养，使其始终处于良好状态。

6）等待配件时间长。可采取以下措施。

① 缩短配件出库的等待时间。

② 组织协调好缺乏配件的供应。

7）员工缺乏积极性。可采取以下措施。

① 建立有效的激励机制。

② 关心员工，形成良好的企业氛围。

案例

某维修企业最近发现，随着私家车的增多，客户周六、周日来维修的逐渐增多，而周三至周五的维修量却在下降。企业原来周六、周日休息，只留30%人员值班，这样周三至周五维修人员闲置时间过长，造成劳动利用率降低。而周六、周日客户等待时间长，引起客户抱怨，甚至有些客户流失。

针对此情况，企业重新调整了工作时间，从周三至周日维修人员轮休。这样企业劳动利用率大大提高，客户满意度也有了较大提高。

思考题

1. 企业要形成良好循环，关键要控制哪几个指标？并对其评价分析。
2. 服务绩效的分析方法有哪些？
3. 提高客户满意度需要采取的措施有哪些？
4. 客户对工作质量/维修质量、服务、维修价格不满意应采取的措施是什么？
5. 如何对一次修复率控制进行改进？

第十五章　计算机管理

企业之间竞争，除了产品和服务的竞争，更深层次的竞争在于企业的管理。随着电子信息时代的到来，人们对信息、时间、效益的需求越来越高，这必然推动维修企业管理方法及管理手段的变革。计算机管理作为一种先进的管理手段在维修企业中的应用前景必然越来越广阔。

第一节 计算机管理的基本功能及作用

汽车服务企业计算机管理软件的功能非常复杂，几乎涉及企业管理的各个方面，而且随着汽车服务企业的快速发展扩张，对计算机管理系统的要求更高。计算机管理系统必须功能强大，先进实用，成熟稳定，在满足日常管理基础上，更能为快速扩张提供一个全面、便捷、安全并可灵活扩展的管理应用支撑平台。

一、计算机管理的基本功能

1. 配件进销存管理

汽车配件的进销存管理是最常用的功能之一。这个功能模块通常分为采购询价、采购入库、入库查询、销售报价、销售出库、销售出库查询、库存配件查询、出入库汇总、仓库盘点、配件调拨等及简单财务功能。配件进销存管理主要流程如图 15-1 所示。

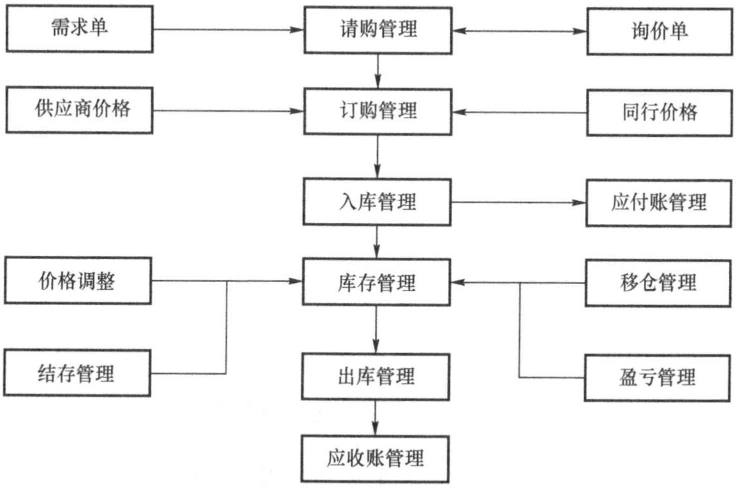

图 15-1　配件进销存管理主要流程图

图 15-2、图 15-3 是常见的采购入库单界面和库存配件列表界面。

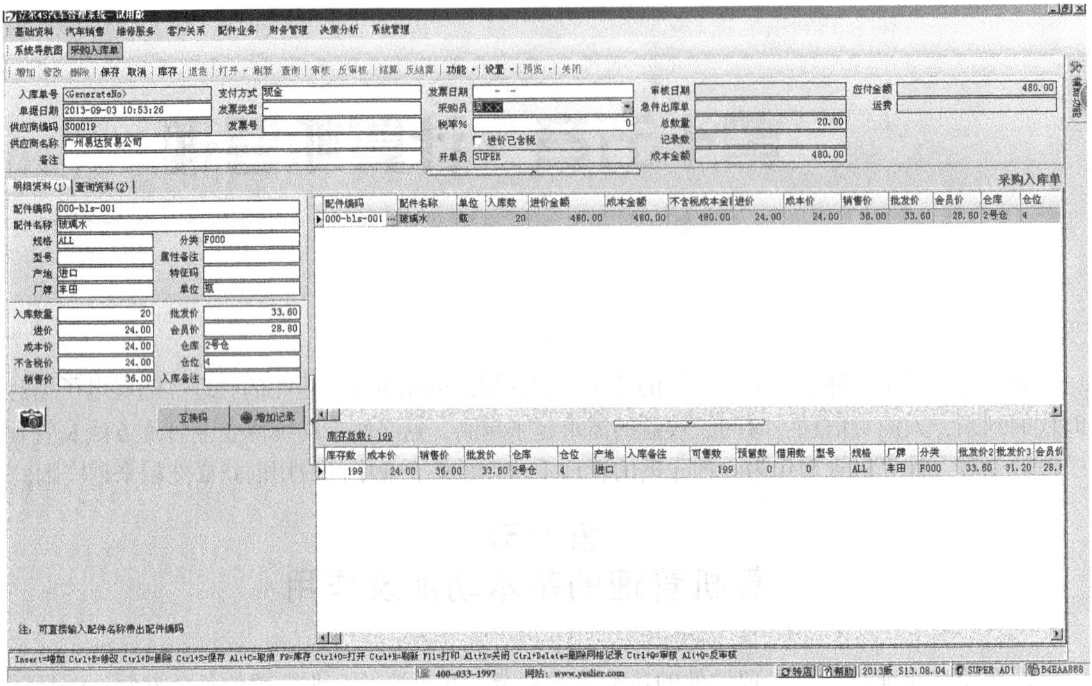

图 15-2　常见的采购入库单界面

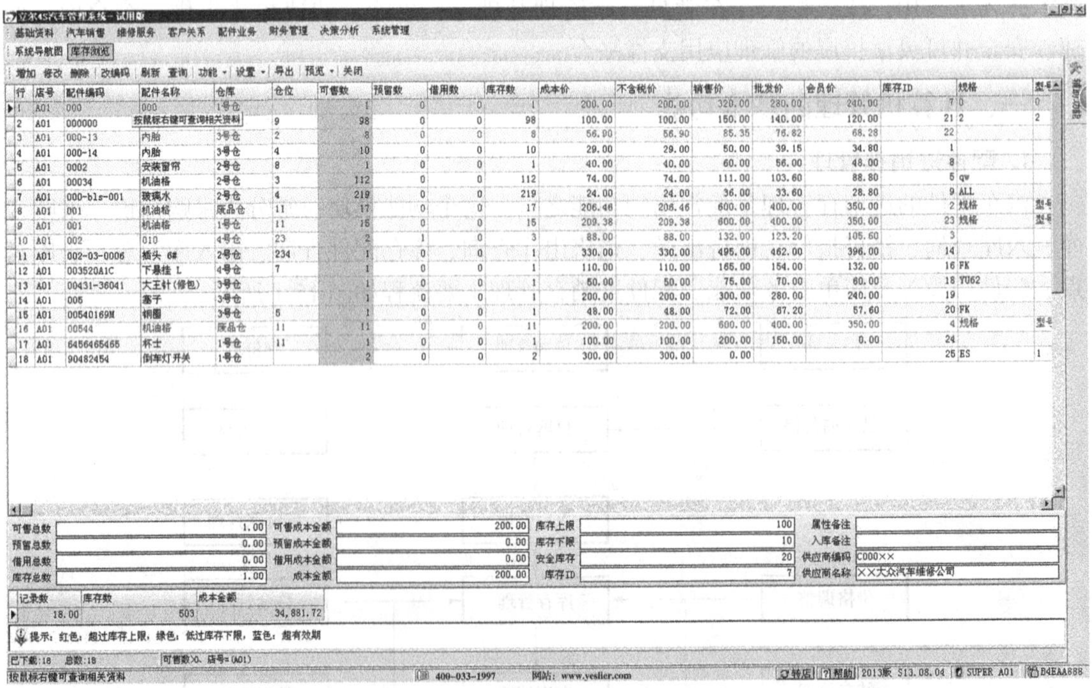

图 15-3　常见的库存配件列表界面

销售出库平界面的操作一般与采购入库平界面的操作类似。

2. 维修管理

汽车维修的流程一般分为预约、接待、估价、派工、领料、完工总检、预结算、收款、出厂、客户回访等。维修业务流程如图 15-4 所示。

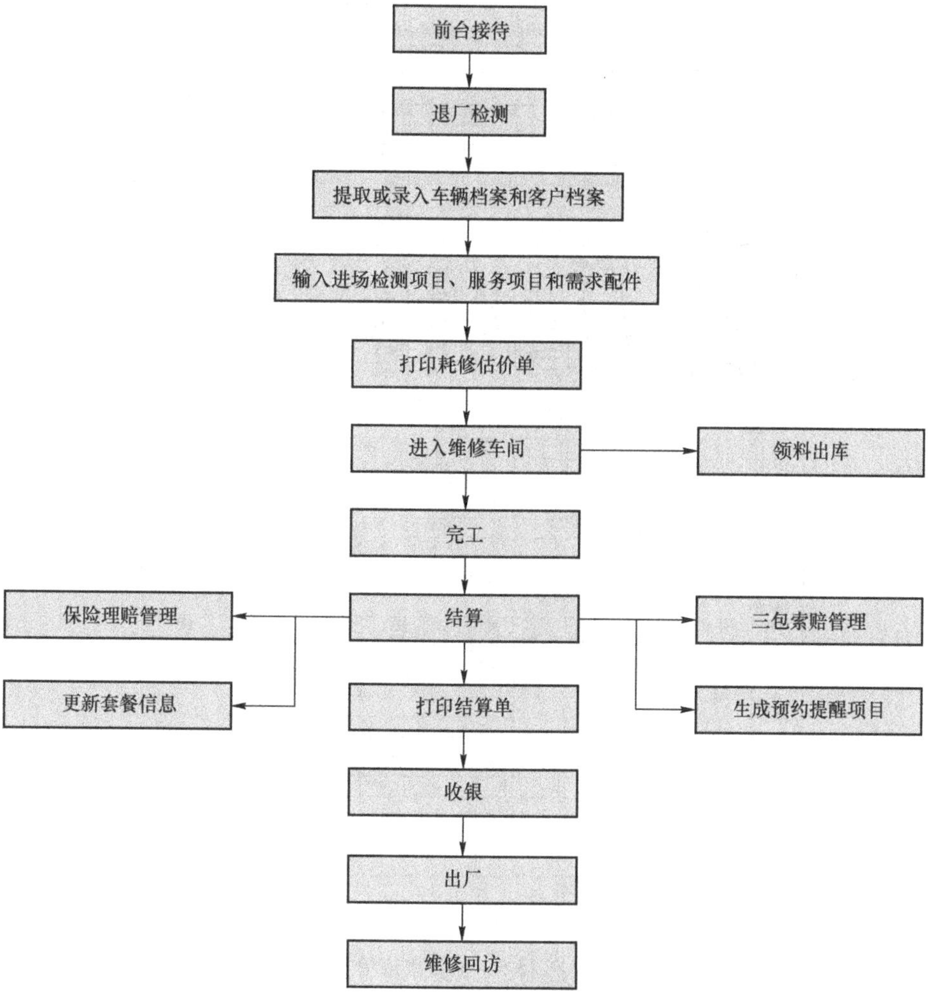

图 15-4 维修业务流程

1）前台接待主要是登记待修车辆的基本情况、故障现象，并初步确定要修理的项目和要用的配件品种和数量。前台接待单如图 15-5 所示。

2）车间管理主要是派工、完工检验、确定所需配件等。

3）仓库负责发放材料，并在领料单上进行相应记录，如图 15-6 所示。

4）维修完工以后，应该进行结算，结算单应该包括车辆的识别信息、业务单号、维修内容、结算数据等，如图 15-7 所示。如果实收金额不等于应收金额，则软件应该自动形成应收款账务记录。结算收款以后，在出厂时可以打印出门单，也可以进行客户预约。

3. 应收应付账款管理

汽车服务行业的应收应付款项管理是困扰很多企业经理的难题，因此一般的管理软件都有应收应付款项汇总统计和明细查询的功能。

图 15-8 所示为应收款项汇总统计查询的操作界面。

4. 报表管理

各种报表的自动编制是计算机管理软件的长处，如前面提到过的各种报表等。

立尔（中国）科技有限公司　　托修估价单

公司地址：北京市丰台区丰益桥西南角丰管路16号　　联系电话：400-033-1997

工 单 号：A01C13012202　　打印日期：2013-09-11 18:26:52

车主资料	客户名称		地址		联系电话	
	曾先生				1392658××××	
车辆资料	车牌号码	车名	车型	车架号	发动机号	
	粤A3××××	北京奔驰	奔驰R500			
	生产年份	售车日期	进厂里程	保险日期	油箱油量	车类
			23432	2011-12-29		中高级

车辆进厂状况

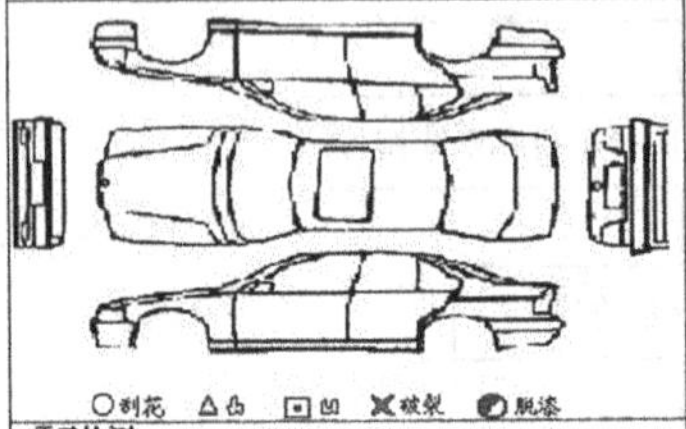

□行驶证 □车匙

室内 □点烟器 □收录机 □CD □CD盒 □内倒镜

玻璃 □前 □后 □左 □右 □烟缸

灯具 □前左 □前右 □后左 □后右

标志 □前牌 □后牌 □标志前 □标志后 □标志左

轮盖 □前左 □前右 □后左 □后右 □标志右

附件 □雨刮 □天线 □左倒镜 □右倒镜 □脚垫

随车工具 □备胎 □工具 □千斤顶 □千斤顶杆

项目检测		备注：	
轮胎（气压、花纹、磨损）	□	轮胎（腐蚀、刮花、变形）	□
机油（不足、过久、污垢）	□	蓄电池（液量、电压不足）	□
防冻液（不足、过久、污垢）	□	雨刮片（老化、损伤）	□
雨刮液（流量不足）	□	发送机（龟裂、损伤、松弛）	□
制动液（不足、劣化、水量超标）	□	制动片/碟（厚度<=3mm、异常、污染）	□
变速器（油量不足、污垢、异味）	□	转向系统（油量不足、变重）	□
空气滤清器（污垢、灰尘）	□	全车灯光（烧坏、亮度不够）	□
离合器（挂档异响、吃力、熄火）	□	减振器（漏油、异响、颠簸）	□

维修项目

序号	项目编码	项目名称	类型	工时	班组	金额	帐	说明
1	B1006	清洗空气滤清器壳	汽车保养	1		11.00	C	
2	B1010	清洗水箱及管路	汽车保养	1		11.00	C	
合计						22.00		

序号	配件名称	单位	数量	单价	金额	帐	说明
1	机油格	件	1	600	600.00	C	
合计					600.00		
金额	陆佰贰拾贰元整 （622.00）						

试车员：________　　总检：________　　客户签名：________

图 15-5　前台接待单

立尔（中国）科技有限公司　　领料出库单

出库单号 A0146000012　　**工单号** A01C13090301　　**车型** 皇冠　　**审核** 是

单据日期 2013-09-02 10:47:33.　　**车牌号码** 鲁F45××××　　**领料人** SUPER

编码	名称	型号	产地	单位	出库数	销售价	折扣率
15104-74060	机油滤网		进口	件	1	30.00	0
16500-31U10	空气滤清器总成		进口	件	1	50.00	0
04351-30093	变速器修理包		进口		1	120.00	0

其他金额：0.00

人民币大写：贰佰元整　　**数量：3.00　金额：200.00**

地址：北京市丰台区丰益桥西南角丰管路16号　　电话：400-033-1997

***所收货物若与清单不符，请于三日内与我公司联系核实；货物从发出之日起因质量问题，两个月内凭单按市价退换。

收款：　　开票：　　发货：　　收货：

图 15-6　领料出库单

立尔（中国）科技有限公司 结算单（全部）

地址：北京市丰台区丰益桥西南角丰管路16号 电话：400-033-1997

Email: 打印：2013-09-11 15:09:19

工单号	A01C13090301	进厂日期	2013.09.03	进厂里程	12000	服务顾问	SUPER
车牌号码	鲁F45××××	结算日期	2013.09.02	出厂里程	12000	结算人	SUPER
车主	李××	车型	皇冠	颜色	银色	车架号	
联系人	李××	电话	1375648××××			派工人	刘××
地址							

项目名称	金额	折扣	折后金额	帐类
换燃油滤清器（电喷）	11.00		11.00	C
换空气滤芯	11.00		11.00	C
添加变速器油（MT）	11.00		11.00	C
四轮定位	11.00		11.00	C
18项安全免费检测	11.00		11.00	C
标准洗车	12.10		12.10	C

配件名称	数量	单价	金额	折扣	折后金额	帐类
变速器修理包	1	120.00	120.00		120.00	C
机油滤网	1	30.00	30.00		30.00	C
空气滤清器总成	1	50.00	50.00		50.00	C

工时金额：67.10 配件金额：200.00 附加项目：0.00

折扣金额：0.00 免费金额：0.00 其他金额：0.00 减收金额：0.00

人民币大写：贰佰陆拾柒元壹角整 **客账金额：267.10**

服务顾问签名： 客户签名： 收银签名：

图 15-7 维修结算单

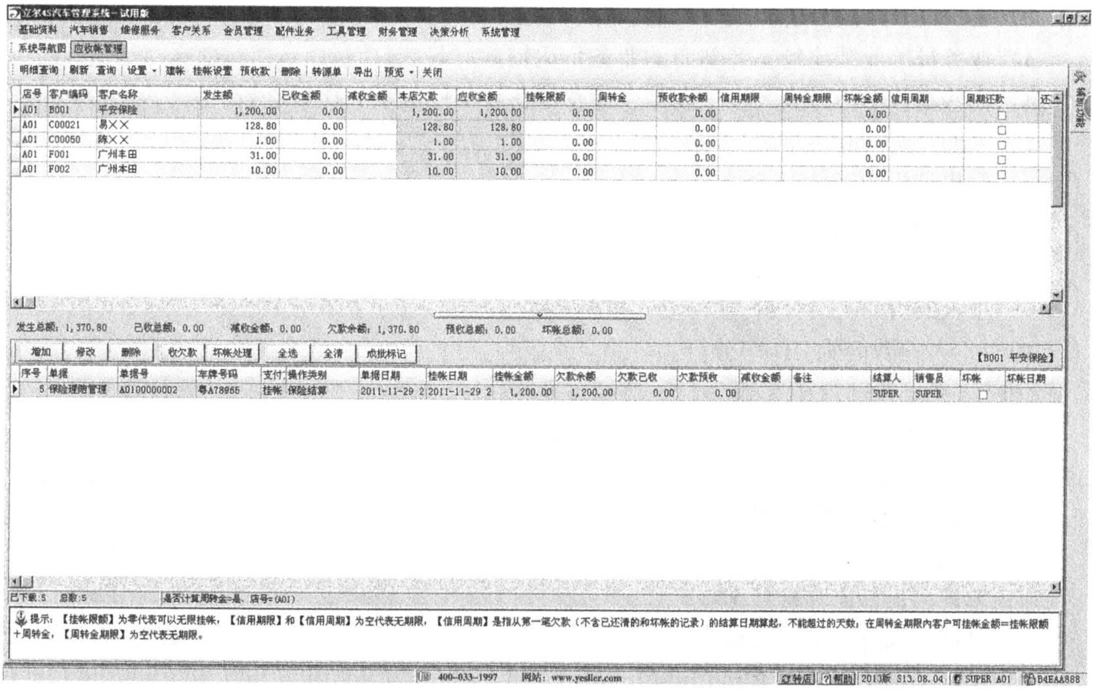

图 15-8 应收款项汇总统计查询的操作界面

5. 系统管理

系统管理主要是系统管理员对管理软件的使用情况进行管理的功能。通常来说，这个模块包含如下功能。

1）系统设置，包括成本计价方法、税款是否进入成本核算，是否允许负库存，配件进货的自动加价率等设置。

2）数据管理，包括账套管理、数据备份、数据恢复、期末结转、数据交换等功能。

3）操作员管理，包括操作员权限设置、操作日志查询等功能。

4）可能还会有一些打印设置或者运行参数设置功能。

二、计算机管理的作用

计算机具有信息存储量大、信息处理准确等特点，企业运用计算机管理系统有如下作用。

1. 使企业管理变得自然规范

计算机管理将种种管理规定以权限的方式、流程固化在计算机软件中，强制人们执行。在使用计算机管理中，总经理、部门经理、财务、库房、业务员、修理工等不同人都有不同权限，谁也不能超过业务流程的规定，不能超过总经理给他规定的权限，企业管理就自然规范了。

2. 可以有更多更快更准的统计分析

使用手工记账时，我们可以得到几张统计报表？什么时候得到这些报表？大部分企业除了原始的账本，如修车台账、材料账，统计报表就寥寥无几了，而且通常要滞后半个月或一个月才能出现在厂长的办公桌上，手工计算缓慢又容易出错。其实，我们想知道很多，比如：

1）最重要的客户的排行榜，最重要的客户来自哪个地区。

2）客户的信用度分析，最重要的服务项目是哪些。

3）业务员的业绩比较，各部门的业务量比较。

4）哪些材料的销售额大，毛利高，库存的各种零件数量的比重分析。

5）采购订货的满足率。

6）销售订货的满足率。

7）客户的服务满足率分析。

8）应收账款的账龄分析。

9）工人的劳动工时分析。

10）工人的满负荷工作率分析。

……

只有计算机管理的软件才能又快又准地告诉我们这些数据。计算机通过几十甚至几百张各式各样的报表，帮助我们从各个侧面分析企业，看看它是否在正常运行，有没有出轨的可能。

3. 让计算机帮助做管理决策

对于一个汽修汽配企业，有许多问题需要决策，比如：

1）零件的最佳库存量是多少？

2）最佳采购订货量是多少？

3）最佳的销售定价是多高？

4）每个零件的最佳的供应商是谁？

……

这些问题的最佳答案受很多因素控制，很难直观判断出来。从本质上讲，这些实际上属于数学模型的最佳点求解问题。

对于数学模型的计算，过去手工计算是难以进行的。现在通过计算机管理，我们就可以化难为易，使我们的决策过程科学、轻松、简单。

4. 依赖计算机优于依赖人脑

企业的老板都有深刻的体会：一个企业对优秀的业务员是多么依赖！关键的业务员一旦缺失，就可能流失大量的客户（因为客户档案只是写在业务员的私人笔记本上）、销售额猛烈下降（因为很多技术信息只有一个业务员知道）、提货发生困难（因为某些零件在库房的存放位置只有一个人知道）。

在一个汽修汽配企业，培养一名好的业务员至少要 2 ~ 3 年时间。但人员流失，却是一天的事。多年来，汽修和汽配企业一直深受其扰。把原本由个别业务员掌握的信息存放在计算机中，变成全体业务员包括继任的业务员，能共享和继承的信息。

使用计算机，可以摆脱对人的复杂依赖，改为对计算机的简单依赖。

5. 大大提高工作效率

在处理业务的速度上，计算机也比人要快得多。不仅仅在统计分析上，在处理开票、制作订单等业务中，计算机做得也很出色。计算机开票相当简单，而且，可以为制单者提供他所需要的各种资料，如老客户档案、配件档案、维修资料、价格信息，随时方便地加以引用，可以进行金额和税金的自动计算、自动打印，从而大幅提高处理业务的速度。

6. 让总店和分店成为一个整体

在我国，连锁经营的浪潮早已悄然兴起。统一形象、统一品牌只是连锁店的外表，更重要的是实现订货、人员、资金和库存的统一调配、共享客户和技术与商品的信息，达到依赖规模降低经营成本和提高服务水平的目的。为这个目的，计算机联网管理可以大显身手，使总店和分店成为一个总体，实现效益最大化。

第二节 如何掌握信息并利用信息

每一个管理者不可能整天在办公室，更不可能成天坐在计算机面前，所以我们要用最少的时间代价，获取最多最必要的管理信息。也就是说，用最低的时间成本，充分发挥计算机的管理作用。信息分类的方法有很多种，按照信息的时间来分类，分为以前的信息、当前信息、对未来的预测等信息；也可以按照信息的内容来分类，分为配件信息、车辆信息、人员信息、修车记录等。那么，厂长、经理应该怎样从自己的角度来给信息分类呢?

在此把信息分为四类：每天应该细看的信息、每天应该抽查的信息、每月应该细看的信息、每月应该抽查的信息。

一、每天应该细看的信息

每天应该细看的信息是那些每天都可能有重要变动，而且其中的数据能够反映企业经营状况重要内容的信息。例如，汽配、汽修营业日报表；异常配件库存——高于上限的库存、低于下限的库存；维修报表。

1. 汽配、汽修营业日报表

每天一定要细看营业日报表，了解当天的营业情况。图 15-9 是某企业的营业日报表，从中可以每天了解经营情况，又不需要增加财务部门的工作量。

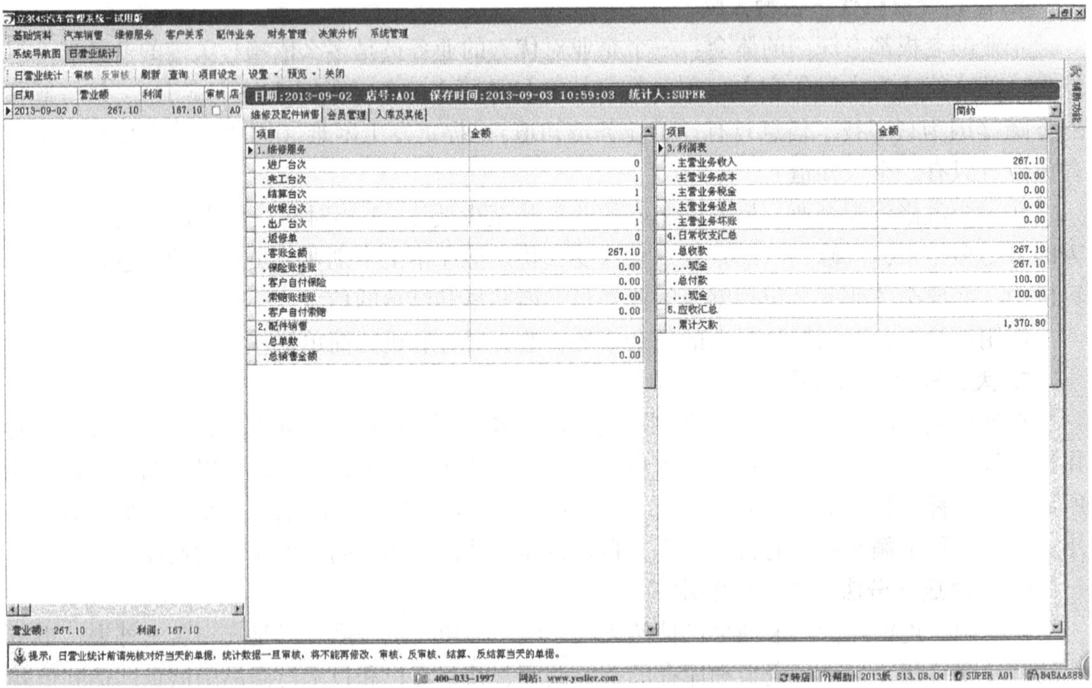

图 15-9 日营业统计

2. 异常配件库存——高于上限的库存和低于下限的库存

库存管理的一个重要原则是——各种配件要保持在合理的库存量范围内。如果库存量高于上限，就容易造成积压，影响流动资金的使用，甚至于造成浪费；如果库存太少，则可能影响正常的销售或者维修，造成对车主的服务不到位，也会影响公司的效益。

在计算机里，可以对每一种配件设定它的上限、下限，只要超出这个范围，就称为异常库存。计算机软件里一般都有设定配件库存上限、下限、警戒线和查询异常库存的功能。对异常库存的防范和处理，是仓库管理的重要工作内容之一。

厂长经理要重点关注的是那些异常库存。要认真看看，到底是什么商品造成流动资金周转障碍。

厂长经理还要询问仓库管理员和采购员，为什么会出现这些情况？是客观原因造成的？还是人为因素？

为什么有的商品库存会高于上限？超量采购的原因是什么？

为什么有的商品库存会低于下限？为什么在库存量低于警戒线时没有及时补充存货？

厂长经理要天天查询异常库存，并督促相关部门采取应对措施。如果仓库里的商品一大半都是异常库存，通常可能有两个原因：要么是上限和下限设置不合理，要么是仓库计划员和采购员不称职。

3. 维修报表

维修报表（图 15-10）为什么要天天细看呢？因为里面有我们需要的大量信息：可以知道全天的修车台数、修车营业额、配件成本、外加工成本、毛利润；每一次修车业务的成本、营业额、毛利润；某一台车的修车明细情况。

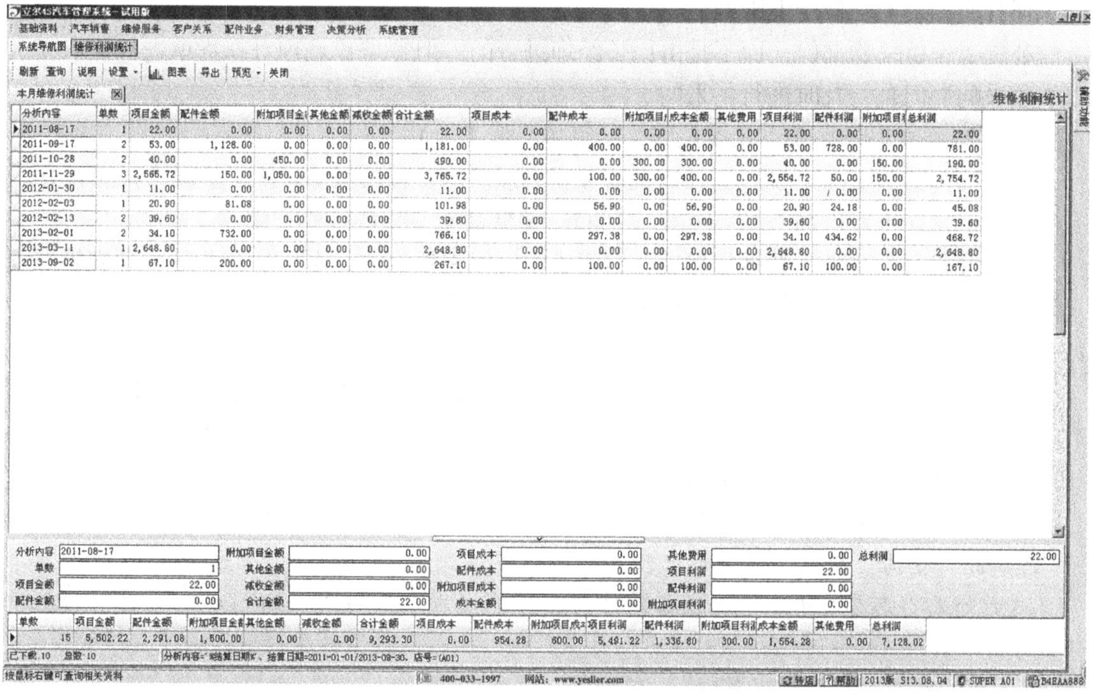

图 15-10 维修报表

总而言之，因为汽修是我们的主营业务，而这个报表里面包含着几乎所有与汽修业务有关的信息。

二、每天应该抽查的信息

厂长经理每天除了要仔细查看一些信息，还要抽查下列信息：配件进货和询价明细记录，低于库存警戒线的配件库存，配件报价和销售记录，汽车维修记录（重点：委托书、结算单、派工单），员工销售业绩和维修派工，客户投诉的解决情况。

1. 配件进货和询价记录

要管好采购，“货比三家”的规章制度是不可缺少的。但是光有表面上的制度还不够，如果“货比三家”的过程没有记录在案，又怎么知道采购员是否真的进行了“货比三家”呢？所以，制度应该要求采购员把所有的订货询价记录输入计算机。

从软件的流程上来说，进货管理是主要模块，而“询价”“订货”等则是辅助模块。有的使用者（包括厂长经理或者员工）认为询价、订货模块不重要，甚至于可有可无。其实，没有“询价”“订货”等模块，只剩下“进货”这样一个“例行公事”的功能，厂长经理怎能管理进货呢？所以，“询价”“订货”等模块的记录应该由采购部门的职员输入，而厂长经理则最好经常查看这些输入的记录。

把“询价”“订货”等模块中的记录与进货记录对比着查看，则更有助于厂长经理把采购环节管理好。

2. 低于库存警戒线的配件库存

怎样维持合理的库存量的呢？很简单，通过订货行为来进行采购，以维持正常的库存量。那么，什么配件应该进行补充呢？通常库存量低于库存警戒线的配件就应该进行补充，以保证其库存量不会低于下限值。

补货工作由采购部门，而不是由厂长经理进行的。但是厂长经理对补货单进行抽查则可以知道采购部门是否及时进行了采购。

3. 汽车维修记录（重点：委托书、结算单、派工单）

可以抽查某些重点客户，也可以抽查某些重点车辆，或者抽查结算金额（利润）比较高的维修记录，也可以抽查结算金额（利润）偏低甚至亏损的维修记录。

抽查方式一：首先查看维修报表，在报表中可以根据客户、车辆、营业额、利润等选项进行筛选，然后根据筛选的结果找出相应的单据查看明细。如果有必要，还可以查找相应的派工单、领料单、接待单（修车委托书）、结算单来核查。

抽查方式二：在“维修服务”菜单里面按照需要的条件设定搜寻范围，可以查询到所有符合条件的汽修业务记录列表。然后再把想细看的记录，查询其明细就可以了。

例如，查看2012年02月13日接待并且已经出厂的修车记录。

如图15-11所示，把“时间”选项调整到2012年02月13日，“维修状态”选择“已出厂”，单击“查询”按钮，结果就出来了。

这时如果要查看其明细情况或者维修历史，单击右上角的“明细”和“历史”按钮就可以了。

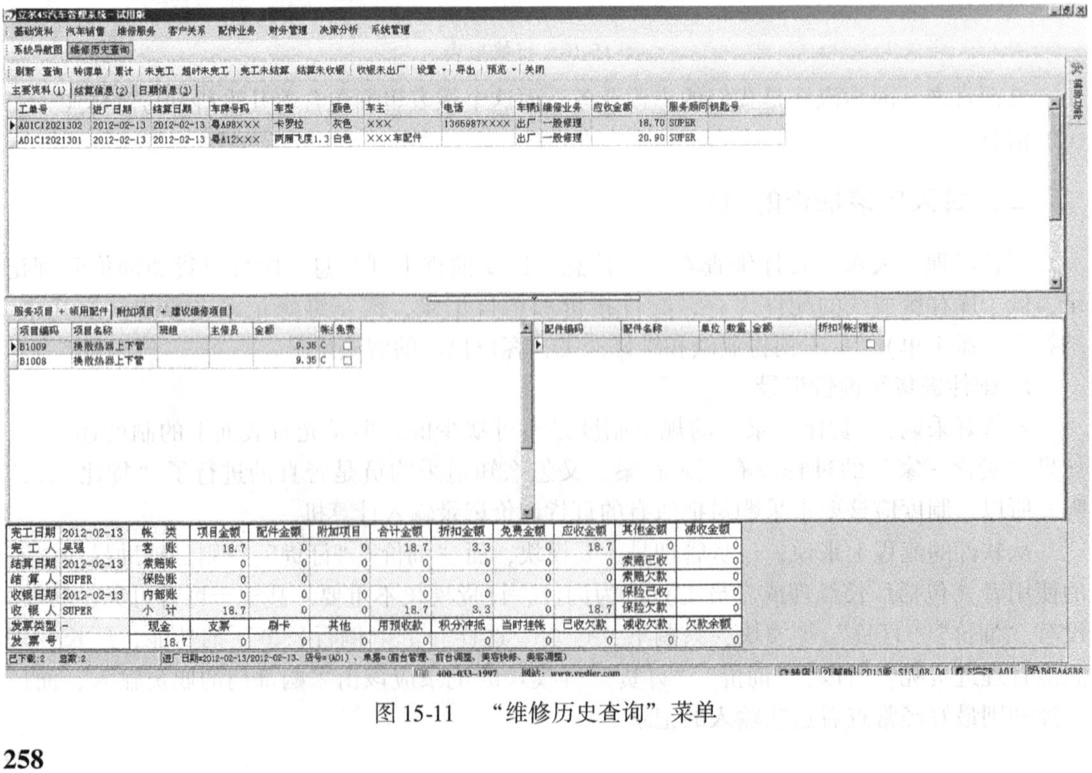

图15-11 “维修历史查询”菜单

4. 员工销售业绩

计算机软件里都有按照员工的销售业绩查询或者统计的功能，例如，在“报表”栏目里，找到子栏目“按照员工业绩统计销售”，然后输入选择的条件进行查询就可以了。

5. 客户投诉的解决情况

如图15-12为“维修跟踪”菜单，每一次客户投诉，企业都可以查到相应的客户投诉内容、受理人、处理人、客户对解决方案是否满意等。

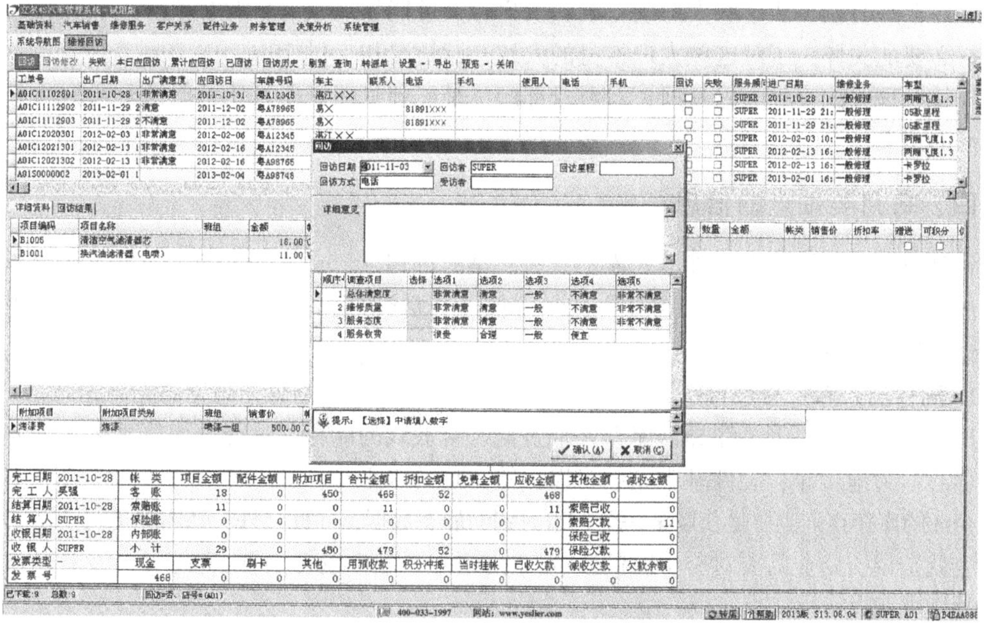

图15-12 “维修跟踪”菜单

企业还可以对一定时间段内的客户投诉解决满意度进行查询、统计，进而对相关人员进行督促，尽量使客户的投诉都能够得到满意解决。

三、每月要细看的信息

还有的信息，它们每天的数据并不能明显地说明什么问题，但是一段时间积累的数据却很重要，有助于厂长经理对某些人和事进行判断或者分析。例如，重点职员的工作记录，重点客户的修车统计和异常记录，应收应付款以及欠款大户的记录。

1. 重点职员的工作记录

在“维修报表”里面，按照“业务员”选项进行查询和统计，可以知道所有业务人员的业绩，据此可以对他的业绩进行公正的评价和奖罚。

“修车业绩查询统计”可以查询班组的修车业绩。在主界面上可以找到这个功能，选中想要查询的某一个职员，查看他的派工列表，既可以知道他的工时差额，还可以知道他创造的价值（工时费），也可以直接计算他的业务提成（可以按照工时数提成或者按照工时费提成）。

2. 重点客户的修车记录和统计

企业的大部分利润是由少数大客户创造的，对他们进行足够的关注，乃是留住大客户最起码的要求。所以，每隔一段时间，就要对大客户的有关情况查看一下。如果发现有不正常的迹象，如业务突然减少、利润急剧变化等，就要查找这些异常的原因。

3. 应收应付款以及欠款大户的记录

在财务上，应收应付款的管理是非常重要的内容。有一个完善的应收应付款管理系统，可以知道应收应付款的总额，可以知道每一个客户的欠款金额、拖欠的每一笔款项、拖欠时间。

最重要的是关注欠款大户。一般来说，欠款大户都是重要客户，是不能随意处理的，建议企业领导亲自关注这个问题。

企业在平时就关注这些大户既是利润大户，又可能是欠款大户的对象。在平时对这些大户进行必要的关怀，了解这些大户本身的大致经营情况和支付能力。

厂长经理关注应收应付款项，对财务部门也是一种督促，而且还有保证公司流动资金合理流动的意义。

四、每月要抽查的信息

每月要抽查的信息有配件出入库汇总表、某时间段的经营汇总以及可比时间段的对比、可疑配件进货和销售、客户满意度统计和查询、会员管理、返修情况、工具借用和使用情况、计算机操作日记。

1. 配件出入库汇总表

厂长经理应该每天关注异常库存并抽查低于警戒线的库存，这样仓库管理员和采购部门就会尽心尽力地工作，配件基本上就可以保持合理的水平。

企业的库存查询主要是获取某一个特定时刻的静态数据，除此之外，还需要进行动态的控制。

也就是说，企业需要对一个时间段的汽车配件进销存状况进行汇总统计，看看各种配件的流动性如何。

“库存管理”模块中的“出入库汇总表”（图 15-13）就是进行配件动态管理的专用表

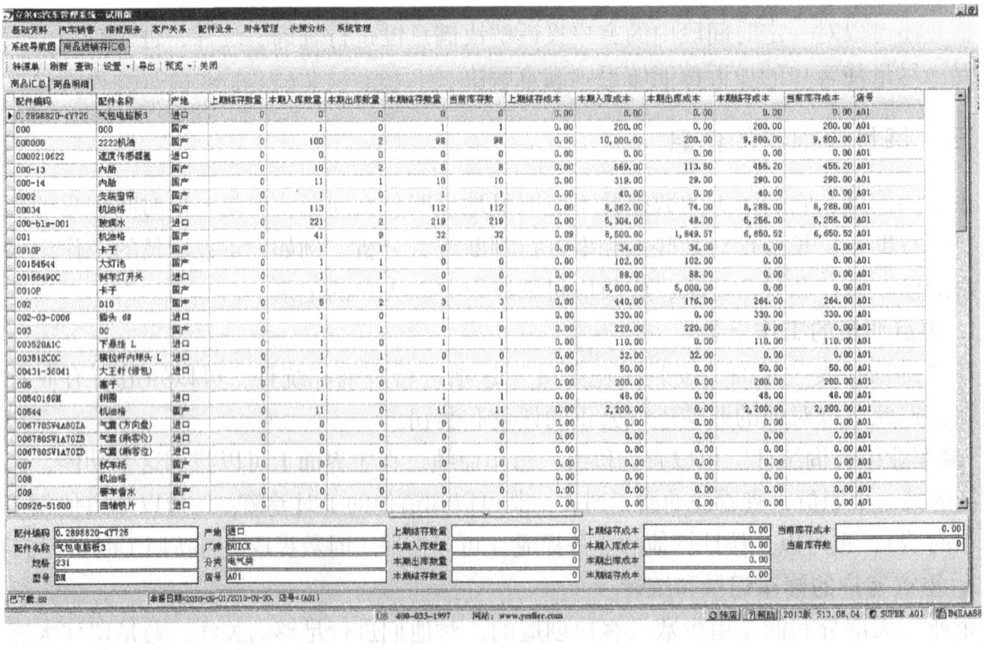

配件编码	配件名称	产地	上期结存数量	本期入库数量	本期出库数量	本期结存数量	当前库存数	上期结存成本	本期入库成本	本期出库成本	本期结存成本	当前库存成本	店号
0.2898820-4Y726	气包电脑板3	进口	0	0	0	0	0	0.00	0.00	0.00	0.00	0.00	A01
000	000	国产	0	1	0	1	1	0.00	200.00	0.00	200.00	200.00	A01
000000	2222机油	国产	0	100	2	98	98	0.00	10,000.00	200.00	9,800.00	9,800.00	A01
0000210622	速度传感器盖	进口	0	0	0	0	0	0.00	0.00	0.00	0.00	0.00	A01
000-13	内胎	国产	0	10	2	8	8	0.00	569.00	113.80	455.20	455.20	A01
000-14	内胎	国产	0	11	1	10	10	0.00	319.00	29.00	290.00	290.00	A01
0002	安装窗帘	国产	0	1	0	1	1	0.00	40.00	0.00	40.00	40.00	A01
00034	机油格	国产	0	113	1	112	112	0.00	8,362.00	74.00	8,288.00	8,288.00	A01
000-bls-001	玻璃水	进口	0	221	2	219	219	0.00	5,304.00	48.00	5,256.00	5,256.00	A01
001	机油格	国产	0	41	9	32	32	0.09	8,500.00	1,849.57	6,650.52	6,650.52	A01
0010P	卡子	国产	0	1	1	0	0	0.00	34.00	34.00	0.00	0.00	A01
00154544	大灯泡	国产	0	1	1	0	0	0.00	102.00	102.00	0.00	0.00	A01
00166490C	刹车灯开关	进口	0	1	1	0	0	0.00	88.00	88.00	0.00	0.00	A01
0010P	卡子	国产	0	1	1	0	0	0.00	5,000.00	5,000.00	0.00	0.00	A01
002	010	国产	0	5	2	3	3	0.00	440.00	176.00	264.00	264.00	A01
002-03-0006	插头 6#	进口	0	1	0	1	1	0.00	330.00	0.00	330.00	330.00	A01
003	00	国产	0	1	1	0	0	0.00	220.00	220.00	0.00	0.00	A01
003520A1C	下悬挂 L	进口	0	1	0	1	1	0.00	110.00	0.00	110.00	110.00	A01
003812C0C	横拉杆内球头 L	进口	0	1	1	0	0	0.00	32.00	32.00	0.00	0.00	A01
00431-36041	大王针(修包)	进口	0	1	0	1	1	0.00	50.00	0.00	50.00	50.00	A01
006	塞子		0	1	0	1	1	0.00	200.00	0.00	200.00	200.00	A01
00540169M	钢圈	进口	0	1	0	1	1	0.00	48.00	0.00	48.00	48.00	A01
00544	机油格	国产	0	11	0	11	11	0.00	2,200.00	0.00	2,200.00	2,200.00	A01
006770SV4A80ZA	气囊(方向盘)	进口	0	0	0	0	0	0.00	0.00	0.00	0.00	0.00	A01
006780SV1A70ZB	气囊(乘客位)	进口	0	0	0	0	0	0.00	0.00	0.00	0.00	0.00	A01
006780SV1A70ZD	气囊(乘客位)	进口	0	0	0	0	0	0.00	0.00	0.00	0.00	0.00	A01
007	拭车纸	国产	0	0	0	0	0	0.00	0.00	0.00	0.00	0.00	A01
008	机油格	国产	0	0	0	0	0	0.00	0.00	0.00	0.00	0.00	A01
009	赛车香水	国产	0	0	0	0	0	0.00	0.00	0.00	0.00	0.00	A01
00926-51600	曲轴轴片	进口	0	0	0	0	0	0.00	0.00	0.00	0.00	0.00	A01

图 15-13 出入库汇总表

格。这个表的基本含义是，选取一个时间段，根据设定的条件统计符合条件的配件的出入库数量，这样就可以知道某些配件的进出库数量、哪些配件最近没有销售、哪些配件最好销售。可以按照流动的快慢，对不同种类的配件使用不同的采购计划。

可以根据表格条件中的品名、车型、品牌、时间段、仓库、有无出入库、出入库数量等条件选项，查询想要的结果。

2. 某时间段的经营汇总以及可比时间段的对比

厂长经理最好能进行某些时段的汇总数据查询统计。例如，本月中旬本厂更换了业务经理，厂长经理可能需要统计前半个月以及后半个月的经营情况，以便了解新官上任的效果。

3. 客户满意度统计和查询

借助计算机，可以建立完善的客户回访制度，并进行以客户满意度为基础的管理体制。

每一辆车维修出厂一定的时间后（例如，三天或者一周等，可以在计算机上预先设定），负责客户回访的人员就要进行电话回访，然后把回访的记录包括客户的意见、处理的结果、处理人员、客户满意度等信息输入计算机。对于不满意的客户，还可以预约其来厂返修，直至其满意。

这些记录，既有助于公正评价员工的劳动，又有助于不断改善自身服务。

4. 会员管理

在客户关系管理中，可按客人不同的身份提供与众不同的服务。若是会员，只要刷卡或登记，计算机就可以自动识别其身份，并调出其车辆维修记录。会员可以享受各种好处：会员的车辆可以优先获得修理，免去排队等候之苦；维修可以享受优惠的价格；接受服务（修车、美容、购件等）可以获得一定的积分；生日和节假日可以得到本公司的祝贺等。

当然，也可以为会员划分不同类别，如金卡会员、银卡会员等，以为不同的对象提供不同的优惠。

5. 返修情况

计算机软件里，对于返修都有特别的记录，可以根据这些记录，查找返修的原因，找到降低返修率的对策。

6. 工具借用和使用情况

汽修厂管理软件一般都带有工具管理模块，这个模块的使用一般比较简单。

7. 计算机操作日记

计算机管理软件一般都带有自动记录操作的功能。计算机忠实地记录每一次操作的时间、人员、项目，是为了如果发生问题，可以做到有案可查。

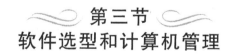

第三节 软件选型和计算机管理

一、挑选软件

首先需要该软件功能强大，先进实用，成熟稳定，为满足日常管理和快速扩张提供一个全面、便捷、安全、可灵活扩展的管理应用支撑平台。

1）如果是集团化运作管理，采用多店面管理方式，需满足用户在集团内多店管理的需求，既支持店与店之间独立运作，又可以实现集团化方面的管理要求，实现公共信息轻松共享的同时，提供对属下所有分店的业务信息进行统一查询及统计功能，实现集团报表方面的合并，管理者对集团业务了如指掌，为大中型汽车服务企业（特别是集团/异地连锁化企业）提供了统一高效的管理平台。

2）系统的先进性，应嵌入跨网即时通信技术，系统能够平滑运行于互联网上，支持企业的异地业务一体化实时管理和移动商务，帮助管理者真正实现随时随地轻松管理的梦想。

3）质量可靠，性能稳定。

4）系统真正引入全面“客户关系”管理理念，最大程度帮助提高企业客户满意度、忠诚度及回头率。

5）维修中多种账类（客户账、索赔账、保险账、内部账）的混合处理及分步结算，轻松解决大部分维修企业共同关心又一直难以解决的问题；提供定期保养计划自动生成、提醒及跟踪。

6）强大的会员管理功能，系统可以自定义会员类别及会费标准、会员优惠项目以及优惠方式、会员积分回馈（奖励）、积分累积与消费额的换算关系等多项指标，进行会员消费积分奖励与消费积分抵扣的管理，帮助企业轻松实现客户的差异化管理以及促销计划提供完善解决方案，并为会员俱乐部的全面运作管理打下坚实的基础。

7）个性化设置系统的要求，让软件更贴近你的实际使用。界面、网格、条件、打印、数据导出等功能都可以自定义，实现用户的个性化需求，满足用户灵活的需要。

8）客户通过微信可以查询车辆维修信息（见图 15-14），可以对企业服务评价（见图 15-15），真正让企业管理系统与企业客户信息反馈实时互动。

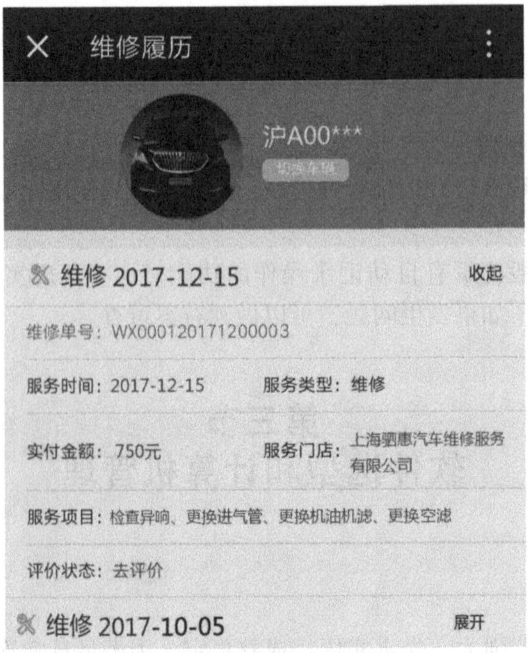

图 15-14　维修履历查询

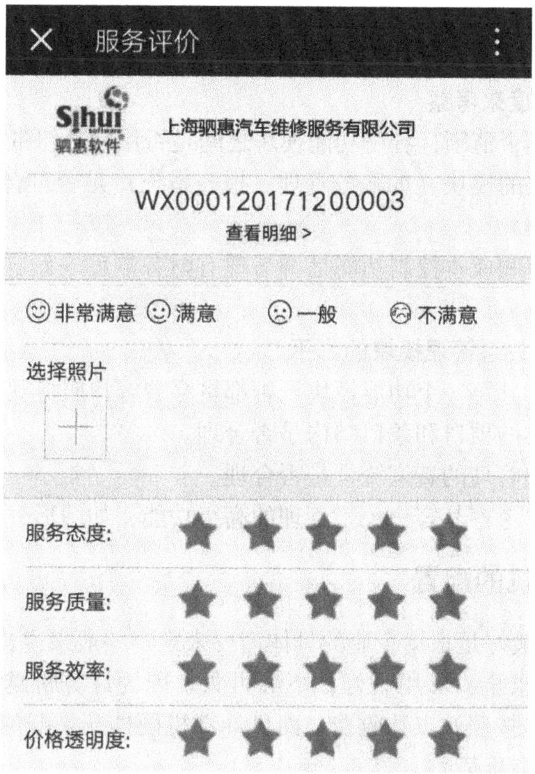

图 15-15 服务评价

9）融入超市管理模式，实现自选购物、POS 机、条码识别等快捷精准的物流管理。

10）提供实时系统提醒，使用微信提醒客户车辆保险、年审及下次保养等信息。（见图 15-16）

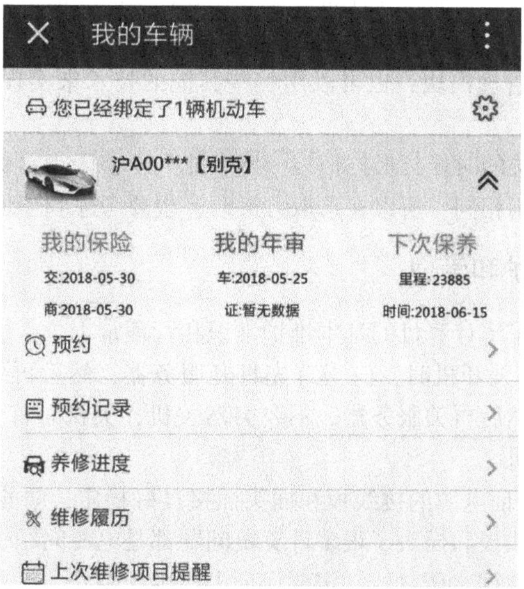

图 15-16 提醒服务

二、考察管理软件的质量

1. 必须要从财务角度来考察

1）要看财务主线是否清晰，各个功能模块之间是否用财务纽带相联系。

2）要看与财务有关的模块（如账务管理、报表系统）是否符合财务规范和财务的工作习惯。

3）要看其成本核算和成本控制功能是否与现有财务制度一致，而且是否可以为财务部门起到好的辅助作用。

2. 评价软件的客户关系管理模块的水平

1）最主要的，要看其每一个功能模块是否都贯穿着客户服务观念。

2）要看其客户档案的项口和条口结构是否合理。

3）要看其有关客户管理的查询统计是否合理。

4）如果有必要，要考察其客户关系管理的高级功能，如图形分析功能。

三、企业中计算机的配置

企业计算机的配置最好是根据企业的具体需要来定。一般来说，如果是第一次采用计算机管理，最好不要贪大求全，够用就好，不够再买。因为计算机越多，则意味着投资越大（大部分正规的软件都是按照站点数收费，而且计算机硬件又是贬值很快的产品，如果没有使用价值，它就没有投资价值）。

需要注意的是，不管企业有多少台计算机，最好企业的老板（董事长或者总经理）要有一台，而且要亲自使用。

四、企业分支机构远程实时管理

对于有几个分支机构的企业，往往希望能够在异地实时获取信息并实行远程管理。

如果要实行远程管理，可以采用 B/S 结构的管理软件，或者在 C/S 结构的软件上，加上采用 B/S 技术的远程管理模块；也可以用一些其他的技术来实现远程管理功能，如 VPN 技术等。

不过在设计这些系统的时候，最好请教一些专业人士，因为网络技术发展日新月异。由于各地的网络环境又各不相同，所以在选取方案时，也要考虑到当地互联网的通信状况。

五、计算机的维护和管理

作为管理者，应当了解计算机的基本维护常识和管理常识。

1）开机和关机。每天开机时，应当首先打开服务器，然后再开工作站。每天关机时，应当首先关上工作站，然后再关服务器。不要突然关机，关机时首先要关闭各种应用程序，然后再按照规定正常关机。

2）电源维护。要保证电源的接线板和插头插接良好稳定，防止被踢断或拉断。不要使用那种廉价或老化的接线板和插头。很多计算机问题都是电源问题引起的，若突然断电，一定会造成系统中断丢失数据。所以，一定要保证电源维护良好。

3）打印机色带、硒鼓和墨盒更换。如果使用的是针式打印机，一旦打印的色调太淡了，就应当及时更换色带。如果使用的是激光打印机，一旦打印的色调太淡了，应当及时更换硒鼓和墨盒。对于喷墨打印机，应当及时更换墨盒。

4）防止病毒。病毒对计算机系统的破坏很大，轻则使系统无法正常运行，重则破坏重要的业务数据。为防止病毒，应当做到如下几点。

① 不使用来源不明的光盘和 U 盘。

② 对一定要使用的外来光盘和 U 盘，首先要做查毒处理。

③ 每台计算机都应安装光驱，便于从光驱起动使用查毒软件。

④ 经常升级杀毒盘。

⑤ 除非业务要求，否则不要上网。

⑥ 上网前在计算机上安装防火墙。

⑦ 不从网上随便下载来历不明的文件。

⑧ 在网络上杀毒时，应当对整个网络上的每台计算机同时杀毒。

⑨ 建立定期的查毒制度，如每周六下班后统一查毒。

5）数据备份。任何计算机系统，都不是万无一失的，它可能发生硬盘损坏或系统崩溃，所以不能绝对相信计算机的可靠性，应当定期把重要文件加以备份。

备份的方法如下。

① 使用 U 盘或移动硬盘。

② 在网络上，将重要文件在其他计算机上保留一个备份。

6）其他规定

① 计算机应由专业人员操作，其他人员未经允许不得操作计算机。

② 严格执行保密制度，有关企业的资料、数据、软件等要妥善保管，以防丢失或泄密。

③ 对计算机的使用要严格按照权限操作，计算机的使用密码不准随意告诉他人。

④ 操作人员应严格按操作规程，严禁违章操作。

⑤ 不准因私上网。

⑥ 不准随意删除计算机上的文件。

⑦ 定期清洁计算机及相关设备，防止灰尘、静电对设备的危害。

思 考 题

1. 计算机管理的基本功能有哪些？
2. 计算机管理的作用是什么？
3. 如何掌握信息并利用信息？
4. 一套管理软件的质量好不好，怎样考察？